12/03

Gert Chesi: Afrika im Herzen

Gert Chesi

# Afrika im Herzen

Erinnerungen, Reflexionen, Fotografien

Haymon

Umschlag: Benno Peter, unter Verwendung eines Fotos von Gert Chesi

Die Deutsche Bibliothek – CIP-Einheitsaufnahme

*Chesi, Gert:*
Afrika im Herzen : Erinnerungen, Reflexionen, Fotografien / Gert Chesi. –
Innsbruck : Haymon, 2002
   ISBN 3-85218-403-7

Satz: Haymon-Verlag
Druck und Bindearbeit: Druckerei Theiss GmbH, A-9431 St. Stefan

# INHALT

*Lieber Gert,*

*ich freu mich sehr auf Dein Buch. Endlich wird man nachlesen und miterleben können, wie das alles gekommen und geworden ist mit Dir, Deinen Fotos und Büchern, mit Deiner Sammlung, mit dem Geschichtenerzähler und begeisterten und begeisternden Erklärer fremder Bräuche und Mythen, und mit dem Menschen Chesi, den so viele Leute schätzen und mögen. Ich rechne mich dazu. Ziemlich weit vorne gereiht, würde ich sagen.*

*Was Du gemacht und unter selbstlosem Einsatz und größtem Risiko aufgebaut hast, war und ist ungeheuer wichtig für dieses Land. Endlich einer, der über die Berge hinausschaut, hinausfährt, immer wieder und lange, und der trotzdem hier bleibt, sich und sein Wissen, seine Arbeitskraft und viel von seinen finanziellen Möglichkeiten diesem Land zur Verfügung stellt. Und dabei bist Du – ohne eine gewisse, durchaus sympathische Eitelkeit abzulegen – bescheiden und zurückhaltend geblieben.*

*Womit wir schon beim Thema dieses Briefchens sind. Du hast Probleme mit dem vorge-schlagenen Titel „Afrika im Herzen“, sagst Du. Er sei zu romantisch? Ach was, gib Dir einen Ruck und sei ehrlich. Du bist doch ein alter Romantiker! Wer sonst könnte so aufgehen in seiner Leidenschaft, seiner Liebe, auch oder gerade weil sie eine kritische Haltung nicht ausschließt, ja manchmal sogar zur Haßliebe wird. Afrika ist doch in Deinem Herzen? Oder stimmt's nicht? Ich bin sicher, keine Aussage trifft Dich besser als diese drei Worte. Sicher kommen auch sie vom Herzen und nicht aus dem Kopf. Vielleicht kommen sie noch mehr aus dem Bauch, wo ja für viele Naturvölker der Sitz der Seele ist. Aber „Afrika im Bauch“ klingt halt nicht so gut …*

*Nein, nein, „Afrika im Herzen“ ist schon gut, sehr gut sogar, stimmt für Dich und stimmt ein auf das Buch. Spricht potentielle Leser an, ohne was vorzumachen, ohne sich anzubiedern.*

*Und daß gleich das erste Kapitel in der Herzstation beginnt, was Du auch als Gegen-argument verwendet hast, scheint mir sogar sehr treffend. Dieses Afrika ist nicht nur in Deinem Herzen, sondern drückt eben, in welcher Gestalt immer, auch auf Dein Herz. Also steht am Ende der Geschichte, und dieses (vorläufige) Ende erzählst Du eben am Anfang, der Herzinfarkt, die Herzstation. Konsequent und logisch. Und ein bißchen was zum Schmunzeln auch, warum nicht … Paßt doch zu Dir, oder?*

*Danke für Dein Vertrauen als Autor und Deine Freundschaft als Mensch.*

*Dein Verleger*
*Michael Forcher*

# Herzstation

An einem winterlichen Vorweihnachtstag erwachte ich im Hausgang der Klinik, der, mit Tischen und Stühlen ausgestattet, die Patienten von der Enge der Zimmer und der intimen Nähe der Bettgenossen bewahren sollte. Man hatte die kahlen Lampen mit Weihnachtsgebäck behangen und die weißen Türen mit Sternchen beklebt, das sollte vergessen machen, dass jeder, der hier aufgenommen wurde, auf die eine oder andere Weise angstbeladen einem unklaren Schicksal entgegensah. Die Glücklicheren unter ihnen wurden in rollenden Betten aus dem „Katheterlabor" zurückgebracht, ihre Diagnose war gnädig, die verschlossene Ader am Herzen konnte geöffnet werden. Die anderen, die Stillen, saßen mit grauen Gesichtern schicksalsergeben in ihren Rollstühlen. Das lange Warten auf die erlösende Operation hatte begonnen.

Zu dieser zweiten Kategorie gehörte ich, wenngleich das Gewicht meiner Last ein individuelles war, getragen von einer Weltsicht, die abseits lamentierender Wehleidigkeit die Geschehnisse nicht wirklich ernst nimmt. Man hat mich einmal erbost den ewig Außenstehenden genannt. Den, der alle Götter kennt, ohne je an einen geglaubt zu haben. Einen Außenstehenden, der nie einem Kultkreis angehört hat, obwohl er als Journalist über solche berichtete.

Im Gegenüber mit einem Plastikweihnachtsbaum, unter dem Scheingeschenke lagen, wurde mir die Richtigkeit dieses Vorwurfes bewusst. Meine Anteilnahmslosigkeit an den Kulten dieser Gesellschaft, meine Leidenschaftslosigkeit im Umgang mit Leben und Tod, und schließlich die Ignoranz, mit der ich meinem eigenen Schicksal begegnete, waren verwirrend. Die niedergeschlagenen Mienen meiner Freunde irritierten mich. Pietätvoll und leise sprechend, wünschten sie mir alles Gute und versäumten es nicht — so als hätten sie auch nur die geringste Ahnung davon —, mir zu sagen, wie sehr das Öffnen eines Brustkorbes oder die Inbetriebnahme einer Herz-Lungen-Maschine heutzutage schon Routine war. Auch dieser Trost konnte mich nicht überzeugen.

Der Angst, diesem abstrakten Gefühl, war ich unter anderen Bedingungen begegnet. Damals, als ich in den Laoni-Dünen am Wendekreis des Krebses in einem Sandsturm verloren ging, oder als mir am Tage vor der Revolution in Dahomey ein Bandit sein Messer in den Hals drückte, um zu verhindern, dass ich einen Zweiten verfolgte, der meine Freundin als Geisel nahm. Angst, die sich erst später einstellte, als die Probleme längst gelöst waren und rationale Vernunft hätte Platz greifen müssen. Bis dahin wusste ich nichts von diesem Gefühl – ich war der Angst nie begegnet.

Hier in der Klinik, am Vorabend meiner Operation, fand ich für kurze Zeit Zerstreuung, ich half, eine verwirrte, um Hilfe rufende Patientin zu beruhigen. Außerdem verflüchtigte sich meine Angst durch den Entschluss, diesen Text zu schreiben, er sollte das diffuse Unbehagen mit der Kraft der Vernunft niederhalten und es vor dem Hintergrund dessen, was ich über meine Krankheit erfahren hatte, rationalisieren. In gewisser Hinsicht erwartete ich die Vorzeichen aufkeimenden Unbehagens. Angst ist die Summe aus Erfahrung und Bedrohung. Angst hat nur der, der die Gefahr erkennt und ihre Konsequenz befürchtet. Frei von Angst kann nur sein, wer nie in Gefahr war oder diese missverstanden hat. Dennoch, bevor man mir nicht die Narkosemaske über die Nase zog, würde ich die Angst ignorieren, um jener Außenstehende zu bleiben, der ich ein Leben lang gewesen war.

Seit ich mein Bett mit dem in der Klinik tauschte, erwartete ich Träume, die sich mit mir und meinem Schicksal befassen würden, Feuerzeichen an der Wand, orakuläre Prophezeiungen, somnambule Botschaften aus einer anderen Welt. Es wäre nur billig, wenn das Leben des Bedrohten als kryptästhesische Vision wiederkehrte. Welcher Ort würde sich dazu besser eignen als ein überheiztes Doppelzimmer, in dem zwei sich bis dahin Unbekannte begegneten?

Mein Zimmer-Nachbar – ich hatte Glück – kannte mich. Er kam aus derselben Stadt, sodass es leicht war, mit ihm über gemeinsame Bekannte und lokale Aktualitäten zu reden. Der Mann hatte eine seltene Krankheit, die am Rande seines Herzleidens die gemeinsamen Nächte begleitete. Er hörte von Zeit zu Zeit auf zu atmen und drohte daran zu ersticken. Ein Geniestreich ärztlicher Kunst brachte Hilfe, eine Maske mit elektronischem Inventar erkannte das Ausbleiben der zirkulierenden Luft und schaltete sich helfend ein, bevor den Beklagenswerten der Erstickungstod ereilen konnte. Im Halbschlaf erschien mir der Maskierte wie ein Außerirdischer, umso mehr, als ihn die Lichter der Baukräne, die sich vor dem Fenster im Wind drehten, in pulsierendes Rot tauchten. Es waren diese seltsamen Observationen, die, so düster ihre Botschaften auch waren, mich vor drohender Melancholie bewahrten. Die Komik der Situation dominierte stets über deren Tragik.

Nur meine Träume enttäuschten mich. Sie ignorierten mein Unglück und drifteten in seltsame Abgründe, die – nicht lustlos – die Sinnlichkeit der Todesahnung vorzogen. Es waren eben meine Träume – sie gaben einer optimistischen Fiktion den Vorrang. Im Bodensatz meines Unterbewusstseins mag jene Ernsthaftigkeit verschüttet liegen, mit der ich meinem Schicksal begegnen wollte.

Die Tage und Nächte in einem Spital sind doppelt so lange wie jene draußen. Es sollte daher nicht verwundern, wenn krause Gedanken wie Nebelschwaden durchs Hirn zu ziehen beginnen. Klarer als das Gestern zeichnet sich das Vorgestern ab. Die Vergangenheit meldet sich mit erschreckender Schärfe, während das eben Erlebte schon vergessen ist. Eine gnädige Natur entbindet uns der Verpflichtung, aufzubewahren, was ohnehin nicht erinnernswert ist.

In diesen Tagen des Wartens mühten sich Freunde und Mitarbeiter, nur jene Botschaften zu übermitteln, die die Psyche des Gefährdeten erfreuen. So reichte man mir schon geöffnete Briefe mit freundlichen Inhalten, eine vor Verständnis triefende Form von Bevormundung. Weniger zurückhaltend die Botschaften der Mediziner: Man werde nicht umhinkommen, die konventionelle Methode der Operation anzuwenden. Obwohl die Öffnung des Brustkorbes eine schwere Belastung für den Körper darstelle, werde man diese Methode wählen, weil die schonendere ein Nähen am schlagenden Herzen bedinge und seltener zu einem perfekten Verschluss führe. Ich hatte das Gefühl, mitreden zu dürfen, als ich in die Entscheidung einbezogen wurde, ob man zur Überbrückung der verkalkten Adern die Brustwand-Arterien oder die Venen der Beine verwenden sollte. In dieser Klinik repräsentierte ich den mündigen Patienten, der an der Wahrheitsfindung teilnahm, dem Balanceakt zwischen Sein und Nichtsein. Die Herz-Lungen-Maschine kann eine generelle Entzündung des Körpers hervorrufen, Schmerzen können die Folge sein. Die Temperatur des Blutes würde gesenkt werden, es fröstelte mich bei diesem Gedanken. Ich, der ich die Tropen liebe, weil mir jede andere Weltregion zu kalt ist, wurde abgekühlt.

Das medizinische Vorbereitungsgespräch sollte Vertrauen bilden, den Zitternden beruhigen, ihn schlafen legen in einem imaginären Schutzraum, den er als Gesunder wieder verlassen würde. Doch der mir zugeteilte Chirurg erklärte die Operation so detailliert, dass ich, während ein Elektriker eintrat und das Gespräch unterbrach, Erscheinungen hatte. Ich befand mich außerhalb meines Körpers und blickte auf meinen geschundenen Leib. Ich war wieder der Außenstehende, den das Geschehen nicht wirklich betraf.


Meine Lebensgefährtin Adjo, die mich besuchte, hatte ausgewählte Briefe mitgebracht, und Armand, mein Sohn, der erst drei Jahre alt war, störte durch kindliche Ansinnen seine Mutter und meinen Schwager, der dem Besuchergrüpplein angehörte. Schreiben – so war man sich einig – würde das Warten verkürzen, was immer auch mit dem Text im Nachhinein geschehen würde. Schreiben gegen die Langeweile, das Vergessen oder einfach als Rache des Paralysierten.

Bei Durchsicht der Briefe kam zutage, dass das Museum, das ich gegründet hatte, zwei Preise erhalten würde: einen vom Land Tirol, den anderen vom Staate Österreich. Dieser Umstand erforderte eine Stellungnahme. Dabei trat eine Schwierigkeit auf, an die ich nicht gedacht hatte, weil bis dahin niemand auf die Idee gekommen war, mich zu ehren. Ich war meiner Gesinnung nach ein Querulant, der sich als Opposition verstand; mit diesen Preisen brach man mir den Stachel, denn ich konnte nicht länger lästern und schimpfen, sie hatten mich gekauft und in eine Rolle gezwungen, die mich als unglaubhaft erscheinen lassen musste, vor allem jenen, die mich kannten. Es wäre daher nur billig gewesen, die Ehrungen zu verweigern. Andererseits waren sie mit Geld verbunden, das unser idealistisch geführter Betrieb dringend brauchte. Ich nutzte also die Zeit des Wartens und schrieb folgenden Text, der bei der Verleihung der Preise gelesen werden sollte:

„Wenn jemand wie ich, gerade sechzig Jahre alt, zum ersten Mal in seinem Leben eine Ehrung entgegennimmt, stimmt das nachdenklich, macht misstrauisch und wirft Fragen auf. Geehrt werden hat in Europa etwas mit Alter zu tun. In manchen fremden Kulturen – so etwa bei den Feuerländern – wurden Alte getötet, weil man sie als Hindernis für die Entwicklung des Kollektivs ansah. Bei manchen Kongo-Völkern musste die Frau des Königs erste Anzeichen einer eintretenden Impotenz kundtun. Der König wurde bald darauf erwürgt. In Europa war man humaner, man entschloss sich, die Alten zu ehren, um sie daran zu hindern, vor dem Hintergrund ihrer Erfahrungen die Jüngeren von ihren Ämtern zu verjagen. Nun bin ich plötzlich selbst in die Rolle des Geehrten geraten und habe die Kommentare kritischer Freunde vernommen: Ist er ein Spätberufener oder ein zu spät Berufener? Hat nicht er sich, sondern haben die anderen ihn verändert, haben die anderen sich oder hat er sie verändert? Wie sonst gelangt er in den Genuss von Würdigungen, eine Arbeit betreffend, für die er noch gestern mit Schmutz beworfen wurde? Nicht gegen ihn, sondern gegen seine ideologische Position wurden in seiner Heimatstadt Unterschriften gesammelt. ‚Negermusik‘ als Bekenntnis zur Fremde, abstrakte Malerei gegen autoritäre Ordnung, fotografierte Nacktheit gegen bürgerliche Moral, Respekt vor dem Andersartigen als Gegenposition zu faschistoiden Tendenzen eines Umfeldes, in das er hineingeboren wurde, ohne sich dagegen wehren zu können.

Wenn jemand wie ich, der von der Öffentlichkeit lebt, ein Statement abzuliefern hat, dann erwartet man sich Aufschluss über Person und Werk, über sein Denken und Fühlen. Der Geehrte hat sich zu deklarieren, diesen Anspruch dürfen jene stellen, die der Ehrung Vorschub leisteten.

Ich habe mich stets von außen gesehen. Gelegentlich spreche ich von mir in der Mehrzahl: Pluralis Majestatis. Das macht es mir leichter, objektiv zu bleiben. Ich möchte mir im Grunde nicht zu nahe kommen. Ich interessiere mich nicht besonders für mich, wohl aber für meine Arbeit. Andere interessieren mich mehr, aber nicht alle anderen. Ich war stets ein Außenstehender, gehörte keinen Gruppierungen an, ob sie nun kulturelle, politische, intellektuelle oder religiöse Ziele vertraten. Ich bin ein Außenstehender aus Überzeugung. Aus der Distanz erschließt sich mir, sehr subjektiv, die Wahrheit. Ich habe mich ein halbes Leben lang mit Themen befasst, die mich nicht betroffen haben, manchmal aber betroffen machten. Ich habe die Götter dieser Welt kennen gelernt, ohne jemals an einen von ihnen geglaubt zu haben. Ich habe versucht, einen analytischen Verstand zu bewahren, der unsentimental das Wesen des Seins als kausale Notwendigkeit begreift, ohne auszuschließen, dass alles auch ganz anders sein kann.

Das Schöne der Welt hat mich ergriffen, so wandelbar und unverbindlich dieses Wort auch sein mag. Ich bin ein Ästhet, auf der Suche nach Befriedigung, die – wie jeder weiß – immer nur von kurzer Dauer sein kann. Ich bin ein Getriebener, dessen Sehnsucht und Unvermögen die Ruhe ist. Doch ich suche sie nicht – noch nicht –, denn solange ich Lebensgeister in mir spüre, ist die Vergangenheit eine Belastung, die Gegenwart eine Plage, aber die Zukunft von einer Sehnsucht erfüllt, hinter der ich herlaufe wie Sancho Pansas Esel hinter der Karotte.

Ein afrikanisches Sprichwort besagt, dass nicht jeder, der sich am Höhepunkt seiner Kraft befindet, auch am Höhepunkt seiner Weisheit ist. Diese Absage an die Körperlichkeit zugunsten des Intellektes hat wie vieles im Leben zwei Seiten. Sie ist das Eingeständnis schwindender physischer Präsenz und der optimistische Ansatz, wenigstens eine der wenigen Qualitäten menschlichen Seins in die Zukunft hinüberzuretten: die Qualität des Denkens. Weil mich fremde Biographien mehr interessieren als meine eigene, erlauben Sie mir noch einige Gedanken an jene, die mir und meiner Arbeit wohlwollend begegnen.

Wir wissen aus der Ethnologie, dass nicht nur die Anwesenheit des Ethnologen die Teilnehmer einer Zeremonie in ihrem Verfahren verändert, wir wissen auch, dass dieses Ambiente den Ethnologen verändert, seine Objektivität, sein Empfinden, seine Sympathie oder Antipathie. Wenn Menschen aufeinander treffen, seien sie nun Fremde oder Bekannte, verändern sie sich, im Guten wie im Bösen. Das gilt auch für jene, die das Fremde zu vermitteln versuchen, wie für die Opfer und Nutznießer dieser Moderatoren.

Ich habe mich – seit ich als Kulturvermittler tätig bin – verändert, und offensichtlich hat sich auch das Biotop, in dem ich lebe, verändert. Der Eremit war nie alleine, doch die Zahl seiner Freunde hat sich vergrößert. Ein Freund, ein Intellektueller, hat kürzlich zu mir gesagt: Einen Preis bekommt in Österreich nur, wer entweder so alt oder so debil ist, dass er nichts mehr anstellen kann, was jene blamiert, die solche Ehrungen vom Zaune brechen. Ehrungen paralysieren, sie lähmen das kritische Potential des Geehrten. Geschenke korrumpieren, sie dürften von anständigen Menschen weder angenommen noch gegeben werden. Doch das sind gesellschaftliche Fragen, die jedes Volk gemäß seinen Sitten anders beantwortet. Dass Geben seliger ist denn Nehmen, ist hierzulande gängige Meinung. In Thailand bedankt sich ein beschenkter Mönch nicht. Der Schenkende hat sich zu bedanken, denn er profitiert vor den Augen der Götter, die gewissenhaft seine Taten addieren. Der das Geschenk verweigert, trifft den Schenkenden zutiefst. Er nimmt ihm die Chance, sich als Sünder zu rehabilitieren.

Dieser buddhistischen Maxime folgend, habe ich mich entschlossen, künftig Geschenke und Ehrungen anzunehmen. Als Humanist möchte ich niemandem im Wege stehen, der daran arbeitet, sein Karma abzubauen."

Ein Text, der heute geschrieben und morgen erst gelesen wird, hat etwas Beunruhigendes. Wie ein Testament, das heute geschrieben und morgen eröffnet werden soll. Es trägt die Unsicherheit in sich, dass die Zeit die Standpunkte verändert und manches, was gerade noch angemessen schien, künftig vielleicht als Fehler erkannt wird.

Der Zeitpunkt meiner Erkrankung schien so gewählt, dass alle nur erdenklichen Symbole darin Platz fanden. Die Welt befand sich im Millenniumstaumel, das letzte Weihnachten dieses Jahrtausends stand vor der Tür, im kommenden Jahr sollte ich sechzig werden. Silvester näherte sich mit düsteren Prognosen, man befürchtete den Zusammenbruch aller elektronischen Systeme. Weltuntergangsvisionen trieben schon vor dem kritischen Datum Dutzende in den Wahnsinn oder Tod. Die Flugkapitäne und Industriebosse waren verunsichert, Champagner und Feuerwerkskörper bereits im November ausverkauft. Es war eine Wendezeit für die Menschheit, in der man angefangene Probleme lösen, Kriege beenden und das Elend der Welt abschaffen wollte. So begriffen viele Europäer diese Zeit und glaubten tatsächlich, dass der 24. Dezember oder der 1. Januar mehr als ein Datum im Kalender war.

In China hingegen erwartete man das Jahr des Drachen, das ein starkes, ein Glücksjahr werden sollte.

Einige vorsortierte Briefe, die mein Krankenbett erreichten, brachten mir Trost. Die Grüße einer thailändischen Händlerin z. B., sie wurden im Jahr 2542 nach Buddha an mich gesandt. Ein Datum ohne jegliche Symbolik und Aussagekraft. Selbst König Bhumibols 72. Geburtstag, auf den am Umschlag hingewiesen wurde, war ohne jede Wichtigkeit für mich, sodass ich den Aspekt der Wendezeit relativieren konnte. Wendezeit im Leben eines Kranken kann nur zweierlei bedeuten: Genesung oder Tod. Eine Wendezeit, die sich aber nur auf die Mythen bestimmter Völker bezieht, darf von einem Außenstehenden ignoriert werden. Die Glückwunschkarten aus Thailand waren nicht nur tröstlich, sie versetzten mich in eine nostalgische Stimmung, in der alte Erinnerungen aufstiegen und Sehnsüchte Gestalt annahmen.

Es mag mehr als zwanzig Jahre her sein, dass mich der Wunsch überkam, auf einer Draisine Thailand zu durchreisen. Ausgelöst wurde dieses seltsame Verlangen durch eine

Beobachtung in Bangkok. Ich saß auf der harten Hinterbank eines „Tuck Tuck" und war der Verzweiflung nahe, weil sich dieses im aufgestauten Verkehr am hinteren Ende eines Lastwagens befand, der zyklisch schwarzen Rauch ausstieß. Der Verkehr war so intensiv, dass nur die stauerprobten Taxifahrer die Nerven bewahrten. Es mag wohl eine Stunde vergangen sein, da offenbarte sich der Grund des Verkehrsinfarktes: Vor uns lag ein Geleise, auf dem – gemächlich durch Menschenhand betrieben – eine Draisine anrollte. Ein Arbeiter saß auf der kleinen Plattform und ließ seine Füße baumeln, während ein Zweiter eine Deichsel auf und ab bewegte, die das Gefährt vorantrieb. Auf einer Draisine durch Thailand reisen, monatelang im Schneckentempo das Land und die goldenen Tempel an sich vorbeiziehen sehen – davon hatte ich geträumt, ohne jemals den Versuch unternommen zu haben, es zu tun.

Diese Geschichte, so scheint es mir heute, ist eine Metapher für eine Lebensart, die ich ersehnte, aber nie verwirklichen konnte. Das langsame Leben hätte meine Gesundheit trotz ihrer Schwächen erhalten oder die Krankheit erst Jahre später ausbrechen lassen. Ich hatte stets sehr schnell gelebt, obwohl ich aus der Physik wusste, dass hochtourige Motoren sich eher verbrauchen. Hunde, deren Herzschlag und Bewegungsablauf schneller ist als der von Schildkröten oder Papageien, sterben früher. Unter den Tieren wäre ich der Hund gewesen, ein streunender allerdings, getrieben von Unruhe und Neugierde, die ihm verinnerlicht sind. Unter den Menschen wurde ich zum Nomaden, der nicht den Weg, sondern dessen Ende zum Ziel hat. Ein Getriebener, der das Neue unersättlich in sich aufnahm. Die Faszination der Kunst trieb mich um den Erdball, ich war Gourmet und Gourmand zugleich, voll Begierde hinter dem Schönen her, ob es nun lebte oder nicht. Alles was lebt, so klärte mich der Sektionschef im Ministerium für Kunst auf, gehört in mein Ressort. Was tot ist, zur Wissenschaft. Das war Teil eines Gespräches, das ich zu führen hatte, als ich mich dazu entschloss, ein Museum zu gründen. Ich wollte mich nicht fürs Lebende oder Tote entscheiden müssen, ich wollte allem dienen, was bedeutend war und mich ergriff. Schließlich landete ich doch beim Toten. Museen sind tot, Galerien leben.

Aus der Perspektive eines Menschen, der alt genug ist, um zurückblicken zu können, bekommt der Raum zwischen Leben und Tod eine neue Bedeutung. Die Vergötzung der Jugend, die vor nichts und niemandem Halt macht, lässt ihn alt aussehen. Das Junge, das respektlos seinen Platz fordert, wird zunehmend zum Ärgernis. Revierkämpfe, die nicht zu gewinnen sind, werden zur Belastung, bis schließlich der Kampfgeist weicht und die Übergabe erfolgt. Unselig der, der nichts zu übergeben hat, mangels Masse kein Testament zu machen ist eine Bankrotterklärung in einer Gesellschaft, die nach materiellem Erfolg strebt. Aber es gibt noch Schlimmeres: nicht gelebt zu haben. Das betrifft nicht mehr die nachkommenden Generationen, sondern den Scheidenden selbst. Meine

Mutter, die zu früh ihr Leben ließ, klagte über ihr Schicksal, das sie nicht beglückte. Sie hatte sich den Zwängen der Gesellschaft untergeordnet, sie lebte angepasst unter dem Diktat erbarmungslos gläubiger Katholiken, die ihre Verwandten waren. Mein Großvater hingegen, Freigeist und Atheist, der das letzte Aufflackern seiner Kraft dazu benutzte, um den Pfarrer aus dem Sterbezimmer zu verjagen, empfahl sich mit einem Lächeln auf seinem Gesicht. Er hatte sein Leben gelebt, sein Glück früh genug eingefordert. Ihm bin ich wohl nachgeraten, dem Streunenden, der Europa zu Fuß durchquerte, um seinen Meister zu finden. Der Krieg durchkreuzte seine Pläne, doch sein Optimismus ließ ihn an der Oberfläche treiben, zum Ärger der Verbissenen und der Kämpfer. Die Leichtigkeit des Seins stand ihm ins Gesicht geschrieben, wenngleich die Zeit, die sein Leben durchmaß, von zwei Kriegen stigmatisiert war.

Das schmucklose Zimmer eines Spitals ist wohl das Gegenteil dessen, was man eine Quelle der Inspiration nennt. Eher sind das die Kranken mit ihren Leiden und die Ärzte mit ihren Ratschlägen, Stethoskopen und Injektionsnadeln. Sie bilden mit den Patienten insofern eine Einheit, als sie mit ihnen „drinnen" sind, alle anderen aber „draußen" sind. Dadurch entsteht eine Verbundenheit, deren Bindeglied die Angst der einen und Pflicht der anderen ist.

Ich kenne die Medizin aus vielen Perspektiven, obwohl ich nie medizinisch tätig war. Es waren die Monate an Albert Schweitzers Seite in Lambarene und die Jahre der Freundschaft mit dem Gynäkologen Hans Schmidt in Lomé, die mich sensibilisierten. Aber auch die Behandlungen der Geistheiler, die ich auf den Philippinen dokumentierte, die Schamanen am Amazonas, die Medizinmänner Afrikas – sie alle weckten in mir ein Interesse, das mich fast ein Leben lang begleitete. Je mehr man in die schulmedizinischen oder alternativen Methoden einbezogen ist – sei es als Patient oder Beobachter –, je öfter man Gelegenheit hat, sie vergleichend zu hinterfragen, desto weniger ist man bereit, die „Herrlichkeit" der Heiler ernst zu nehmen. Es gibt Leistungen in der Chirurgie, die faszinieren, mechanisch-technische Eingriffe von unglaublicher Virtuosität, an deren Ende der „reparierte" Mensch steht. Der Reparierte, nicht der Genesene. Folgerichtig erfuhr ich im Informationsgespräch mit dem mir zugeteilten Chirurgen: Wir beheben den Schaden, die verursachende Krankheit bleibt. Wunder werden nicht geliefert, wenngleich manches an ein Wunder grenzt. Wer hat jemals sein eigenes Herz von innen gesehen, die Sonde ängstlich auf den Bildschirmen verfolgt, die tiefer und tiefer ins Geäst der Adern dringt? Routine für den Arzt, irritierende Technik für den Kranken. Kontrastmittel zeichnen dunkle Schwaden in den wässrigen Leib, der Brustkorb ist zum Schaukasten biologisch-anatomischer Gegebenheiten geworden. Hier die Engstelle! Die Zeitlupe wiederholt akribisch die Passage. Das alles darf sich der Kranke anschauen, als gäbe es keine Tabus mehr in der Medizin. Tabus muss es aber geben, denn alles zu erfahren, hieße die Hoffnung abzuschaffen und den Kranken in die Verzweiflung zu stürzen. Die Tabus bestehen noch, sie haben sich nur verlagert. Sie aufzuspüren ist einfach: Man braucht nur mit mehreren Spezialisten über die Diagnose zu sprechen, dann enttarnen sich die Tabus der jeweils vorhergehenden Interpretation.

Um dieser Operation mit Demut und Ergebenheit zu begegnen, fehlt es mir an Naivität und Glauben. Leute wie ich sind schwer zu behandeln, denn ihre Skepsis und ihr Zynismus bringen nur selten jene psychosomatischen Kräfte zum Schwingen, die eine Besserung ermöglichen, manchmal sogar ohne ärztliches Zutun die Selbstheilung veranlassen. Die Medizin ist keine Wissenschaft, sondern eine Kunst. Das macht sie sympathisch und entschuldigt ihre Schwächen, wobei diese weniger in der Medizin als bei jenen zu suchen sind, die sich ihrer bemächtigt haben.

Was für den Leser ein Kapitel, das ist für den Patienten eine Ewigkeit. Als ich zur Operation geholt wurde, unterbrach ich das Schreiben, festen Glaubens, die postoperativen Tage würden mir Zeit für einige weitere Seiten lassen. Das war eine Fehleinschätzung. Erst vier Wochen später, als die Schmerzen nicht aufhörten und pessimistische Gedanken meine Stimmung drückten, zwang ich mich zu dieser Therapie. Plötzlich waren die Ereignisse rund um die Operation wieder gegenwärtig. Ich erinnerte mich an schwarze Wolken, die durchs Zimmer zogen, in den hellen Abschnitten vernahm ich eine Stimme, die immer wieder fragte: „Hören Sie mich?" Natürlich hörte ich sie, aber ich war außer Stande zu antworten. Ein Schlauch, der während der Operation meine Atmung gewährleistete, ließ nur ein leises Zischen zu, das „Ja, ich höre Sie" heißen sollte. Die Intensivstation, in der ich erwachte und die ersten klaren Gedanken fassen konnte, glitzerte und flimmerte, was nichts mit dem Heiligen Abend, sondern mit den vielen Geräten zu tun hatte, an die ich – und neben mir ein anderer – angeschlossen war. Ich war verkabelt und von Schläuchen durchdrungen, Drähte des Herzschrittmachers und Sonden ragten aus Brust und Bauch, und am Ende farbloser Schläuche entdeckte ich Serien von Flaschen, die bunte Sekrete auffingen. Dann wurde mein mechanisch verstellbares Bett in eine bequemere Lage gebracht, und wiederum fragte ein junges, weiß gewandetes Mädchen: „Hören Sie mich?" Am folgenden Tag fand ich mich im Überwachungsraum wieder. Leidensgenossen vor und hinter mir, an Schläuchen und Kabeln hängend, wurden animiert, erste Bewegungen zu machen, nach dieser Operation müssen alle Organe wiederbelebt werden. Ein leichtes Aufrichten, das Suchen einer Position, die weniger schmerzte als die vorhergehende, ein Schluck Flüssigkeit. Die Nahrung kommt aus der Flasche, die, monoton tropfend, am Ende ihrer Kapazität ein Alarmsignal auslöst. Der Ruheraum war der lauteste Platz der Klinik, denn in Abständen von wenigen

Minuten spielten die Computer ganze Symphonien, nicht wegen der Millenniumsproblematik, sondern weil sie das so an sich haben. Stets wurden die Signale abgestellt, nie war deren Notwendigkeit erkennbar. In den ersten Stunden nach dem Erwachen verstärkten sich alle Geräusche bis zur Unerträglichkeit. Die Schmerzen begannen sich zaghaft zu melden. Der Polster schien versteinert zu sein, der Rücken reflektierte den diffusen Schmerz, der von der Brustwand abstrahlte. Da erschreckt es den Leidenden nicht besonders, wenn er ein Stückchen Zunge, das zwischen Atemschlauch und Zähnen während der Narkose abgeklemmt wurde, in die Serviette spuckt. Unangenehmer, wenn auch unbedenklich, ist die Entdeckung, dass einer der Schläuche ein Katheter ist, der, durch den Penis geschoben, ein immerwährendes Urinieren ohne Druck und Bewegung garantiert. Vieles ist in dieser Phase der Genesung gewöhnungsbedürftig.

Die ersten Besuche, gut gemeint und anstrengend, gaben mir Gewissheit, dass das Schlimmste überstanden war. Dann jagten die „Fortschritte" einander. Nach einigen Tagen wurde der Darm mit Gewalt entleert, das Abführmittel, das man mir verabreichte, führte zu Koliken, sodass ich schließlich auf der Toilette kollabierte. Unwürdig präsentierte ich mich meinen Rettern. Das nach hinten offene Spitalshemd war endgültig verrutscht, im Zusammenbrechen hatte ich noch die Notklingel drücken können, dann zogen wieder schwarze Wolken auf, die mir für kurze Zeit das Bewusstsein raubten. Der Weg zurück ins Bett glich einer Prozession: Zwei Pfleger stützten mich, die anderen trugen eine Serie klappernder Flaschen, mit denen ich durch Schläuche verbunden war, hinterher. So stelle ich mir den ersten Wagon einer Geisterbahn vor.

Nachdem ich mich wieder erholt hatte, erwartete ich die Visite. Ein junger blonder Arzt, der einem Trendmagazin entsprungen zu sein schien, macht anzügliche Späße mit einer der Schwestern. Die lockere Atmosphäre ließ Hoffnung keimen, denn angesichts eines Sterbenden würde man wohl ernsthafter auftreten. Dann berichtete der Arzt – ohne das Leid der Patienten zu würdigen – über eine Kongressteilnahme in Hawaii und steigerte sich in seiner Erzählung bis zum Bericht über eine Stewardess, die so alt war, dass er, der Arzt, auf der ganzen Reise fürchten musste, durch deren Ableben gestört zu werden. Die Erzählung war an die Krankenschwester adressiert, für mich gab es nur die kritische Bemerkung: „Sind wir umgefallen?"

Dieser peinliche Zusammenbruch verfolgte mich noch längere Zeit. Ich musste immer wieder darauf hinweisen, dass es Darmkrämpfe waren, die mich kollabieren ließen, nicht das Herz. „Sie kollabieren aber gerne", bemerkte einer der Ärzte unter Berufung auf einen Bericht, der meinen Zusammenbruch beim Einführen der Herzsonde betonte.

In der Folge trat Erleichterung ein. Täglich wurden Schläuche gezogen und Kabel abgeklemmt, Pflaster gewechselt und verkrustetes Blut entfernt. Dann, am achten postoperativen Tag, durfte ich im Rotkreuzwagen nach Hause fahren.

Die nächsten Tage waren ereignisarm. Ich wurde für kurze Zeit im Spital meiner Heimatstadt zwischengelagert, dort ermahnte mich der behandelnde Arzt am Tage meiner Entlassung: „Passen S' beim Geschlechtsverkehr auf, das kann wehtun!" Wehgetan hat vieles, am wenigsten der Geschlechtsverkehr. Die körpereigenen Opiate, die am Höhepunkt der Verzückung freigesetzt werden, täuschten mich wohl gnädig über meinen Zustand hinweg.

Wieder frei und mit Not einem Rehabilitationszentrum entkommen, nahm der Alltag seinen Lauf. Ratschläge prasselten von allen Seiten auf mich ein, befreundete Ärzte, Leidensgenossen und Freunde wussten, was das Beste für mich war. Wenn ich am Ende nichts von allem gemacht habe, dann nur deshalb, weil sich die Ratschläge durch ihre Widersprüchlichkeit selbst aufhoben, und die Summe aller Empfehlungen war null. Dafür – als ob es eine Strafe für meine Ignoranz wäre – begleiteten mich die Schmerzen weiterhin. Das sei normal, ich sollte nicht ungeduldig sein. Mein Hausarzt bestätigte die beruhigende Normalität meines EKG, das ursprünglich erhöhte Cholesterin sei einem Normalwert gewichen. Alles Routine und unbedenklich. Für mich, den Patienten, stellte sich die Situation anders dar, nach weniger als zwei Wochen glaubte ich, durch das Bouquet von Schmerzen jenen durchzuspüren, der am Anfang gestanden hatte. Jener dumpfe Schmerz, der die Diagnose begründete. Ein Belastungsschmerz, der auf verschlossene Arterien hinweist, nicht auf den Wundbereich frischer Narben. Eine von mir verlangte Untersuchung brachte Gewissheit: Durchblutungsstörungen am Herzen nur wenige Wochen nach der Operation. Das käme leider vor. Ich hörte meinen Hausarzt mit einem Chirurgen der Klinik telefonieren, ein dritter Herzkatheter sollte die Bypässe entlasten, ob das genüge, werde man nach dem Eingriff wissen.

## Erinnerungen

Fünf Jahre sind vergangen, seit ich meine Lebensgefährtin Adjo in Togo kennen lernte. Es war die Zeit nach der Revolte, eine Periode der Unsicherheit und Angst, in der viele Afrikaner das Land verlassen hatten, um der Willkür der Militärs zu entkommen. Es schien wie Ironie, dass gerade in dieser Zeit, in der fast keine Ausländer mehr in der Hauptstadt Lomé lebten, ein Österreicher und seine afrikanische Frau in fröhlicher Aussteigermanier ein Restaurant namens „Mozart" eröffneten. Christian war Grazer und am *chambre de commerce* in Nizza tätig, Viviane Afrikanerin mit französischer Staatsbürgerschaft. An ihrer Seite, helfend im Restaurant, ihre Schwester Adjo, meine spätere Lebensgefährtin.

Es waren drei Gründe, warum alles, was dieser Konstellation entstammte, zum Scheitern verurteilt war. Zum einen gab es in dieser gefährlichen Zeit keine Klientel für ein österreichisches Restaurant, zum anderen war Christian dem Alkohol verfallen, und schließlich befand sich Adjo am Absprung in ein anderes Leben, das sie schließlich an meiner Seite verbringen wollte.

Nur wenige Monate nach der Eröffnung des Gastbetriebes nahm das Unglück seinen Lauf. Christian erhängte sich im Hause seiner afrikanischen Familie. Viviane entschloss sich vor dem Hintergrund einer von Ahnungslosigkeit getragenen Nostalgie, das Restaurant in seinem Namen weiterzuführen, Adjo half ihr dabei. In den kommenden Monaten häuften sich die Schulden, und als die Mutter des Verstorbenen die Sperre aller Konten erreichte, war „Mozarts" Ende gekommen. Nicht genug, dass diese leidgeprüften Menschen mit ihren Problemen allein gelassen wurden, es stellte sich zu allem Überfluss heraus, dass Christian ein Bigamist gewesen war, der bereits in Frankreich eine Araberin geheiratet hatte, die nun ihrerseits Ansprüche stellte. Die Mutter des Toten verweigerte ein Gespräch mit der Frau ihres Sohnes und verstieß ihn posthum, weil er eine Schwarze geheiratet hatte.

In dieser Phase lernte ich neben Adjo auch ihre Familie kennen. Ihr Bruder Gil wollte Pfarrer werden und lebte in der Schweiz. Ein anderer Bruder war Informatiker in Paris, eine Schwester, der ich nie begegnete, zog mit einem Dentisten nach Kanada, und so blieben noch Glory, ein damals zwölfjähriger hochgewachsener Bub, und sein Bruder Kanten, der seine theologische Ausbildung in der Schweiz abbrechen musste, weil psychische Probleme auftraten. Die Eltern waren angesehene Bürger, Vater Valentin war Chefbuchhalter gewesen, Davie, seine Frau, hatte einen Holzhandel betrieben. Inzwischen waren beide Pensionisten und wohnten mit den in Afrika verbliebenen Kindern an der Grenze zu Ghana.

Einen Tag, nachdem ich die Bekanntschaft Adjos gemacht hatte, lud sie mich ein, mit ihr und einer Gruppe befreundeter Katholiken eine Pilgerreise nach Cotonou zu unternehmen. Dort sollte die ganze Nacht am Strand gesungen und gebetet werden. Ich, der Atheist, schwankte zwischen Ab- und Zusage, denn so wenig mich das religiöse Spektakel interessierte, so sehr lag mir die Nähe Adjos am Herzen. Schicksalshaft wurde mir der Entschluss erspart. Mein alter Mietwagen gab seinen Geist auf, und so blieben Adjo und ich in Lomé und teilten uns das viel zu kleine Bett im Hotel le Benin, während die anderen die Stille der Nacht mit Kirchenliedern störten.

Zwei Wochen später war ich in Europa wieder in meinem Beruf verstrickt, der mich zwischen dem Fotostudio und dem Planungsbüro des Museums aufzureiben drohte. Meine Afrikakontakte reduzierten sich auf kurze Anrufe, in denen mir Adjo mit großer Hartnäckigkeit Versprechungen abrang, die eine Einladung nach Österreich betrafen. Diese wurde nach endlosen Behördengängen und Notariatsbesuchen schließlich ausgesprochen. Drei Monate dauerte der Aufenthalt, drei Monate, in denen auch einige Differenzen transparent wurden, Unstimmigkeiten, die sich aus meinem Vorleben herleiteten. Besonders der Umstand, dass ich als reifer Mann Mitte fünfzig mit den Lebensgefährtinnen, die ihr vorausgegangen waren, freundschaftlichen Umgang pflegte, machte die um 30 Jahre jüngere Adjo wütend. Nach ihrer Vorstellung waren alte Bekanntschaften ersatzlos aus der Erinnerung zu streichen. Ein Gruß oder ein gemeinsamer Drink im Stammlokal waren nicht nur Akte gelebter Unmoral, sie waren ein Indiz der Untreue, des Verrates und der Niedertracht. Allein der Umstand, dass so etwas als gängige Praxis möglich war, ließ der neuen Freundin das Blut zu Kopfe steigen.

Nach ihrer Rückkehr ins heimatliche Togo überlegte ich daher, die Verbindung zu lösen. In einem vorsichtigen Brief wies ich auf unsere kulturellen und altersbedingten Unterschiede hin. Die Antwort kam schnell, und sie war bereits das erste Anzeichen einer Entwicklung, die ich nicht beachtete und die sich später als Vorbote drohenden Unheils erweisen sollte. Adjo schrieb, sie könne ohne mich nicht mehr leben, ich hätte einen Platz in ihrem Herzen besetzt, und die Trennung dieser wenn auch jungen Bindung würde sie in den Selbstmord treiben. Wenn ich nichts mehr von ihr hören sollte, sei sie bereits tot. Dieser Brief ärgerte mich, er war wehleidig und unangemessen, umso mehr, als ich von Beginn an klar erklärt hatte, dass ich weder heiraten noch Kinder in die Welt setzen wollte. Die Freiwilligkeit einer Partnerschaft, die beide wünschten, war die Basis, auf der ich meine Beziehung gründete. Diese Auffassung hatte sie in allen Gesprächen, die uns betrafen, geteilt.

Und doch – es blieb unbestritten, Adjo interessierte mich. Sie hatte zahlreiche Facetten in ihrem Wesen, die mich faszinierten, denn auch ihre Widersprüche und Wutanfälle waren Teil einer Persönlichkeit, die ich als Ganzes zu begreifen bemüht war. Nur so konnte es passieren, dass mein nächster Besuch, der eine Trennung in Anstand einleiten sollte, eine Verlängerung der Bindung und eine weitere Europareise in Aussicht stellte. Die Basis der Beziehung blieb vor dem Hintergrund der inzwischen erkannten Probleme dieselbe.

Wie aufgeklärt, wie vorsichtig, wissend und verantwortungsvoll muss ein Mann sein, um zu verhindern, dass seine Begeisterung fürs Sinnliche nicht in einer Schwangerschaft endet? Ich weiß es nicht. Wenn eine Frau will, bekommt sie ein Kind. Da nützen Pillen und Spiralen nichts, Abmachungen und Vorsätze zerfallen im Schatten biologischer Bestimmungen. Die moderne Zivilisation hat die Menschen vom Zwang der Fortpflanzung befreit, ihre Gedanken aber bleiben getrübt von archaischen Gesetzen. Adjo wurde schwanger, und damit war mir die Möglichkeit, die Beziehung zu beenden, entzogen.

Diese Phase unserer Partnerschaft war für mich von Angst und Unsicherheit gezeichnet. Es war die Angst, alle Grundsätze verraten zu müssen, um in einem Lebensstil und einer Bindung, die ich so nicht wollte, gefangen zu sein.

Adjo war trotz allem, was uns trennte, immer noch von einem Fluidum umgeben, das mich berauschte. So versuchte ich mich am Höhepunkt meiner Ratlosigkeit oft an die schönen Zeiten zu erinnern, die ich mit ihr erlebt hatte. An die ersten Wochen in Europa, in denen sie wie ein scheues Tier durch die Straßen ging, voll Misstrauen, aber auch voll Hoffnung hinsichtlich der Menschen und des Biotops, das sie umgab. Alles, was sich später als verhängnisvolles Signal erwies, war in diesen Tagen nur oberflächliches Geschehen, das man deuten konnte, wie man wollte. Wenn sich Passanten nach ihr umdrehten, war das für sie zustimmende Neugierde, zwei Jahre später aufdringlicher Rassismus. Wenn mich Frauen, die ich lange Jahre kannte, vertraulich ins Gespräch zogen, so war das der Ausdruck dafür, dass ich noch begehrt wurde. Später sollten sich dieselben Szenen als Akt impertinenter Missachtung der daneben stehenden Partnerin entpuppen. Meine regionale Popularität war erst eine reizvolle Begleiterscheinung unserer gemeinsamen Auftritte, später eine provokante Beleidigung und Missachtung Adjos, die nicht im Schatten stehen wollte. Es war eine Frage der Interpretation, ob der Anruf einer Frau als notwendiger Teil meiner beruflichen Existenz oder als anmaßende Bedrohung der Lebensgefährtin verstanden wurde.

Trotz all der Probleme waren diese ersten Jahre von der Dankbarkeit getragen, eine Freundin gefunden zu haben, die zu Beginn unserer Freundschaft gesagt hat: „Je sui à ton disposition." Ob es nun anmaßend ist oder nicht, welcher alternde Mann wäre nicht von luziden Glücksgefühlen befallen, wenn eine sehr junge, im Vollbesitz ihrer weiblichen Reize befindliche Frau ihm ihre scheinbar bedingungslose Hingabe signalisiert: „Ich stehe zu deiner Verfügung!" Das meinte sie auch so, sie wollte, dass ich über sie verfügte, und war enttäuscht, dass ich das weder konnte noch wollte. Drei Jahre stellte ich mir die Frage, ob ich dieser Beziehung gewachsen war oder nicht. Drei Jahre, in denen die Hoffnung auf eine bessere Zukunft mein Denken dominierte und die Lust, allabendlich das Geschenk, das mir ein wohlwollendes Schicksal beschert hatte, aufs Neue auszupacken. Es wäre falsch und undankbar zu sagen, dass ich mich in diesen Jahren nicht wohl gefühlt hätte.

Adjos Körperumfang veränderte sich nun von Tag zu Tag. Ich hatte in Lomé ein Haus gemietet und war der festen Überzeugung, dass sie hier, in der Nachbarschaft ihrer Familie, im Kreise ihrer Freunde, die Niederkunft erwarten sollte. Sie wollte das ebenfalls, und es war nicht vorherzusehen, dass sie diesen Entschluss später so darstellte, als hätte ich sie abgeschoben, um mich der Peinlichkeit, ein Mischlingskind gezeugt zu haben, zu entziehen.

Als das Kind geboren wurde, wuchs mit jedem Monat, in dem es älter wurde, meine ursprüngliche Zurückhaltung. Armand bezauberte mit seinem Charme, und wir lebten zu dritt, in Europa und Afrika, gerade wie es meine Aktivitäten verlangten. Und doch – Adjo war mit ihrem Dasein unzufrieden. Sie war die geborene Geschäftsfrau, die allerorts aktiv sein wollte. Meine zurückhaltenden Kommentare verärgerten sie, für das Kleinkind da zu sein war ihr zu wenig, sie wollte ohne klare Vorstellungen einen Beruf ergreifen und Geld verdienen, ohne dafür irgendeine Voraussetzung vorzufinden. Das restriktive Österreich verweigerte ihr jegliche Beschäftigung, und es zeigte sich immer deutlicher, dass diese Partnerschaft ohne eine Heirat nicht aufrechtzuerhalten war. Dazu kamen andere Forderungen, deren Erfüllung außerhalb meiner Möglichkeiten lag. Was immer ich auch tat, es war zu wenig.

Diese Zeit der Unruhe und der Agitationen war auch die Zeit, in der sich die ersten klaren Ultimaten, um nicht zu sagen Drohungen, manifestierten. Am Anfang stand die Selbstvernichtung. In Wutanfällen, die sich über Tage nicht beruhigen ließen, drohte sie, sich und das Kind zu töten. Dabei steigerte sich ihre Aggression derart, dass sie jede Realität aus den Augen verlor, bei bitterer Kälte verließ sie das Haus im Nachthemd, um sich irgendwo zu verstecken. Ich suchte sie in dieser Zeit mehrmals. Das Kind brachte ich gelegentlich zu meiner Schwester, wenn ich an der Situation verzweifelte und nicht wusste, ob ich sie – nach allem, was sie ankündigte – je wieder lebend sehen würde.

In dieser ersten Phase bat ich ihre Familie um Hilfe. Ihre Schwester Viviane reiste aus Frankreich an und beruhigte die Situation. Ein anderes Mal war es der in der Schweiz lebende Gil, der mir zur Seite stand, von ihm erfuhr ich auch, dass sie schon früher, zum Entsetzen ihrer Familie, unter hysterischen Anfällen gelitten hatte. Einmal, als sie wieder ankündigte, mich mit dem Kind zu verlassen, fragte ich sie, wann das geschehen würde. „Wenn es mich ergreift", antwortete sie. Ergriffenheiten anderer Art habe ich in Afrika studiert, religiöse Trance, in der Menschen ihre Identität zugunsten von Geistern und Göttern verlieren. Besessenheitskulte, die geordnet unter der Omnipräsenz eines Erleuchteten abliefen, kontrolliert, um zu vermeiden, dass sich Unfälle ereigneten. Hier in meiner Wohnung entfaltete sich das Unheil wild wuchernd, kein Gott und kein Geist konnten angerufen werden, ohne das Netz eines kulturellen Gefüges fiel die Ergriffene in die Finsternis von Aggression und ungezügelter Wut. Das war nicht Afrika, auch nicht Europa. Das war die Manifestation einer Entwurzelung, die keinen Sinn und keine Spielregeln kannte. Wie ein verletztes Tier, das den Helfenden beißt, stand sie mit dem Rücken zur Wand, alles und jeden hassend, der vermeintlich die Schuld an ihrem Unglück trug.

In der Folge durchzogen Phasen relativer Stille eine Evolution, an deren Ende der seelische und körperliche Zusammenbruch zweier Menschen stand. In der Mitte das Kind, Mittel der Nötigung und Subjekt der Zuneigung. Am Rande ein Bekanntenkreis, der für Adjo zu zerbröckeln begann, weil ihr Misstrauen wuchs und sie schließlich in ihren besten Bekannten Verräter und Denunzianten zu erkennen glaubte. Bis zu diesem Zeitpunkt war mir nicht klar geworden, dass ich mich seit geraumer Zeit in der Defensive befand, immer einen Schritt zurückweichend, wenn ich geschoben wurde, oder entgegengehend, wenn man mich zog. Von meinem kämpferischen Naturell war nichts übrig geblieben. Aus Angst, das Kind zu verlieren, mutierte ich zum Biedermann, der die Brandstifterin gewähren ließ.

Die Nächte gestalteten sich für mich zunehmend schwieriger. Der Wundschmerz meiner Operation erlaubte nur eingeschränkte Bewegungen, in kurzen Intervallen erwachte ich, um nach einer anderen Position zu suchen. Schlimmer aber waren die Gedanken, die sich immerfort im Kreise drehten, ohne Ziel und Ende. So wechselte ich Nacht für Nacht das Lager, vom Sofa ins Bett bis in den Bügelraum, in dem mich alte Matratzen gnädig aufnahmen und mir Momente der Ruhe schenkten. Einmal erwachte ich in der Dämmerung des Morgens und hatte das Bedürfnis, mich weit nach allen Seiten hin auszustrecken. Ich lag zusammengerollt in einer Position, in der ich zu ersticken glaubte. Im Traum mutierte ich zu einem Schmetterling, der sich mühevoll aus seinem Kokon befreit, in kleinen Teilen schob ich die zerknitterten Flügel ins Freie und spürte, wie sie sich entfalteten. Meine Lunge, die wie ein leerer Ballon zusammengefallen in meinem Brustkorb lag, füllte sich mit frischer Luft. Ich verspürte ein Glücksgefühl, das mir sagte, dass in diesem Augenblick eine Wende eingeleitet wurde, die, das Kranke hinter sich lassend, einer neuen Lebensqualität entgegenging. Visionen dieser Art ließen Hoffnungen keimen, deren Haltlosigkeit mich wenig später noch tiefer in die Verzweiflung trieb.

Wenige Tage danach hatte sich Adjo entschlossen, zu gehen. Tagelang packte sie ihre Sachen, telefonierte mit fremden Menschen und verweigerte jede Information. Dass sie und Armand nach Togo reisen wollten, wusste ich, ich hatte ja die Tickets bezahlt. Im Grunde verband sich diese Reise mit der Hoffnung, dass sie bei ihrer Familie Distanz und Ruhe finden und dass sich ihr, inzwischen als pathologisch erkannter, Zustand bessern würde. In einer kalten Aprilnacht umarmte ich Armand ein letztes Mal und beschwor ihn, mich nicht zu vergessen.

# Schreiben gegen das Vergessen

Erleichterung, die Angst macht, Einsamkeit, die nicht zur Ruhe führt, Hektik, die der Tatenlosigkeit folgt, Ohnmacht, der die Wut entspringt, Bitterkeit ohne Hoffnung und Ende. So begegneten mir die Tage, die ich wartend verbrachte, wartend auf eine Nachricht, die mir sagte, dass mein Kind in guten Händen sei, im Hause seiner afrikanischen Großmutter, die auf seine Ankunft wartete. Allein, die Botschaft blieb aus. Fünf Tage, nachdem Adjo und Armand nach Togo abgereist waren, erfuhr ich, dass sie dort nie angekommen waren. In diesem Moment wusste ich, dass ich die Rolle des Außenstehenden mit der des Betroffenen getauscht hatte. Meine Vorstellung, ich könnte die Ereignisse analytisch auswerten und mit den Mitteln der Ratio beherrschen, erwies sich als Irrtum. War es zuerst die blanke Aggression, die mir Angst machte, so war es nun, in der Scheinstille dieser Tage, meine Ohnmacht, den Ereignissen zu begegnen. Mein körperlicher Zustand hatte sich trotz der psychischen Belastungen gebessert, ich befand mich täglich auf verordneten Spaziergängen, die therapeutische Wirkung haben sollten. Bewegung ist eine Art der Medizin, das habe ich in zahllosen Gesprächen erfahren.

Auf einem dieser Spaziergänge erinnerte ich mich an die Monate in Albert Schweitzers Urwaldspital. Jeden Abend, bevor die Dämmerung über den Regenwald hereinbrach, machte sich der „Grand Docteur" auf den Weg. Der schmale Fußpfad, der vom Spital entlang des Ogowe bis zur Fähre führte, wurde euphorisch als Philosophenweg bezeichnet. Hier holte sich der Urwaldarzt und Organist die Kraft und Inspiration, die ein Leben zwischen künstlerischer Auseinandersetzung und klar rechnender Betriebsführung brauchte. Ihn auf diesen Spaziergängen zu begleiten, war ein Privileg. Es wurde mir in acht Monaten zweimal zuteil, erstaunlich, dass der große alte Mann die Geduld aufbrachte, mit mir, dem vierundzwanzigjährigen Abenteurer, zu plaudern. Auf beiden Spaziergängen trug ich meinen Fotoapparat mit mir, aber weil ich es als einen Akt der Unhöflichkeit empfand, das Gespräch für ein Foto zu unterbrechen, verzichtete ich darauf. Nur einmal hat mich der Reporter in mir überwältigt. Es war der Moment, in dem Albert Schweitzer mir den Rücken kehrte, einige Schritte ans Flussufer ging und in bescheidenem Bogen ins Wasser urinierte. Das Klicken meines Apparates nahmen die Geräusche des Ogowe gnädig auf.

Es waren also die Spaziergänge, die den Denkern zur Größe verhalfen, die kontemplative Monotonie des Nichtstuns, die allein durch ein geringfügiges Sich-weiter-Bewegen das Hirn zu grandiosen Kapriolen antrieb. Fast vierzig Jahre später und dreißig Jahre jünger, als Albert Schweitzer es damals gewesen ist, war ich nun zum Wanderer geworden, der in Erwartung höherer Eingebungen seine Runden zog. Nichts von alledem hatte Erfolg. Die Düsternis meiner Gedanken schien sich in den Ganglien meines Gehirns verfangen zu haben, die Undurchlässigkeit meines Herzgeäders schien nun auch die Synapsen erreicht zu haben. Die erhoffte Qualität der Gedanken war verloren zwischen den immer wiederkehrenden Bildern eines Kindes, das seinen Vater suchte. Ein Kind, das ich verloren hatte. Unerträgliches Warten, der Versuch zu telefonieren, mit Adjos Bruder, mit ihrer Mutter, all das war ohne Resultat, ja schlimmer noch, es bestätigte die Richtigkeit meiner Befürchtungen.

Eine Woche nach ihrer Abreise erreichte mich ein erstes Lebenszeichen. Es war zur Mittagszeit, und Adjo rief mich an und erklärte, aus dem Spital, in dem sie gelandet war, ausgebrochen zu sein, um eben dieses Gespräch mit mir führen zu können. Armand gehe es gut, sie hätte ihn bei Bekannten untergebracht. Kopfweh war der Grund ihrer Einlieferung, Kopfschmerzen, die sich bis zum Wahnsinn steigerten. Ihre Stimme klang leise, ihre Sprache langsam. Es mochten wohl die Medikamente gewesen sein, die eine derartige Veränderung mit sich brachten.

Obwohl diese Nachricht ein deutliches Lebenszeichen war, so hatte sie doch auch eine bedrohliche Seite. Das Gespräch erreichte mich nicht aus Lomé, sondern aus Cotonou, dem benachbarten Staat. Was hatte sie dorthin geführt, warum konnte sie mir keine Adresse nennen, warum hatte sie nicht ihre Familie informiert oder wenigstens Armand zu seiner Großmutter gebracht? Fragen über Fragen, doch außer unerfüllbaren Forderungen war dem Gespräch nichts zu entnehmen. Am selben Abend noch informierte ich ihren Bruder, der in der Schweiz lebt. Wir kamen überein, ihre Mutter Davie nach Benin zu schicken, mit dem Ziel, sie zu suchen. Die Telefongespräche nach Togo funktionierten jedoch nicht, was zu den üblichen Szenarien gehört, die jeder kennt, der mit Afrika zu tun hat. Erst vier Tage später erreichte Gil seine Mutter und bat sie, ihre Tochter und das Kind zu suchen. Wieder vergingen Tage des Wartens und Nächte der Schlaflosigkeit, in denen ich nicht aufhören konnte, an Armand zu denken, so als hätte sich mein Hirn in einem unseligen Kreislauf immer wiederkehrender Bilder verselbständigt. In diesen Tagen beneidete ich nur einen meiner weitschichtigen Bekannten, Friedensreich Hundertwasser, der auf seiner Jacht bei Neuseeland in Frieden seine Augen für immer geschlossen hatte.

In dieser Zeit schien es mir, als wäre ich manches Mal außerhalb meines Körpers gestanden und hätte ihm zugesehen, wie er sich so viel Arbeit auflud, dass er unweigerlich daran zugrunde gehen musste. Der Beruf und das Museum hatten Vorrang, eine neue Sonderausstellung, die sich mit Essen in China befasste, musste fertig gestellt werden. Die besonders heikle Aufgabe bestand darin, Leihgeber zu koordinieren, Versicherungen zu vernetzen und schließlich eine wild gewordene Kustodin, die aus der Schweiz kam, im Zaume zu halten. Der Himmel war es nicht, der mir diese Frau schickte. Schon im Vorfeld gab es Nörgeleien und Debatten, die alle Gemeinheiten der nach oben offenen Gefühlsskala durchliefen. Ich gebe es zu, ich bin kein Teamarbeiter. Ich war immer schon ein *self made man* und bin es bis heute geblieben. Trotz aller Befürchtungen aber konnten wir am Tag der Vernissage schon des Mittags das Werkzeug in den Keller bringen. Die Übung war gelungen.

Spätnachts, alle Knochen schmerzten von der ungewohnten Arbeit, die ich allzu früh, in einer Phase, die man postoperativ nennt, zu verrichten hatte, erreichte mich ein weiterer Anruf aus Afrika. Bevor ich etwas sagen konnte, ergoss sich ein Schwall von Beschimpfungen und Beleidigungen aus dem Hörer, und obwohl die Übertragungsqualität ein ständiges Nachfragen erforderte, war eines klar zu verstehen: Ich sollte mehr Geld schicken, sonst würde ich von meinem Sohn nie mehr etwas hören. Das Besetztzeichen klang noch in meinen Ohren, als sie vermutlich längst die Telefonzelle verlassen hatte, in der die Wertkarte ihre letzten Einheiten wie böse Geister in die Leitung schickte. Eines konnte ich trotz der Hektik in Erfahrung bringen: Adjo war immer noch in Cotonou, Armand wohnte, von einer Freundin behütet, in einem Hotel, alles ohne Adresse und Namen, um Nachforschungen zu verhindern.

In einem Aspekt seines Lebens bekennt Buddha: Die Askese hat mich nicht zur Erleuchtung geführt. So mag es auch mit den schrecklichen Erfahrungen sein. All die Schmerzen, die Angst und die Aufregung haben mich keinen Schritt weiter an irgendein Ziel gebracht. Ich habe nur insofern etwas gelernt, als ich die verzichtbarste Seite des Lebens durchlief, stumpf und desillusioniert, eine Prüfung, die keine strahlende Erkenntnis hervorbrachte, sondern einen zerstörten Menschen, dessen Handeln im Angesicht des Erlebten zu völliger Sinnlosigkeit degenerierte. Die Therapie des Wanderns hatte außer einem Paar verschlissener Schuhe nichts bewirkt, nichts, das man als sinnliche Freude hätte wahrnehmen können, und wenig, das den streunenden Geist an die Leine zu legen vermochte.

Trotz allem gab es einen Hoffnungsschimmer. In hellem Rosa erschien im Osten ein Horizont, hinter dem Thailand, Burma und China lagen, ein Horizont, der weit genug entfernt war, um den europäischen Alltag zu vergessen. Acht Wochen nach meiner Operation fühlte ich mich stark genug, eine Asienreise anzutreten.

# Vom Reisen

Wenn einer stets auf Reisen ist, verliert das Reisen seinen ursprünglichen Reiz. Die Aufregung vor deren Antritt, die letzte Nacht, in der man öfter als sonst aufwacht, um misstrauisch den Wecker zu kontrollieren, das Kofferpacken und das Schreiben langer Listen gegen das Vergessen, all das weicht der Routine, die stumpf macht und die Vorfreude auf das Ereignis nimmt. Oft schon habe ich wesentliche Dinge übersehen, weil mir das Reisen keinen Gedanken mehr wert war. Ich habe die Aufregung vor der Reise eingebüßt und die Freude auf die Rückkehr. Heute könnte ich überall leben, wenn es nur warm und das Land ein Kulturland ist. Ich habe den Tieren Ostafrikas die Menschen des Westens vorgezogen, Menschen, die sesshaft waren und daher andere Kulturen hervorbrachten. Die Nomaden haben mich nie im selben Maße interessiert. Ihre Kultur manifestiert sich in Tänzen, Gesängen und Gedichten, der materielle Aspekt der schnitzenden, schmiedenden und töpfernden Bauernvölker ist ihnen fremd. Ich habe Afrika Brasilien vorgezogen, weil mich das katholisch-koloniale Barock der Städte langweilte und die Indianerkulturen nicht die Vielfalt und Großartigkeit der Kulturen Westafrikas erreichen. Aus demselben Grunde bin ich nach Asien, nicht nach Australien gegangen.

Mein Interesse, das sich im Umfeld der Ethnologie ansiedelte, war immer etwas kopflastig zugunsten der Kunst, die ich den Ackergeräten und Werkzeugen vorgezogen habe. Die Kunst hat mich interessiert, weil ich durch sie die Identität der Völker zu erkennen glaubte. Die Masken, Figuren und Fetische sind Manifestationen religiöser Imaginationen, die, eindrucksvoller als ein Gerät, die kulturelle Befindlichkeit der Menschen veranschaulichen. Sie sind Material gewordener Geist, der sich sinnlich erfahren lässt. Aber auch die Musik hat mich begeistert. Ich habe Tondokumente publiziert und nächtelang den Trommeln gelauscht, deren Klangkaskaden den Geist in ferne Räume trugen. Allein das Sammeln von Erzählungen, die in Afrika nie niedergeschrieben wurden, war mir zu mühsam und machte mir bewusst, dass man sich nicht um alles kümmern kann, was der Reichtum kulturellen Lebens hervorbringt. Ähnlich erging es mir in Asien. Thailand, Burma, Kambodscha oder China vereinnahmten mich mit ihrer Kunst, die, sehr gegensätzlich zur afrikanischen, einen faszinierenden Kontrast bildet.

Vierzig Jahre war ich ein Pendler zwischen Europa, Afrika und Asien, und immer wieder zog es mich an dieselben Plätze, was vielen meiner Freunde unerklärlich war. Wer die Möglichkeit habe, so oft in andere Kontinente zu reisen, der solle doch die Chance nutzen, die Welt in ihrer Ganzheit zu erfahren. Diese Gedanken waren mir vertraut, ich überlegte oft, nach Neuguinea oder Amerika zu gehen. Wenn ich es nicht tat, dann wohl aus dem Grund, dass ich mich dort als Tourist gefühlt hätte und nicht als Reisender, der seine Kennerschaft einzubringen im Stande war. Je öfter ich denselben Ort besuchte, umso mehr erschloss sich dieser. Da es meine Aufgabe war, als Publizist und Fotograf Brücken zwischen die Kulturen zu schlagen, schien der Weg der steten Wiederkehr der richtige zu sein. Ich habe mich immer gegen die Vorstellung gewehrt, als Tourist zu reisen. Touristen sind Menschen, die kurzfristig ihre Heimat verlassen, um irgendwo anders das zu suchen, was sie zu Hause auch haben. In allen größeren europäischen oder asiatischen Städten gibt es daher Hofbräuhäuser und McDonalds-Filialen, die jene Heimatlosen aufnehmen, die man Touristen nennt. Der Reisende hingegen, man spricht auch von einem „großen Reisenden", kommt als Individualist und nimmt wachen Auges das Fremde wahr, das er verstehen möchte. Er tritt niemals in Hundertschaften auf, er begegnet der eigenen Gattung klaustrophobisch und gerät im Gegenüber mit dem Fremden in Euphorie. Er besteht darauf, keinen Anteil an der Zerstörung fremder Kulturen zu haben, er verhält sich dezent, trägt weder Leggins noch kurze Hosen, er singt nicht in Lokalen, fotografiert nur, wenn Einvernehmen herrscht, promeniert niemals mit nacktem Oberkörper und bleibt unauffällig, so gut er es eben vermag. Der Reisende unterscheidet sich vom Touristen wie der Autor vom Schreiberling. Sein Lohn ist die Kennerschaft, nicht der Dank für geschriebene Postkarten.

In den Wochen nach meiner Operation und der Auflösung meiner Familie erwachte in mir die Sehnsucht, wieder zu reisen. Diesmal war die Planung jedoch mit Interesse erfüllt, das Reisen als solches schien wieder an Wert zu gewinnen. Dabei war es nicht wichtig, ob die Reise eine Flucht aus der ungeliebten Realität darstellte oder an sich bedeutend war. Ich begann mich im selben Maße, indem die postoperativen Schmerzen abnahmen, auf diese Fahrt zu freuen. Wie vor dreißig Jahren nahm ich mir vor, Thailand, Burma und China neu zu entdecken, mit anderen Zielen und anderen Erwartungen. Dass es mir gelingen würde, die Sorgen und Probleme hinter mir zu lassen, glaubte ich nicht. Ich hoffte aber, dass dieses andere Biotop mich zerstreuen und den stets um meinen Sohn kreisenden Gedanken Ruhe verschaffen würde. So packte ich meine Koffer mit nur wenigen persönlichen Dingen, darunter einem Laptop, auf dem ich meine Erinnerungen weiterschreiben wollte. Aus Erfahrung wusste ich, dass man nirgendwo eine ähnliche Ruhe fand wie in den langen Tropennächten, die zum Schlafen zu heiß und zum Umherziehen zu dunkel sind. Im Gepäck führte ich auch alte Manuskripte mit, die ich als Gedankenstützen gebrauchen wollte, weil ich erschrocken feststellte, dass mir nach vierzig Jahren die Geschichten abhanden gekommen waren und ich irgendwelcher Initialzündungen bedurfte, um sie wieder ans Licht zu fördern. Im Flugzeug, das mich nach Bangkok brachte, begann ich diese verblichenen Blätter zu sortieren. Briefe an meine Eltern, die ich 1964 von Lambarene aus geschickt hatte, Texte für lokale Zeitungen, Aufzeichnungen für Bücher, die nie geschrieben worden waren. Einer der wenigen brauchbaren Texte entstand aus demselben Grund wie dieser: Ich habe das Erlebte niedergeschrieben, um es dem Vergessen zu entreißen. Ein Brief an meine Eltern, den ich am 25. Juni 1964 in Albert Schweitzers Spital schrieb und anschließend nach Lambarene zur Post brachte:

Liebe Eltern!

Nun sind einige Tage seit meiner Rückkehr aus dem Kongo vergangen, sodass es wieder etwas zu berichten gibt.

Momentan liege ich mit Grippe im Bett. Der Wettersturz, der mit der Trockenzeit kam, war gewaltig. Während hier im März noch bis über vierzig Grad herrschten, liegen jetzt die Temperaturen nur wenig über zwanzig. Gestern Nacht hatte es nach einem kurzen Gewitter gehagelt. In Gabun wird jene Zeit Trockenzeit genannt, in der es Pausen zwischen den Gewittern gibt.

Jetzt sammeln sich die Tiere um Wasserstellen und um menschliche Siedlungen. Die Nilpferde kommen nachts bis ins Spital und die fliegenden Hunde schreien bis in den Morgen. Es sind derart viele, dass sich in der Dämmerung, wenn sie zu fliegen beginnen, der Himmel verfinstert. Die Ochsenfrösche quaken so laut, dass man kaum Schlaf findet. Das ist eine sonderbare Zeit am Äquator. Tagsüber ziehen dunkle Gewitterwolken auf, doch sie entladen sich nur selten. Die Nächte hingegen sind sternenklar und kühl.

Die Eingeborenen tanzen jetzt nicht mehr so oft, weil die Männer nachts auf Fischfang gehen. In den vom Fluss abgeschnittenen Tümpeln machen sie reiche Beute. Der Ogowe ist in dieser Jahreszeit ohne Mühe zu befahren. Am vergangenen Sonntag haben wir diesen Umstand genützt und sind mit einer Biroke zum Lake Zile gerudert, einem See, in dem riesenhafte Schwertfische leben. Erst in der vergangenen Woche wurde einer gefangen. Allein sein Kopf wog achtzig Kilo. So herrlich dieser See ist, so gefährlich ist er auch. Neben den Riesenfischen ist er von der Bilharzia besiedelt, die den Badenden bedroht.

Unser Ausflug galt aber nicht der Tierwelt, wir wollten eine Heilerin besuchen, deren Ruf bis ins Spital gedrungen war. Nach einer Bootsfahrt von dreieinhalb Stunden waren wir am Ziel. Meine Rückenschmerzen waren wie verflogen, als ich am Ende der letzten Bucht eine Tanzhütte sah, die von kleinen strohbedeckten Häuschen umgeben war. Das war das Zauberspital. Wir wurden freundlich empfangen und herumgeführt. Im Dunkel der Tanzhütte bemerkten wir die merkwürdigsten Dinge. Tierfelle, Totenschädel, bunt bemalte Hocker, Flaschen mit farbigen Zaubersäften und vieles mehr. Die Medizinfrau, eine 46-jährige, hoch gebildete Dame vom Stamme der Fang, ist ein Mitglied der Bwiti-Bewegung, einer Sekte, die aus abtrünnigen Christen besteht. Diese Enttäuschten sind zu den alten Naturreligionen zurückgekehrt, unter Beibehaltung christlicher Errungenschaften. Leo Mba, der derzeitige Staatspräsident, ist auch ein Bwiti. In Zusammenhang mit den Unruhen im Frühjahr barg man angeblich zwei mumifizierte Kinderleichen aus seiner Wohnung, Flaschen mit Blut und ähnliche Scheußlichkeiten dienten ihm als Fetische. Der Bischof, der die Funde zur Abschreckung in seiner Kirche aufbaute, wurde nach Leo Mbas Rückkehr eingesperrt. Bei den Kinderleichen soll es sich um seine Neffen gehandelt haben. Die Ohnmacht der Mission wird hier einmal mehr deutlich.

Im Gespräch mit der Medizinfrau erkundigte ich mich nach den Leopardenmenschen, von denen mir Albert Schweitzer erzählte. Sie waren die Vorgänger der Bwiti und allerorts gefürchtet. Sie brachen nachts in die Hütten ein und zerfleischten die Schlafenden mit Eisenklauen, die den Pranken der Leoparden nachgebildet waren. Sie handelten aus religiösen Gründen. Auch die Pygmäen im Süden Gabuns kannten diesen Brauch. Sie töteten aber nicht, sondern verstümmelten die Überfallenen. Ein derart verletztes Opfer wurde dann mit Drogen behandelt und später selbst zum Leopardenmenschen.

Nach dieser erhellenden Information durften wir uns im Gehöft umsehen. Wir gelangten in Räume, in denen Kranke lagen, insgesamt zwölf. Wir erfuhren, dass sie hier gesund getanzt würden. Einige von ihnen standen unter Drogen. Das gängige Rauschgift in Gabun heißt Ebogka und wird als die Medizin der Götter bezeichnet. Juliette, eine Krankenschwester, die unserer Gruppe angehörte, wusste zu berichten, dass viele der Patienten, die Schweitzers Hilfe suchten, aus diesem Zauberspital kamen.

Am Ende der Tanzhütte befand sich ein altarähnlicher Aufbau, der mit loser Erde gefüllt war. Hier wurden gelegentlich Kranke bis zum Hals eingegraben, danach folgten Gesänge und Beschwörungen. Ich hatte schon früher in Aponge eine Krankenheilung miterlebt, bei der man eine Frau bis zum Hals im Schlamm vergrub. Sie wurde mit zerkautem Blattwerk bespuckt.

Das alles spielt sich rund ums Spital des „Grand Docteur" ab. Uns Europäern mag das unverständlich sein, doch es gibt auch unter Schweitzers Mitarbeitern einige, die diese Phänomene ernst nehmen. Als ich in der vergangenen Woche Dr. Kreyer zu einer Zeremonie mitnahm, meinte er: „Was haben wir ihnen zu erwidern? Wer die Kraft afrikanischer Tänze erlebt und den Geruch brennenden Palmpechs gerochen hat, der weiß von der Hinfälligkeit missionarischen Eifers." Kreyer war nach diesem Abend wie verändert. „Man sollte mit ihnen arbeiten, nicht gegen sie." Später erzählte er von Tom Dooley, dem amerikanischen Arzt, der im Hochland von Tibet mit den Medizinmännern arbeitete und bessere Ergebnisse erzielte als Albert Schweitzer. „Lasst die Ärzte behandeln und die Medizinmänner tanzen." An dieser Großzügigkeit scheiterte Albert Schweitzer. Er hat sich in all den fünfzig Jahren seines Wirkens nicht um die afrikanischen Kulturen gekümmert.

Für mich ist Afrika ein einziges großes Rätsel. Je mehr ich es zu verstehen glaube, umso weiter entferne ich mich von jeder Erkenntnis.

Zum Schluss noch ein paar profane Informationen. Das Buch ist angekommen, ich bedanke mich dafür. Kiki, meinen Affen, werde ich morgen im Busch aussetzen, weil er schon wieder ein Huhn gestohlen hat. Etwas Erfreuliches zum Schluss: Ich habe etwas Geld mit dem Verkauf von Ebenholz verdient. Morgen kommen weitere 350 Kilo, die ich in Ndende erworben habe. Die Amerikaner vom Peace Corps sind meine besten Kunden. Schnell noch, bevor ich es vergesse, ich werde voraussichtlich am 9. Juni auf der „Frère Foucauld" einschiffen und, wenn alles gut geht, am 7. August in Genova sein.

PS: Sagt dem Eusebius ein herzliches Danke für die Schwazer Schnellinformation, ich habe mich sehr darüber gefreut. Euer Gert.


Ich habe nie einen meiner Texte zu einem späteren Zeitpunkt nochmals gelesen. Die Vergangenheit interessierte mich nicht im selben Maße wie die Gegenwart und Zukunft. Ich habe auch nie Gedichte geschrieben, sie waren mir wie viele meiner alten Texte peinlich. Was einmal geschrieben ist, erlangt Bedeutung und Verbindlichkeit. Die afrikanischen Kulturen haben keine Schrift entwickelt, ihre Traditionen sind dadurch lebendig geblieben. Nicht der Chronist verwaltete das Wissen, sondern die Priester, Würdenträger und Schamanen. Ihnen war es gestattet, vor dem Hintergrund ihrer eigenen Befindlichkeit den Mythos zu interpretieren und unter Einbeziehung aller sozio-kulturellen Aspekte zu aktualisieren.

Die alten Briefe und Texte, die ich vor mir ausgebreitet hatte, hätten eine solche Aktualisierung benötigt. Viel Emotionales war in sie eingeflossen, atmosphärisch gaben sie Einblick in eine Stimmungslage, die die Realität veränderte, sie interpretierte, vorbei an den Fakten afrikanischen Lebens. Was immer der Reisende notiert oder berichtet, es bleibt als Erfahrung subjektiv. Französische Denker haben gefordert, dass ethnologische Texte von Schriftstellern, nicht von Wissenschaftlern zu verfassen seien, weil nur diese in der Lage wären, die Gesamtheit des Erlebten darzustellen. Rückblickend auf meine eigene Arbeit wird mir bewusst, dass eine solche Gesamtsicht immer subjektiv und damit angreifbar bleibt. Ein deutscher Ethnologe hat über einen meiner Berichte geschrieben: „Hier irrt der Autor, wenn er annimmt, dass dieses Ritual ausschließlich der Meeresgöttin geweiht ist. Mit ihm irren auch jene, die das abschreiben, so etwa der Kulturhistoriker Hans Peter Duerr und andere." Der Irrtum in der Darstellung ethnologischer

I. Die Eroberung Afrikas

1  Der Beginn seiner großen Liebe zum Schwarzen Kontinent – und dies, obwohl Chesis erste Afrikafahrt mit seinem Freund Günter Heiss (rechts) im Jahr 1960 nach fünf Monaten desaströs endete, die alte BMW R 5 gab ihren Geist auf.

2/3  Die ersten Lorbeeren als Fotoreporter erntete Chesi allerdings in Nordafrika und im Nahen Osten: Er fotografierte in einem palästinensischen Ausbildungslager und interviewte den ägyptischen Staatspräsidenten Nasser. Er begleitete ihn auf seiner Reise nach Port Said, wo dieses Bild entstand.

4 Bei seinen Saharadurchquerungen (in den achtziger Jahren mit seiner Freundin Luise) war Chesi immer besser ausgerüstet. Doch die Wüste war nur der Weg, Schwarzafrika das Ziel. Sie war das Hindernis, das ihn von den Kulturen der Bantus trennte.

5 Die frühen Reisen waren schwer zu finanzieren. Es fanden
sich aber Förderer unter den heimischen Industriellen. So
fotografierte Chesi für Geiger in Asien und Afrika. Die Fahrt
mit einem Kleiderständer durch die Sahara war eine der vielen
daraus resultierenden Kuriositäten.

6 Mit Freundin Maria entstanden im Norden der Elfenbeinküste seltene Tondokumente. Bei den Senufo in Korhogo
zeichneten sie Musik auf, die später auf Platten erschien.

7  Endlich an der Küste: Die alten Fischräucheröfen in Elmina prägten das Stadtbild. Ein Duft von Pökelsalz und Rauch lag in der Luft, unvergesslich für jene, die sie noch sahen.

8  Bei den Gelbgießern in Kumasi (Ghana) findet man die schönsten Bronzen. Sie werden bis heute in verlorener Form hergestellt und zeugen von der Meisterschaft afrikanischer Handwerker. Chesis Sammelleidenschaft ist entfacht!

9 Auf den Spuren der Archäologen. In
den verbotenen Felskavernen des Falais
von Bandiagara fand man die ältesten
Zeugnisse afrikanischer Kultur. Bis 500
vor Christi datierte man die Funde.

10 Am Tschadsee trafen sich neben den
islamischen Gruppen auch Vertreter der
animistischen Stämme. Ihre rot-weiße
Bemalung ließ sie furchterregend aussehen. Chesi sammelt erste Erkennnisse
als Ethnologe.

11 (nächste Seite) Fasziniert von der
vitalen Schönheit afrikanischer Frauen:
Gnade und Fluch solcher Begeisterung
lagen oft eng beieinander.

Phänomene ist vorprogrammiert. Was auch immer der Beobachter erfahren mag, es kommt aus dem Mund dessen, der interpretiert und sie manches Mal, weil ihm als Angehörigen derselben Gruppe die tatsächlichen Sachverhalte rückständig erscheinen, aufwertet und glänzender darstellt, als sie ursprünglich gedacht waren. Als Beispiel dafür mag mein langjähriger Freund und Informant Agbagli Kossi dienen, der lieber log, als dass er seine Unwissenheit eingestand. Als ich ihn über die sonderbare Farbgebung seiner Voodoo-Figuren befragte, erklärte er inhaltsschwer: „Das Weiß steht für die transzendente Bleiche der Geister und Götter. Eigentlich haben sie keine Farbe, wir stellen sie deshalb weiß dar. Die Braunen hingegen sind die Gewalttätigen. Warum sie gerade braun sind, kann niemand sagen." Diese Information stammte vom Orakel, das er befragte, um die Richtigkeit seiner Träume zu prüfen. Als ich wissen wollte, warum die dritte Gruppe in hellem Rosa bemalt war (ich vermutete einen europäischen Aspekt dahinter), antwortete er ohne lange nachzudenken: „Die Farbe war in Aktion." An diese kleine Begebenheit erinnere ich mich immer dann, wenn die Fachwelt eine Hypothese erstellt, die als über jeden Zweifel erhaben gepriesen wird.

In den alten Texten und Briefen befand sich auch einer, in dem ich mich mit der Problematik des Urwaldspitales auseinander setzte.

Albert Schweitzer war in den letzten Jahren seines Wirkens umstritten, man warf ihm besonders von afrikanischer Seite Machtmissbrauch bei der Verwendung der Spendengelder vor. Während in den Kellern Maschinen und Materialien verrotteten, weil sie nicht ins Weltbild Schweitzers passten, flossen die Mittel an allen gabunesischen Hilfseinrichtungen vorbei, die sich auch ein Stück vom Kuchen wünschten. Der elitäre Stil und der Umstand, dass das Spital ausschließlich eine Sache der Weißen war, schürte die Kritik der Afrikaner. Sie argumentierten, dass die Mittel von den Geberländern für die Afrikaner, nicht für die Europäer, die dort wirkten, gedacht waren. Albert Schweitzer sah die Probleme mit den Augen des Kolonialisten, er wollte helfen, aber nur, wo er es für richtig fand. Man warf ihm autoritären Führungsstil und mangelnde Dialogfähigkeit vor.

Ich habe Lambarene zu einer Zeit erlebt, in der die alten Strukturen aufzubrechen begannen und die neuen sich noch nicht etabliert hatten. Dies korrespondierte mit der Situation in Europa, denn von dort kamen die Spendengelder, die Schweitzers Aktivität ermöglichten. Jede Kritik, jedes Lob war Reflexion auf Botschaften, die ausgetauscht oder veröffentlicht wurden. Es war also keinesfalls egal, was die öffentliche Meinung zu sagen hatte. Journalisten und Autoren, die sich kritisch zu Wort meldeten, wurden in seinem Umfeld nicht geduldet, Tabus und Verbote herrschten überall.

Die Art, wie man über Kritiken sprach, erinnerte mich an meinen Vater, der mich nach Monaten heftiger Kontroversen des Hauses verwies. Ich war noch keine achtzehn, ein Versager in der Schule und voll idealistischer Ideen, die seiner Ansicht nach zu keinem Beruf und noch weniger zu Gelderwerb führen konnten. Die Diskussion begann täglich am Mittagstisch und endete, indem er, nicht ohne das Besteck auf den Tisch zu knallen, den Raum verließ. Die unbeteiligten Opfer, meine Mutter und meine Schwester, reagierten kaum mehr, so vertraut war ihnen dieses Schauspiel. Dabei ging es aber nicht um den Sohn in seinem Aspekt als Versager, es ging um eine Ideologie, die dahinter stand. Eine Ideologie, geprägt von den Jahren des Nationalsozialismus, die ein anderes Ideal vor Augen hatte.

## Albert Schweitzer und die Europäer

Auch in Lambarene widersprachen sich die Ideale. Die schlecht bezahlten Krankenschwestern arbeiteten rund um die Uhr, an ihrer Seite amerikanische Millionärsgattinnen, die gerade so viel taten, dass sie am Abend darüber berichten konnten. Sie stellten ihre Hilfe kostenlos zur Verfügung, mehr noch, sie brachten Geld mit und erkauften sich damit einen Platz am Tisch von Albert Schweitzer. So kam es zum wöchentlichen Sesselrücken, das vom Kommen und Gehen Prominenter bestimmt war. Während Schweitzer das kontroversielle Treiben mit Gelassenheit quittierte, kochte es an der Basis. Besucher wie ich gehörten nicht einmal zur Basis, denn meine Ankunft war trotz vorhergegangener Einladung letztlich unerwünscht.

Dass es zu dieser Reise gekommen war, verdankte ich einer Reihe seltsamer Umstände, aber davon später. Zunächst mag der folgende Text, den ich 1964 nach meiner Rückkehr aus Gabun geschrieben hatte, etwas von der Atmosphäre und jenen Observationen wiedergeben, die mir damals berichtenswert erschienen. Es waren die ersten Eindrücke, die ich von Lambarene aufnahm, einem Ort, dem mythische Größe anhaftete.

„Ein schmaler Fußpfad führte von der Hauptstraße in Schweitzers Spital. Mächtige Kapokbäume verdunkelten den Himmel, es war, als durchschritt man eine gotische Kathedrale, deren Bleiglasfenster nur wenige bunte Lichtfetzen bis zum Boden gelangen lassen. Schwül und bewegungslos stand die von süßlichen Gerüchen erfüllte Luft unter den Baumkronen. Der Ogowe führte Hochwasser, und so konnten die Pirogen über sein Ufer hinaus bis in den Wald gelangen. Papyrusgürtel säumten die Ufer der Wasserarme und an den Grenzen der Elemente ballte sich das Leben. Riesenfrösche, tropische Vögel,

Wasserschlangen und Meerkatzen bahnten sich ihren Weg durch dichte Insektenschwärme. Das war das Biotop, in dem ich für kurze Zeit leben wollte, ein Biotop, von geheimnisvollen Geräuschen erfüllt und von fremdartigen Menschen bewohnt."

Beim Überblättern der Seiten glaubte ich mich noch vierzig Jahre später an den Geruch zu erinnern, der wie eine Wolke im Geäst der Urwaldbäume hing. Ich erinnerte mich an meine Ankunft, an einen Weg, auf dem mir keiner der weißen Mitarbeiter Schweitzers begegnete. Nur kleine Gruppen von Einheimischen grüßten im Vorbeigehen mit einem lang gezogenen *bolagnie!* Nicht weit hinter einem leicht ansteigenden Hang erschienen dann die ersten Baracken, es waren die Krankensäle, in denen hunderte Patienten untergebracht waren. Gleich danach ein palmenbestandener Platz, auf dem mir eine weiß gekleidete ältere Dame entgegenkam. Freudig stellte ich mich als der Freund des Malers Rudolf Kreuzer vor, über dessen Vermittlung ich zu dieser Einladung gelangt war.

Die alte Dame war Mathilde Kottmann, neben Ali Silver die älteste Mitarbeiterin im Spital und graue Eminenz von uneingeschränkter Machtbefugnis. „Wussten Sie nicht, dass wir Ihre Einladung annulliert haben?" Das wusste ich natürlich nicht und erfuhr so reichlich spät, dass man mich nicht hier haben wollte, weil ich als Fotograf und Reporter angekündigt war. „Es ist genug Unsinn über Albert Schweitzer geschrieben worden, jetzt ist Schluss damit." So hatte ich mir meinen Empfang nicht vorgestellt. Später erfuhr ich, dass eine von englischen Zeitungen entfachte Kampagne dem Image des Spitals enormen Schaden zugefügt hatte. Enthüllungsjournalisten beschrieben das Spital als verwanzte, von Dilettanten geführte Einrichtung, in deren Wänden aufgrund der hygienischen Verhältnisse die Gesunden erkrankten, ganz zu schweigen von den Patienten, die reihenweise an den Zuständen zugrunde gingen. Albert Schweitzer – so schrieben sie – sei in eitler Selbstgefälligkeit an den Bedürfnissen afrikanischen Lebens vorbeigegangen, er sei einer der letzten Kolonialisten, der seinen Betrieb autoritär und rückständig zum Schaden der Patienten führte.

Unter diesen Umständen war mein Beruf keine Empfehlung und meine Einladung rückwirkend widerrufen worden. Da stand ich nun mit meinen Koffern und den Fotoapparaten und war zur Umkehr aufgefordert. In diesem Moment trat Albert Schweitzer auf den schmalen Balkon seines Hauses, schritt gemächlich die vier Stufen auf den Vorplatz hinunter und kam auf uns zu. Mathilde Kottmann berichtete von meiner wirkungslosen Ausladung und kehrte uns den Rücken. Schweitzer musterte mich von oben bis unten. Er mochte wohl den Eindruck gewonnen haben, dass ich so gefährlich nicht sein konnte, und, indem er sich noch einmal nach der dahineilenden Mathilde umsah, meinte er verschwörerisch: „Hör nicht auf die Weiber, mach dir's erst einmal bequem!" So geschah es, dass ich ein kleines Zimmer zugewiesen bekam und die folgenden Tage damit verbrachte, dieses Spital mit all seinen Besonderheiten kennen zu lernen. Wahrlich, es war ein ungewöhnlicher Ort, an dem sich Menschen vieler Länder unter den sonderbarsten Voraussetzungen trafen. Während die Afrikaner meist als Patienten oder deren Begleiter hier waren, zeigte sich die weiße Besatzung als höchst unterschiedlich in ihren Zielen und Erwartungen. Da waren Reisende einfach hängen geblieben, andere von weit her gekommen, weil sie Ärzte waren und der Sache dienen wollten. Einige von ihnen waren professionelle Krankenpfleger, andere Schauspieler, Maler oder Schriftsteller, die ihrem Leben einen zusätzlichen Sinn geben wollten und nicht immer ohne Grund das Spital zum Ziel ihrer Wohltätigkeit machten.

Häufig erschien Marion Preminger, die Frau des berühmten Regisseurs. Man kannte sie bis in die umliegenden Dörfer aufgrund ihres überdimensionalen Hutes. Die Sängerin Peggy Lee fand an Lambarene genauso Gefallen wie Brigitte Bardot und viele andere. Im Schatten der Stars gefiel sich das künstlerische Fußvolk, von dem eine unerträgliche Bereitschaft zur Verehrung ausging. Aus Ehrfurcht wurde nur leise gesprochen, und der gebückte Gang galt als Symbol ihrer christlich-devoten Weltsicht. Sie waren die Schlimmsten von allen, denn ihre wohlwollende Ahnungslosigkeit behinderte die Arbeit der Profis, denen sie erbarmungslos als Assistenten zugeteilt wurden.

An der untersten hierarchischen Stufe aber standen einige Tramper, die der Zufall nach Lambarene verschlagen hatte, wo sie sich gegen Arbeit satt essen durften.

Meine eigene Position war ungeklärt, denn ich galt noch als Gast, wenngleich als einer, der sich nicht über ungeteilte Akzeptanz freuen durfte. Es wurde von Tag zu Tag klarer, dass ich meinen Aufenthalt nur dann rechtfertigen konnte, wenn ich meine Mitarbeit einbringen konnte. Wieder war es Albert Schweitzer, der mir die Entscheidung abnahm. Er bat mich zu bleiben, um zu helfen, begonnene Arbeiten fertig zu stellen.

Während ich in den ersten Tagen im Speisesaal Schweitzer gegenübersaß, so wurde ich nun als Mitarbeiter ans Tischende übersiedelt. Das hatte neben dem verlorenen Prestige noch einen weiteren Nachteil. Das Essen, besonders die Nachspeisen, wurden so knapp bemessen, dass sie oft schon fertig waren, bevor sie das Tischende erreichten.

Beim Lesen der alten Texte wurde mir bewusst, welch wichtige Rolle das Essen in dieser Zeit für mich gespielt hat. Aus heutiger Sicht völlig unverständlich, entwickelte ich Strategien, um meine Essensrationen aufzubessern. Die Angst, nicht satt zu werden, begleitete mich auf allen frühen Reisen, denn das Budget war immer so knapp bemessen, dass die Lebenskosten stets die Planung überstiegen.

Mein erster Auftrag als Mitarbeiter im Spital war es, die einsturzgefährdete Küche zu sanieren. Ein Plan des Salzburger Kunstmalers Wilhelm Kaufmann diente als Grundlage. Tatkräftig unterstützt von afrikanischen Mitarbeitern und unter Anleitung des „Architekten" brachten wir, ohne es zu wollen, beim Entfernen morscher Balken das Gebäude zum Einsturz. Die Folgen waren unbeschreiblich. Ratten, Geckos und Skorpione flüchteten in wilder Panik, Nester von Termiten gelangten ans Licht und zeigten das volle Ausmaß des Zustandes, in dem sich die Anlage befand. Wir trieben Späße mit dicken Holzbalken, die wir uns gegenseitig auf den Kopf schlugen, ohne uns zu verletzen. Termiten hatten sie derart ausgehöhlt, dass sie leicht wie Papier vom Wind weggetragen wurden.

Bei all dem Treiben rund um die Ruine hatten wir eines unterschätzt: die stündlich wiederkehrenden Wolkenbrüche, die die Arbeit von nun an unmöglich machten. So wurden in hektischer Eile Planen gespannt und Seile verknüpft. Dieses Provisorium sollte lange erhalten bleiben. Nicht zeitgerecht, doch noch im Rahmen, wuchs der Küchenneubau bis unter die Kronen der Palmen. Alles war schön und funktionell, nur die allzu großen Fensteröffnungen störten Schweitzer, der stets Angst vor Dieben hatte. Doch auch hier wurde ein Kompromiss gefunden: Die Öffnungen wurden mit überstarken Fliegengittern verschlossen, zum Ärger und Leidwesen des Planers, der ästhetische Ansprüche an das Bauwerk stellte.


Es konnte nicht ausbleiben, dass sich innerhalb des Spitales Interessengruppen bildeten, die über alle Traditionen hinweg neue Wege gehen wollten. Neben ihnen behaupteten sich mit sturer Beharrlichkeit die Fundamentalisten, die jede Veränderung ablehnten. Dieser Geist wurde von Albert Schweitzer mitgetragen. In diesem Sinne war die Führung des Spitals rückständig, in den Kellern verrotteten wertvolle Geräte und ganze Container mit Kleidern, die, völlig ungeeignet für die Tropen, dennoch bis hierher gelangten. Mit den Maschinen hatte es eine andere Bewandtnis. Schweitzer fand es unnötig, in den Räumen seiner Mitarbeiter elektrisches Licht einzuleiten, mit Ausnahme des Operationssaales wurde alles mit Petroleumlampen erhellt. Die Stromaggregate waren vorhanden, doch sie durften wie andere Geräte nicht eingesetzt werden. Grund dafür war neben einer steten Angst vor Umweltschäden die Auffassung, dass ein derartiger Luxus dem christlichen Opfergeist entgegenwirkte. Auf diese Art war der Aufenthalt im Urwaldspital eine quälende Angelegenheit. Bei Temperaturen zwischen dreißig und vierzig Grad herrschte eine Luftfeuchtigkeit, die in wenigen Tagen die Schuhe unterm Bett verschimmeln oder die Kleider von der Stange faulen ließ. An einer der Stellagen, die aus frischem Holz gefertigt waren, begannen Triebe zu wachsen. In den windstillen Nächten, die nur von den schneidenden Geräuschen der Zikaden durchdrungen waren, wälzte ich mich schweißgebadet unter dem Moskitonetz, immer darauf bedacht, nicht irgendwo anzustoßen. Der Körperteil, der das Netz berührte, war am nächsten Morgen von Moskitostichen perforiert. Wunden, die man sich einmal zugezogen hatte, heilten nicht wieder. Die Haut war so verletzlich geworden, dass ein bloßes Streifen an einem kantigen Gegenstand Verletzungen hervorrief. Zudem traten bei vielen Europäern Geschwüre auf, die, begünstigt durch das Klima, lange nicht mehr heilten.

Am Äquator dauert die Nacht bekanntlich genauso lange wie der Tag. Nach sechs Uhr entzündeten wir daher die Petroleumlampen und machten uns auf den Weg zum Speisesaal. Dieser Weg war der einzige, der durch Schweitzer legitimiert war. Andere Wege, besonders die zu den umliegenden Dörfern, galten nachts als gefährlich, denn man konnte auf Schlangen treten oder lüsternen Frauen in die Arme laufen. Aber auch im Speisesaal hätten ein paar Glühbirnen der Romantik keinen Abbruch getan. Dieser große Raum in der Mitte des Spitals war Ort der Begegnung, Stätte der abendlichen Andacht und der geistigen Erbauung. Bei Tisch wurde gebetet und gesungen, nur am Sonntag setzte sich Albert Schweitzer zum Harmonium und intonierte zum Gesang der Mitarbeiter „Der Mond ist aufgegangen". Dabei pfiff und zischte das altersschwache Instrument so herzzerreißend, dass es die unsauberen Akkorde des Neunzigjährigen gütig übertönte.

Die Belegschaft mochte zu dieser Zeit etwa 45 Europäer gezählt haben. Sie alle sangen mit versteinerten Mienen, ihre Textbücher vor sich hingestreckt. Neben mir saß Albert Kiefer, ein junger Deutscher, späterer Redakteur beim „Pforzheimer Tagblatt", und er hatte wie ich die sittliche Reife, die uns vor Lachanfällen hätte bewahren können, noch nicht erlangt. So wurden diese Sonntage zum Prüfstein unserer Ernsthaftigkeit, die wir wieder und wieder verspielten.

Natürlich gab es auch schwarze Mitarbeiter. Diese hatten jedoch keinen Zugang zum Speisesaal, und sie waren auch nicht im medizinischen Bereich tätig. Ihre Aufgabe war es, den Garten zu pflegen, die Wege herzurichten oder Mörtel zu mischen. Albert Schweitzer hielt es für ausgeschlossen, dass sie im Spitalsbereich Verantwortung übernehmen konnten. Es mag wie Ironie klingen, aber zwei Jahre nach seinem Tod wurden fast alle Positionen neu besetzt, und es waren Afrikaner, die die Arbeit übergangslos weiterführten.

Der Aufenthalt in Lambarene, für dessen Verlängerung ich immer einen Grund fand, brachte mich den lokalen Kulturen näher. Meine Begeisterung für die moderne Kunst hatte schon in Europa ihren Ausdruck gefunden. Ich gründete in meiner Heimatstadt Schwaz die Galerie „Eremitage", um moderne Maler zu zeigen. Hier in Afrika geriet ich an die Wurzeln all dessen, was mich faszinierte, von hier kam die Kunst, die der europäischen Moderne den Weg wies. Hier war die Wiege des Kubismus, die Quelle so vielschichtiger Inspirationen, die den Leerlauf in der europäischen Malerei beendeten und den Aufbruch in eine andere Sicht der Dinge ermöglichten. Wenn nachts die Trommelklänge aus den nahen Dörfern bis ins Spital zu vernehmen waren, so klangen sie wie Botschaften aus einer längst vergangenen Zeit. Sie waren die Basis der Jazzmusik, die Quelle einer lebenslangen Faszination. Der Blues, die Spirituals und Gospelgesänge, aber auch die vielen Stilrichtungen des Jazz hatten in dieser archaischen Musik ihre Wurzeln. Auch die Tänze, denen wir uns begeistert verschrieben, kamen aus Afrika, Bata Bata hieß einer von ihnen. In Nigeria war bata der Pockengott, und die zu seiner Beruhigung tanzenden Medien kratzten sich am ganzen Körper, während wilde Choreographien ihre Beine lenkten. Als wir in Europa den Bata Bata kennen lernten, wussten wir nichts von dessen Herkunft. Das galt für so vieles, was wir einfach taten, ohne es zu hinterfragen.

Die Menschen im Umfeld des Spitals waren ein Gemisch aus verschiedenen ethnischen Gruppen. Fang, Eshiras und Galoas waren die stärksten unter ihnen. Obwohl das Spital nur vierhundert Patienten beherbergen konnte, waren doch ständig mehr als tausend Menschen zugegen. Afrikanische Familien begleiteten ihre Kranken, sie waren durch nichts und niemanden abzuhalten. So wuchs das Spital im Laufe der Jahre zu einem Dorf, in dessen Gassen vor den Krankenbaracken abends Menschen zusammensaßen und aus dicken Kesseln der Geruch gesottener Platanen in den Himmel stieg. Hier traf man auf eine Subkultur, die mir die Chance bot, die verschiedensten Lebensformen kennen zu lernen. Ich entwickelte ein derartiges Interesse an der Vielfalt der Kulturen, dass es mir immer unverständlicher wurde, warum Albert Schweitzer in mehr als fünfzig Jahren keine ihrer Sprachen erlernt oder wenigstens den Versuch unternommen hatte, ihre Kulturen zu verstehen. Als ich ihn eines Tages daraufhin ansprach, meinte er energisch: „Wir würden sie durch unser Interesse nur in der Richtigkeit ihres Tuns bestätigen. Wir würden dem Aberglauben dadurch Vorschub leisten." Das war der Standpunkt des Missionars, als der er ursprünglich nach Afrika gekommen war, um das Christentum zu verbreiten. Nicht ganz so eng sah er die Probleme im medizinischen Bereich. „Das sollen sie unter sich ausmachen!" Mit diesen Worten entließ er einen Geisteskranken in die Obhut der Medizinmänner.

Michel aus Aponge z. B. war stillschweigend als Schamane geduldet. Man bediente sich seiner Hilfe, wenn die schulmedizinischen Methoden versagten. Michel wurde auch bei Vergiftungen gerufen, er galt als Kenner der Pflanzen und war als Priester der bwiti auch mit deren magischem Gebrauch vertraut. Er behandelte durch rituelle Tänze und Drogen und verstand es, rauschgiftähnliche Substanzen herzustellen, die Halluzinationen hervorriefen, in deren Verlauf orakuläre Wahrheiten ans Licht gelangten. Diagnose und Therapie wurden aufeinander abgestimmt, und in vielen Fällen waren die Ergebnisse eindrucksvoll. Michels Frau Ambroasin, die ihm an Kennerschaft ebenbürtig war, ließ sich von den Göttern „reiten", und wenn diese von ihrem Körper Besitz ergriffen hatten, sprachen sie durch ihren Mund und verkündeten die anzuwendende Therapie.

Michel aus Aponge weckte mein Interesse am Schamanismus. Meine späteren Arbeiten nahmen hier ihren Anfang.

## Magie und Geisterglaube

Von all den möglichen Beschäftigungen, die unser Umfeld in der Freizeit bot, war es der Umgang mit der Kunst und den geheimnisvollen Riten, der mich am meisten interessierte. Während andere bei Spiel und Sport ihr Glück fanden, zog es mich in die Urwalddörfer, zu den Tanzhütten und magischen Plätzen. Das Gespräch mit Medizinmännern und Herbalisten ließ mich deren Positionen erkennen, und so verstand ich auch, dass einige von ihnen erbitterte Feinde Albert Schweitzers waren. Die alten Traditionen der Fang hatten ein ganzheitliches Weltbild geschaffen, in dem der Mensch als Teil der Natur in einem harmonischen Gefüge gedacht war. Dabei spielten Ahnenkulte und Geisterglaube eine wesentliche Rolle.

In der Gegend um Lambarene gab es einen Maskentyp, der sich von den herkömmlichen unterschied. Es war eine Helmmaske, die durch einen aufgemalten Oberlippenbart und einen Hut auffiel. Eine derartige Maske hatte ich kurz vor meiner Abreise aus Gabun gegen ein Paar Turnschuhe eingetauscht, sie steht heute im „Haus der Völker". Erst später erfuhr ich, dass sie Albert Schweitzer darstellte. Zu meinem Erstaunen erzählte man mir, dass sie zur Bekämpfung des „Grand Docteur" vor fast fünfzig Jahren geschaffen wurde. Damals kam Schweitzer nach Afrika, nicht als Arzt, sondern als Missionar. In dieser Rolle hatte er sich keine Freunde geschaffen, er kämpfte – wie es die Art der Missionare war – gegen den „Aberglauben". Masken und Ahnenfiguren, Tänze und Gesänge, ja die gesamte afrikanische Kultur waren nach seinem Dafürhalten Ausdruck des Aberglaubens. In diesen Jahren zerstörte die Missionierung aus Fanatismus, Intoleranz und Ahnungslosigkeit einen bedeutenden Teil der afrikanischen Kulturen, indem ihr materieller Aspekt, die Masken, Fetische und Skulpturen, der Vernichtung preisgegeben wurde. Alles, was Ausdruck afrikanischen Glaubens war, also auch die Tänze und Gesänge, wurde als heidnisches Treiben und Götzendienst verboten. Es ist nicht anzunehmen, dass Schweitzer zu jenen Fanatikern gehörte, die mit brachialer Gewalt in die Kulturen eindrangen – immerhin konnte man diese noch Jahrzehnte später in seinem

Umfeld vorfinden –, aber es gehörte eben zum Weltbild der Mission, die Götter Afrikas einem einzigen christlichen Gott zu opfern. Damit waren die traditionellen Kräfte natürlich nicht einverstanden.

Schweitzer erkannte früh genug, dass es nicht der Kampf um den besseren Gott war, sondern die Hilfe in existenziellen Fragen, die Afrika benötigte. Diese Erkenntnis ließ ihn in einem zweiten Anlauf Medizin studieren und erneut an den Ogowe ziehen, wo seine alte Missionsstation, von Pflanzen überwuchert, stand. Flussaufwärts, nicht weit davon, begann er mit dem Bau des Spitals, das als sein Lebenswerk Weltgeltung erlangen sollte.

Masken zu sammeln oder Statuetten zu kaufen galt als ein zweifelhaftes Tun. Während heute, ein halbes Jahrhundert später, die Sammler von „Ethnoromantikern" als Plünderer des Kulturgutes angeklagt werden, galt derselbe Tatbestand damals als umgekehrt verwerflich. „Durch das Interesse an den primitiven Bildnissen sehen sich die Heiden in der Richtigkeit ihres Treibens bestätigt." Wer sammelte, konnte es niemandem recht machen. Mit dieser Hypothek habe ich zu leben gelernt.

Während Albert Schweitzer im Blickpunkt des Weltinteresses stand, lebten französische Missionare nur wenige Kilometer weiter in völliger Vergessenheit. Sie verbrannten noch 1964 in der Ortschaft Muila einen Berg von Masken und Ahnenfiguren, die sie zusammentragen ließen. Aus Muila stammte auch ein Missionar, der, weil er eine Afrikanerin geschwängert hatte, in Ungnade fiel. Es war Monsieur Boulet, der seine alten Tage in Lambarene verbrachte. An ihn erinnere ich mich, weil sich mit seinem Tode eine unglaubliche Geschichte verband.

Wie schon öfter in jenem Jahr war ein Nilpferd in die Pflanzungen des Spitals eingefallen und hatte diese über Nacht kahl gefressen. Beobachter erzählten, es handle sich immer um dasselbe Tier, ein weißes Nilpferd von außerordentlicher Größe. Schweitzer war nun in seiner Tierliebe so extrem, dass er seinen Mitarbeitern ans Herz legte, Moskitos, die gestochen hatten, nicht zu erschlagen, sondern sie mit einem umgedrehten Wasserglas zu fangen und ins Freie zu entlassen. Als er einmal zu einer Operation gerufen wurde, kam er dort nie an, weil er unterwegs auf eine Ziege traf, die einige Junge zur Welt brachte, und er daraufhin bei der Entbindung half. Es war also völlig unverständlich, dass Schweitzer, nachdem der wiederholte Einbruch des Nilpferds diskutiert wurde, auf Drängen einiger Bauern und des französischen Offiziers, der aus Lambarene gekommen war, die Erlaubnis zu dessen Erschießung gab. Es war mir genauso unverständlich wie die Anweisung, die er einige Tage vorher gegeben hatte, nämlich die herrlichen Kokospalmen der Allee zu fällen, weil die Nüsse vor der Reife standen und durch das Herabfallen Passanten gefährdeten.

Die Entscheidung, das Nilpferd zu töten, hatte unerwarteten Widerstand bei den Afrikanern hervorgerufen. Sie, die auf grausame Weise die Elefanten, die sie vorher in Fallgruben trieben, mit Speeren töteten, setzten sich nun für das Leben eines Nilpferds ein. Das hing mit dem Schicksal des todkranken Missionars Boulet zusammen, die Medizinmänner hatten herausgefunden, dass seine Seele, wenn er in nächtlichen Fieberträumen das Bewusstsein verlor, seinen Leib verließ. Umherirrend fand sie in dem weißen Nilpferd einen neuen Körper. „Schießt nicht auf das Nilpferd, ihr tötet Boulet." Dieser Aufruf wurde nicht erhört. Die Wachen hatten bereits ihren Platz bezogen, und der Offizier bestand darauf, persönlich das Tier zu erlegen. Gegen zwei Uhr morgens war es so weit, ein einziger wohlgezielter Schuss streckte das Tier inmitten der Plantagen nieder. Am Morgen, nachdem die Arbeiter wie immer Aufstellung bezogen hatten, erschien Albert Schweitzer und schritt die Reihe der Angetretenen ab. Mit einem militärischen Hakenschlag und einem „au travaille fix!" entließ er sie auf die Felder.

Inzwischen hatte man eine schreckliche Entdeckung gemacht: Monsieur Boulet war in der Nacht, es mag wohl gegen zwei Uhr gewesen sein, gestorben.

Geschichten wie diese kursierten viele im Spital. Sie waren Ausdruck einer Denkart, die nicht rational genug war, um das Phantastische zu leugnen, aber auch nicht archaisch genug, um es für wahr zu halten. Vielen Europäern ging es angesichts des afrikanischen Geisterglaubens wie den Afrikanern mit dem einzig wahren Gott: Um jeder metaphysischen Bedrohung aus dem Weg zu gehen, entschlossen sie sich, von jedem ein wenig für möglich zu halten.

Unter den Mitarbeitern im Spital gab es einen, der lange vor mir am Ort war und in aller Stille eine bedeutende Sammlung von Fang-Masken angelegt hatte. Ich stand damals erst am Beginn meiner Auseinandersetzung mit der afrikanischen Kunst und lernte durch Vergleiche, das Gute vom Besseren zu unterscheiden. Doch immer, wenn ich etwas Gutes gefunden hatte, war es Siegfried Neukirch, der das Bessere besaß. Ich erinnere mich an die Vielzahl verschiedener Helmmasken, die er in seinem kleinen Zimmer so untergebracht hatte, dass sie, vom Plafond hängend, den Eintretenden ansahen. Unter ihnen waren janusköpfige Exemplare von hoher Qualität. Neukirch selbst, der hagere Deutsche, hatte eine unscheinbare Tätigkeit auszuführen, er war Bananeneinkäufer, der zweimal wöchentlich einige tausend Kilo aus den Dörfern holte. Mit einem alten Lastwagen drehte er immer die gleiche Tour, und wenn die rote Staubwolke am Horizont auftauchte, kamen Dutzende angelaufen, die ihre säuberlich aneinander gebundenen Bananen feilboten. Diese waren Teil einer Ration, die man im Spital an die Familien der Kranken verteilte. Sie waren für die Empfänger kostenlos und verpflichteten sie, sie zuzubereiten und damit für ihre und die Verpflegung der Patienten zu sorgen.

Eines Tages wurde ich gebeten, eine dieser Fahrten mitzumachen. Es war meine Aufgabe, die Waage zu bedienen, während Siegfried die Aufzeichnungen und die Bezahlung innehatte. Auf der ganzen Strecke war der „Bananenbomber" bekannt, und viele nützten seine stete Wiederkehr, um ihm Briefe oder Botschaften mitzugeben, die am anderen Ende der Strecke ungeduldig erwartet wurden. An diese Fahrten wurden hohe soziale Erwartungen geknüpft, die zyklische Präsenz gab den Dorfbewohnern nicht nur die Möglichkeit, ihre Waren zu verkaufen, sie waren durch sie auch mit dem Rest der Welt verbunden. Während kein afrikanischer Chauffeur einen Passagier kostenlos beförderte, war man es von Siegfried Neukirch gewohnt, dass er aus Grundsätzen der Parität für seine Dienste symbolhafte Entschädigungen verlangte. Unterwegs war der Herr der Bananen nicht nur uneingeschränkter Herrscher seines Faches, er hatte es auch verstanden, sich als Liebhaber afrikanischer Kunst bekannt zu machen. Dadurch saß er gewissermaßen an der Quelle, er war ein Privilegierter, den ich beneidete.

Auf dieser Reise hatte es ausnahmsweise nicht geregnet, sodass ich mit der Waage auf der Ladefläche Platz bezogen hatte. Nicht aus Übermut, sondern weil wir einen Geisteskranken mitgenommen hatten, der, begleitet von einigen Verwandten, ins Spital gebracht werden sollte. So einfach war es allerdings nicht, denn er begann in kurzen Abständen zu randalieren, wollte vom Wagen springen und tobte entsetzlich. Wir hatten alle Hände voll zu tun, um ihn niederzuhalten. Zwischen den eskalierenden Anfällen wurden wir abwechselnd von herabhängenden Ästen getroffen, die über den Wagen hinwegzogen. Siegfried Neukirch fuhr, was das Gefährt hielt, und blickte kein einziges Mal in den Rückspiegel, der ihm unsere Lage offenbart hätte. Zerschunden erreichten wir das Spital, zu spät, um den mitgebrachten Patienten unterzubringen. Erst am kommenden Morgen wurde er ordnungsgemäß eingewiesen.

Auf einer dieser Fahrten, die ich von nun an öfters begleitete, hörte ich von einer schrecklichen Begebenheit. In einem Dorf bei Ndende hatten Medizinmänner ein Gottesurteil vollzogen. Sie suchten einen Verbrecher, und um ihn zu finden, vergifteten sie alle Einwohner. Danach wartete man auf die ersten Symptome. Erst als diese auftraten, wurde das Orakel befragt, und dieses nannte denjenigen, dem ein bereitstehendes Gegengift zu verweigern sei. In heller Panik wurde das Gegengift verteilt, einer unter ihnen wand sich im Todeskampf. Diesen Mann nahm Neukirch mit nach Lambarene. Im Spital, wo man ihn zu retten versuchte, gelang es nicht, das Gift zu analysieren. Er starb, nachdem er zwei Tage im Koma gelegen war.

Es gab in Lambarene Tage, an denen ich mich schlecht fühlte. Es war nicht meine Gesundheit, die mir zu schaffen machte, sondern es waren die Aufträge, die Albert Kiefer und ich gelegentlich erhielten. Wir waren für den Spitalbetrieb nicht qualifiziert, und so waren es die ungeliebten Hilfsarbeiten, die uns immer wieder zufielen. An einem Morgen z. B. wurden wir schon um sechs Uhr geweckt. Es war noch dunkel, und in der Stille waren nur die aufgeregten Stimmen einiger Sanitäter zu hören. Es wurde uns aufgetragen, Schaufeln und einen Schubkarren zu besorgen. Die Hunde hatten in der Nacht am Friedhof herumgewühlt und Leichenteile, die von den Totengräbern meist viel zu oberflächlich vergraben wurden, quer durchs Spital geschleppt. Sie einzusammeln war unsere Aufgabe. Beim Frühstück waren wir schon wieder dabei, als wäre nichts geschehen. Solche Vorfälle mussten vor Albert Schweitzer übrigens geheim gehalten werden, es hätte ihn unnötig aufgeregt.

Just an diesem Tage ereignete sich eine andere Begebenheit, die wir zum Glück nur als Unbeteiligte miterleben durften. Vor Dr. Friedmanns Ordination drängte sich eine aufgeregte Menschenmenge, in der Mitte der Arzt, eine imposante Gestalt mit einem enormen Schnurrbart, der jenen Schweitzers bei weitem in den Schatten stellte. Dr. Friedmann hielt eine Keule in der Hand und bedrohte seinerseits die Gruppe, die offensichtlich seine Ordination stürmen wollte. Albert Kiefer und ich, noch weich in den Knien vom vorhergegangenen Auftrag, eilten ihm zu Hilfe. „Ist schon gut", meinte der Bedrängte, und es gelang ihm tatsächlich, die Angreifer zu zerstreuen. Die Menge hatte versucht, jemanden zu lynchen, einen Mann, der in seiner Ordination Zuflucht gesucht hatte und beschuldigt wurde, ein „Leopardenmensch" zu sein. Man glaubte, ihn erkannt zu haben, als er nachts die Wand einer Hütte eingerannt und die darin Schlafenden mit einer Eisenklaue schwer verletzt habe. Friedmann versprach, den Fall zu untersuchen, und wendete dadurch die Gefahr ab. Damals schienen mir solche Erzählungen übertrieben, ich konnte mir nicht vorstellen, dass sie auf wirklichen Ereignissen basierten.

Als ich diesen Text in meinem Hotelzimmer in Bangkok schrieb, zeigte CNN zum wiederholten Male die Bilder von tausend Gläubigen, die in einer Kirche Ugandas von verbrecherischen Sektenführern bei lebendigem Leib verbrannt wurden.


## Unterwegs


Die Geschichten rund um Schweitzers Spital sind Legion. Dass gerade sie sich so sehr in meinem Gedächtnis verankert haben, mag wohl an dem Umstand liegen, dass diese Reise die erste war, die mich mit den Ländern Schwarzafrikas in Kontakt brachte. Zum ersten Mal lernte ich Menschen und Kulturen südlich der Sahara kennen, und das in einer Zeit, in der es nicht wie heute üblich war zu reisen. In den frühen Sechzigerjahren gab es nur wenige Flugplätze in Westafrika, das übliche Transportmittel war das Schiff. Von Genua, Marseille oder Bordeaux aus stachen Schiffe in See, gemächlich alle Häfen anlaufend, in denen sie Passagiere oder Fracht aufnahmen. Es waren die letzten Jahre der Kolonialzeit, und so bestand die Klientel der Reedereien aus Soldaten, Geschäftsleuten und Missionaren. Touristen waren nur in verschwindender Zahl unter ihnen, es bestand auch keine touristische Infrastruktur, die diese hätte aufnehmen können. Die Schiffe, die damals Afrikas Westküste bereisten, konnten tausend Passagiere aufnehmen, wer sich in einem der Häfen Frankreichs einschiffte, der brauchte wenigstens fünf Wochen, bis er in Point Noire im Kongo sein Ziel erreichte. Dabei waren diese Reisen keineswegs eintönig. Fast täglich wurden andere Häfen angelaufen, und meistens hatte man Gelegenheit, sich in den Städten herumzutreiben, bis die Fracht gelöscht war. Ein Tagesvisum wurde von französischen Beamten am Schiff oder im Hafengebäude ausgestellt. Wenn die Aufenthalte nur kurz waren, vergnügten sich die Reisenden an Deck und, soweit sie bessere Klassen als ich gebucht hatten, sogar im Swimmingpool.

In den Kolonien bestanden Handelsniederlassungen und Missionen, oft waren die einen aus den anderen hervorgegangen. Berühmt war die Basler Mission, die nebenbei riesige Handelsketten betrieb, deren Umsätze es ihr in jüngerer Vergangenheit ermöglichten, die Schweizer Jelmoli-Märkte zu erwerben. Der Deal ließ die Debatte wieder aufflammen, ob es Aufgabe einer Mission sein könne, zum Handelsriesen zu werden.

Soldaten, Händler oder Angehörige irgendwelcher Kirchen – in Afrika lebten sie wie die Maden im Speck. Ob sie bedeutende Manager waren oder nur einfache Handwerker, sie alle lebten über jenen Verhältnissen, die ihnen in Europa zugestanden wären. Sie konnten es sich leisten, gastfreundlich zu sein, und davon profitierten Leute wie ich, die auf einer der unteren hierarchischen Stufen diese Länder bereisten. Wenn man nach anstrengender Fahrt, rot vom Staub der Straße, ein Dorf, in dem ein Europäer lebte, erreichte, wurde man wie selbstverständlich zu ihm gebracht und fand dort oft freundliche Aufnahme. Die meisten in den Provinzen lebenden Europäer wollten wieder mit einem Landsmann reden, wobei es ihnen egal war, woher er kam. Viele dieser Auslandseuropäer nahmen das vereinte Europa schon vorweg, wenngleich es auch einige unter ihnen gab, die nichts mit Deutschen oder Österreichern zu tun haben wollten.

Eine Geschichte, an die ich mich in diesem Zusammenhang erinnere, ereignete sich zwei Jahre nach meinem Besuch in Lambarene. Ich war mit Rudolf Kreuzer in den Mandarabergen Kameruns unterwegs, wir wollten auf den Spuren René Gardis das Land der Kirdi bereisen. Nachdem wir über Nigeria in den Tchad gelangt waren, zeigte sich bereits, dass Rudi – wie ihn seine Freunde nannten – an Nierenkoliken zu leiden begann. In Meri, einer kleinen Ortschaft im Norden Kameruns, geschah dann das Verhängnis.

Nach dem Konsum einer Dose verdorbener Sardinen eskalierte sein Leiden lebensbedrohlich, und unglücklicherweise überraschte ihn sein Anfall abseits jeder Zivilisation. Wir waren an diesem Tag zur „Laterne von Meri" aufgestiegen, einem riesigen Felsen, der seinen Namen dem Umstand verdankt, dass er, wenn die Nacht über das Land hereinbricht, im Schein der letzten Sonnenstahlen rot erglüht. Auf diesem Felsplateau leben die Mousgoum, einer von vierzig Kirdistämmen. Die riesigen Steinkugeln, die für diese Landschaft typisch sind, konnte man am besten dadurch überwinden, dass man springend von einer zur anderen gelangte. Zwischen den Felsen hatten die Bauern kleine, oft nur tischgroße Pflanzungen angelegt, sie nützten jeden Meter, um die wertvolle Hirse anzubauen. Vor uns her, immer in gehörigem Abstand, wanderte eine Affenherde, schreiend und offensichtlich erbost über unsere Präsenz. Als wir die erste Terrasse erreichten, kamen uns einige Bauern entgegen. Wild gestikulierend schlossen sie sich uns an und balancierten unser Gepäck, aus Fotoapparaten und einer Wasserflasche bestehend, auf ihren Köpfen. Wir glaubten schon den Scheitel des Berges erreicht zu haben, da wurde eine zweite Geländestufe sichtbar, die abermals steil anstieg. Es war zur Mittagszeit und die Sonne brannte erbarmungslos auf unsere Köpfe. So konnte es nicht ausbleiben, dass Rudi seiner Schwäche zum Opfer fiel.

Die uns begleitende Menschenmenge war inzwischen beträchtlich angewachsen. Man entschied, ohne unser Einverständnis zu hinterfragen, den Kranken auf den Gipfel zu befördern, auf dem das Haus des Häuptlings stand. Nach einiger Mühsal war es geschafft, in der vom Wind durchlüfteten Hütte wurde ein Krankenlager errichtet. Während der Medizinmann im Freien seine heilenden Tänze einleitete, hatten die Frauen des Chefs zwei Hühner zubereitet. Sie wurden flach gepresst und knusprig gebraten und waren von unvergleichlichem Geschmack. Doch Rudi, der sich in Schmerzen wand, konnte kaum sprechen, umso weniger sich an dem Mahl erfreuen.

Die Schwierigkeit unserer Situation hing mit dem Berghang zusammen, der uns von der Straße nach Meri trennte. Wollten wir noch vor Einbruch der Nacht das Campement erreichen, so mussten wir den Kranken schnellstens ins Tal bringen. Die Tänze des Medizinmanns und die entspannte Geborgenheit ließen die Schmerzen jedoch abklingen, sodass dem Rücktransport nichts mehr im Wege stand. Eine Gruppe von Eingeborenen schleppte den Entkräfteten von Felsen zu Felsen, und beim Hereinbrechen der Nacht hatten wir die Straße erreicht. Die „Laterne von Meri" war bereits erloschen, als ein Lastwagen des Weges kam. Er nahm uns in die nächste größere Stadt mit, die über ein Missionshaus und ein Spital verfügte. Hier erhofften wir Hilfe.

Bevor wir uns dem Tor näherten, ertönte bedrohliches Hundegebell, dann das Fluchen eines offensichtlich Betrunkenen, das vom Gesang einer Tafelrunde übertönt wurde. Es war die französische Mission, vor der wir gelandet waren. Ich hatte noch keine

Gelegenheit, unser Problem darzustellen, da ergossen sich Schimpfkanonaden über den Zaun. Unsere Deutschsprachigkeit provozierte die französische Besatzung derart, dass wir sogar als Nazischweine bezeichnet wurden. So standen wir in der finsteren Nacht und mussten neben all den Problemen auch noch eine Unterkunft finden. Als wir uns schon einige hundert Meter von der Mission entfernt hatten, hörten wir einen Mann, der in der Dunkelheit hinter uns her lief. Es war einer der französischen Missionare, dem der Vorfall peinlich war. Er entschuldigte sich und empfahl uns das Campement, das nur wenige hundert Meter weiter an derselben Straße lag.

Nach einer durchwachten Nacht war klar: Rudi musste zurück, je schneller, desto besser. Eine letzte Bestätigung im Spital von Maroua brachte Gewissheit, dass nur eine sofortige Rückkehr Schlimmeres abzuwenden vermochte. Mit Hilfe des Arztes gelang es uns, einen Platz in einer kleinen Maschine zu bekommen, der auf Geheiß des Kapitäns ausgerechnet einem jungen Geistlichen entzogen wurde. Unter wüsten Protesten seitens der Missionare wurde der Patient schließlich nach Fort Lamy gebracht. Anschließend fand sich ein Platz in einer Maschine nach Paris, wo man durch einen Noteingriff sein Leben rettete. Später wurde ihm aufgrund dieser Erkrankung eine Niere entfernt.

Rudolf Kreuzer erholte sich nie mehr zur Gänze von seiner Erkrankung. Dennoch blieb Afrika das Land seiner Träume. Seine Begeisterung war so ansteckend, dass sie mich auch in späteren Jahren maßgeblich beflügelte.

Nachdem ich die nächsten Monate allein zu gestalten hatte, änderte ich die ursprünglichen Pläne, v. a. deshalb, weil aufgrund der besonderen Ereignisse das Geld schon jetzt knapp wurde. Die einzigen Orte, in denen ich Anweisungen aus Europa entgegennehmen konnte, waren das deutsche Konsulat in Duala oder Schweitzers Spital in Lambarene. Dazwischen lagen fast zweitausend Kilometer holprige Piste, die nur sporadisch von Lastwagen befahren wurde.

Bevor ich die Reise in den Süden antrat, zog es mich noch einmal in die Mandaraberge, die ich nur vom Vorbeifahren kannte. Mein Weg führte mich zurück ins Campement von Meri, dem Ort, der dieser Reise eine Wende gab. Ich war mit dem Vorsatz hierher gekommen, über die Kirdi, einen der letzten noch unberührten Stämme Westafrikas, eine Dokumentation zu erstellen. Meine Sympathie mag wohl durch die Tatsache begründet gewesen sein, dass dieses Volk ein vertriebenes war. Der Name Kirdi an sich beinhaltet schon eine Geringschätzung, er wurde ihnen von den muslimischen Fulbe gegeben und bedeutet „Gottlose" oder „Wilde". Sie waren aber auch bei den französischen Besatzern nicht beliebt, denn sie erschwerten durch Eigensinn und Analphabetismus die administrativen Arbeiten. Am schlimmsten aber wurde ihnen angelastet, dass sie im Militärdienst als unbrauchbar galten.

Diese aus über vierzig Stämmen bestehende Volksgruppe hat nicht immer in den unwirtlichen Regionen der Mandaraberge gelebt. Sie waren als Verfolgte dorthin vertrieben worden, die felsigen und vegetationsarmen Plateaus des „Centre Massiv" waren erst die Orte der Zuflucht, dann wurden sie zu ihrer Heimat.

Der französische Beamte in Maroua, den ich ersuchte, mein Visum zu verlängern, tat dies mit der Warnung: „Lass dich nicht dabei ertappen, dass du Kirdis fotografierst." Für die Franzosen wie für die Moslems, die ihre Nachbarn waren, galt es als unschicklich, nackte Menschen zu fotografieren. Die Kirdis gehörten zu den wenigen Populationen, die in diesen Jahren noch völlig unbekleidet lebten. Einschränkungen dieser Nacktheit gab es natürlich, die Frauen tauschten, nachdem sie geheiratet hatten, den *cash sex* gegen lederne Hüftgürtel, die mit zunehmender Kinderzahl umfangreicher wurden. Mädchen vor der Pubertät gingen wie Knaben und Männer völlig nackt, mit zunehmendem Alter aber trugen die heranwachsenden Teenager ein Stofftüchlein vor der Scham, das, nicht größer als eine Zigarettenschachtel, den Blick kaum behinderte. Nicht die Schamhaftigkeit ließ sie diesen *cash sex* erfinden, es war die Vorstellung, dass dadurch das Eindringen böser Geister in die Körperöffnung verhindert wurde.

Nachdem ich meine Papiere in Ordnung gebracht hatte und meinen Weg nach Meri antrat, lernte ich einen Franzosen der anderen Art kennen. Der junge Bernard Juillerat hatte sich in Baldama, einem kleinen Dorf in den Bergen, niedergelassen, um dort im Auftrag des „Musée de l'Homme" seine Diplomarbeit zu schreiben. Er erforschte das Brautrecht der Muktele und hatte sich eine Hütte im Stile der Eingeborenen bauen lassen. Bernard lebte dort sehr anspruchslos, eine halbe Tagesreise von der Ortschaft Mora entfernt, die er sporadisch besuchte, um Obst und Gemüse, aber auch Fleisch am Wochenmarkt zu erstehen. Als Fahrzeug stand ihm ein alter 2CV zur Verfügung, der in den Steigungen oft hängen blieb und von den Kindern, die sich stets entlang der Straße aufhielten, geschoben werden musste. Bernard lud mich ein, in „seinem Dorf" zu wohnen. Ich wurde dem Ältesten vorgestellt, einem Greis, der schon seit Jahren seine Hütte nicht mehr verlassen hatte, und nahm von nun an am dörflichen Leben teil.

Nicht weit von unserer Behausung, die aufgrund meines Besuches noch erweitert wurde, lag ein kleiner Friedhof am Hang. Runde Steinzylinder standen zwanglos in der Landschaft, in ihnen saßen die Toten, das Gesicht zu ihrer einstigen Hütte gekehrt. Nach der Begräbniszeremonie wurde der Leichnam arrangiert und mit Sand bedeckt, oben drauf wurde der Seelenkrug gestellt, jenes Gefäß, das den Geist des Dahingegangenen aufnehmen sollte. Während meines Aufenthaltes habe ich zwei Begräbnisse miterlebt und mit Erlaubnis der Dorfgemeinschaft auch fotografiert. Es waren immer sehr anrührende Szenen, in denen die Angehörigen und Freunde lautstark weinten, dann aber sehr schnell zum gemütlichen Teil übergingen, wenn der Hirsebierkrug herbeigeschafft

## II. LAMBARENE

1 (vordere Seite) Als Albert Schweitzer 1965 starb, ging dieses symbolträchtige Foto, das Gert Chesi kurz vorher schoß, um die Welt. Der junge Tiroler Reporter hatte sein Herz bereits an Afrika verloren, neben der Romantik – etwa bei den (2) nomadisierenden Karamodjong in Uganda – aber auch die (3) Schattenseiten des Paradieses kennengelernt: Hungersnöte und Tod begleiten die langen Trockenperioden (mit dem Maler Rudolf Kreuzer dokumentierte Chesi das grausige Biotop). (4/5/6) Im Urwaldspital von Albert Schweitzer in Lambarene machte Chesi ebenfalls sehr zwiespältige Erfahrungen.

Am Tisch in Lambarene
H. Gert Chesi, mit besten
Gedanken. Albert Schweitzer
Lambarene 29. Mai 1964

7  Pirogen am Ogowe. Mit diesen Einbäumen überquerten die Einheimischen den Fluß, der die Stadt Lambarene von Schweitzers Spital trennte. Der idyllische Anlegeplatz war ein beliebtes Fotomotiv.

8  Das Spital von Lambarene war damals schon veraltet. Es gab keinen Strom, obwohl die Voraussetzungen dafür bestanden. Man warf Albert Schweitzer in diesem Zusammenhang Rückschrittlichkeit vor.

9  Im Jahre 1964 gab es noch keinen Tourismus in Afrika. Die Besucher kamen aus den Kreisen der Bewunderer. Sie nahmen mühevolle Fahrten auf sich, um Albert Schweitzer zu sehen. Der Nobelpreisträger und siebenfache Ehrendoktor war in diesen Jahren weltberühmt. Nicht nur sein humanitäres Engagement, sondern auch der Umstand, daß er sich nach den Kriegsjahren als Deutscher deklarierte, obwohl er als Elsässer auch Franzose hätte sein können, machte ihn zum Superstar des Deutschland der Nachkriegszeit.

10  *Mama Sano* lebte in Opposition zu den Gepflogenheiten im Spital von Lambarene. Ihre provokante Nacktheit, die sie gelegentlich drastisch zur Schau stellte, schockierte besonders, wenn verletzliche Damen und Herren das Spital besuchten.

11 (nächste Seite)  Noch ein berühmt gewordenes Chesi-Foto: Auf der Foto-Expo des Jahres 1966, ein Jahr nach Schweitzers Tod, gelangte dieses Bild ins Interesse der Medien. Es wurde unter die besten Pressefotos des Jahres gereiht.

wurde und der Umtrunk zu Ehren des Toten begann. Unheimlich erschien mir hingegen die Zeit vor dem Tod der Betroffenen. Sie schienen ihr Ableben vorauszuahnen. Wer
bereit war zu sterben, der tat es nicht in seiner Hütte, sondern schleppte sich mit letzter
Kraft auf den Friedhofshügel und erwartete dort seinen Tod. Niemand begleitete ihn,
niemand stand dem Entkräfteten bei. Es war ein Sterben in Einsamkeit, das ich in dieser
Form zum ersten Mal erlebt habe.

Die Zeit am Plateau verging viel zu schnell. Zwei Monate waren verflogen, und ich
hatte mich an das stille Leben in der Einsamkeit gewöhnt. Die großen Ereignisse waren
Kochen und Essen, aber auch das Bad, das als eine Art von Luxus nur zu besonderen
Anlässen erlaubt war. Das Wasser musste vier Kilometer weit über den Berghang herauf-
getragen werden. Das besorgten die jungen Mädchen vom Dorf, die dafür entlohnt wurden. Mit unvergleichlicher Eleganz jonglierten die zierlichen Gestalten die schweren Krü-
ge am Kopf, und wenn sie in der späten Abendsonne, nackt und nass vom übergelau-
fenen Wasser, unsere Hütte erreichten, waren das Momente, die allein schon die Reise
rechtfertigten.

Doch dann kam die Zeit, Abschied zu nehmen. Bernard war mit seiner Arbeit fast am
Ende, und am Horizont kündigten sich neue Zeiten an. Die deutschen Hummel-Reisen
hatten die Mandaraberge in ihr Programm aufgenommen, und die Missionsstation am
Weg nach Moro hatte sich bereit erklärt, folkloristische Tänze zu veranstalten. Mit einer
der ersten Gruppen kam auch der „Stern"-Fotograf Michael Friedel, der mit seinem Bericht die Kirdi der Welt bekannt machte. Von da an tanzten sie für Geld, das nicht ihnen, sondern der Mission zugute kam.


Meine Weiterreise gestaltete sich schwierig. Ich hatte mein Geld verbraucht und hoffte
nun auf eine Anweisung aus Europa. In einer Ladung von Erdnüssen fand ich für die
kommenden Tage einen bequemen Platz auf der Ladefläche eines Lastwagens, den Chauffeur hatte ich mit Kleidungsstücken entlohnt, sodass meine Fahrt bis Duala gesichert
war. Durch tropische Gewitter und straßenlose Flussbetten führte uns die Reise durchs
Grasland, an pilzförmigen Termitenbauten vorbei, in die ersten Waldregionen um Fum-
ban und Bamoum, die alten Königreiche, deren Herrscher eigene Schriften erfunden hatten und deren Handwerker den Wachsschmelzguss zur Meisterschaft entwickelten.

In Duala erwartete mich eine Enttäuschung. Das Geld war nicht angekommen, es war
vermutlich nach Lambarene überwiesen worden. Von Duala nach Lambarene – eine be-
schwerliche Reise lag vor mir. Die Großstadt zu verlassen war vordringliches Ziel, denn
hier war das mittellose Überleben schwerer als unterwegs. Schon am ersten Abend in
Duala rief mir aus einer Bar ein Betrunkener entgegen, ich möge doch ein Glas Bier mit
ihm trinken. Dieser Franzose, ein untersetzter ehemaliger Soldat, war nach Kamerun zu-

rückgekehrt, um Krokodile zu jagen. Er hatte sich ein altes Militärfahrzeug hergerichtet und mit Werkzeugen und Booten beladen, und die Mannschaft seiner Firma bestand aus einigen Eingeborenen, die das Entbalgen der Tiere und das Einsalzen der Häute übernahmen. Dieser nicht gerade gewinnende Mann lud mich ein, die nächste Fahrt an den Rio Muni mitzumachen, an den Grenzfluss zwischen Kamerun und Spanisch-Guinea. Seine Einladung kam mir trotz der unangenehmen Begleitumstände gelegen, die Fahrt brachte mich näher an mein Ziel, und es sah so aus, als würde auch für Verpflegung gesorgt sein. Am frühen Morgen des kommenden Tages brachen wir auf. Wir mussten bis zum Einbruch der Dunkelheit am Fluss sein, sonst wären das Revier und die nächtlichen Jagdgründe nicht mehr zu überblicken gewesen.

Krokodile – so wurde ich belehrt – gab es nur am Nil. In Westafrika nannte man sie *Kabinda*, Kaimane, eine Gattung, die weit kleiner ist als die der Krokodile. Bei Einbruch der Dunkelheit erreichten wir den Fluss, zwei Boote wurden von der Ladefläche gehoben, ein Feuer angefacht und ein Abendmahl bereitet. Es gab französischen Wein in Wassergläsern, Brot und an der Glut geschmortes Antilopenfleisch. Das Essen dauerte lange, begleitet von nie endenden Monologen des großen Jägers und einer Geräuschkulisse, die den nächtlichen Urwald in einen zoologischen Rummelplatz verwandelte. Dann, es mag wohl gegen elf gewesen sein, begann die Jagd. Die Boote wurden nebeneinander bis in die Mitte des bewegungslosen Flusses gerudert, danach holte der Franzose ein Tonbandgerät aus einem Nylonsack und schaltete es ein. Tierlaute waren zu vernehmen, die Geräusche junger Krokodile. Die Mannschaft hatte Platz bezogen, im Begleitboot standen die Helfer mit Harpunen in der Hand, vor mir am Bug stand der Franzose, sein Gewehr im Anschlag. Auf der Stirn trug er eine Lampe, wie sie Minenarbeiter verwenden, in ihrem Schein wollte er die Tiere erlegen. Die Szenerie war gespenstisch, doch das Unglaubliche geschah: Angelockt durch die Tonbandgeräusche kamen die ersten Kaimane auf die Boote zugeschwommen. Die Tiere waren in der Dunkelheit nicht zu sehen, aber die kleinen Wellen, die sie vor sich her schoben, verrieten sie. Dann krachte der erste Schuss, und mehrere Harpunen wurden gleichzeitig in das untertauchende Tier gerammt. Die metallenen Widerhaken waren mit Schnüren befestigt, der Stiel war nur aufgesteckt, sodass er in der Hand des Helfers blieb. Während der Haken im Fleisch des flüchtenden Krokodils stak, verlor dieses allmählich seine Kraft.

Als der Morgen anbrach, hatten der zufriedene Jäger und seine Mannschaft 36 Exemplare erlegt. Das übel riechende Aufschlitzen der Körper und das Abziehen der Haut blieben mir weitgehend erspart, ein anderer Wagen, der nach Gabun wollte, nahm mich mit.

Einmal noch, bevor ich Lambarene wiedersah, musste ich Station machen. Es war an einer Kreuzung, an der sich unsere Wege trennten. Ich saß gerade auf meinem Rucksack, als ich auf einmal erschrocken hörte, dass sich laute Geräusche aus dem Urwald näherten. Es musste eine Affenherde sein, große Affen, Schimpansen oder Gorillas, denn alle anderen Tiere hätten keinen derartigen Lärm verursacht. Obwohl ich keine Angst vor Tieren habe, war mir die Situation sehr unangenehm, ich besorgte mir einen dicken Ast und stellte mich aufs Schlimmste ein. Doch dazu kam es nicht. Aus der Ferne hörte ich einen Wagen kommen, es war eine vornehme Limousine, in der der Bischof von Libreville mit seinem Gefolge zu einem Kirchenfest in ein nahe gelegenes Dorf reiste. Zu meinem Erstaunen hielt das Gefährt an. Es gäbe noch einen Platz, aber ich müsse mich beeilen, denn die Gläubigen warteten schon. Von der vorhergegangenen Fahrt auf der Ladefläche des Lastwagens war ich derart verstaubt, dass meine Kleider, die Haare und das Gesicht in einheitliches Grau getaucht waren, nicht unähnlich der Statuetten, die man in italienischen Gärten findet. Ich genierte mich, in die polierte Karosse zu steigen, doch die Herrschaften hatten es eilig, und so blieb keine Zeit, die Umstände zu erklären. Als wir das Dorf erreichten, standen festlich gekleidete Männer, Frauen und Kinder, die mit bunten Fähnchen aufgeregt winkten, dicht gedrängt im Spalier. Die Fenster des Wagens wurden heruntergedreht, und nun winkten auch der Bischof und seine Begleiter. Als der Wagen anhielt und alle ausgestiegen waren, verschlang tumultartige Begeisterung die Würdenträger. Nur ich, der sich nicht aus dem Wagen traute, harrte noch der Dinge, die da kamen. Es dauerte nicht lange, da wurde ich schon abgeholt, und obwohl ich beteuerte, nur ein zufällig Mitreisender zu sein, ließen es sich die braven Leute nicht nehmen, mich fürstlich einzuquartieren und zu verpflegen. Ob ich zum Nutznießer eines Irrtums wurde oder nur der selbstverständlichen Freundlichkeit der Dorfbewohner begegnet bin, wurde mir bis heute nicht klar. Ich weiß nur, dass sich in dieser Nacht mein Verhältnis zu Missionen ein wenig gebessert hat.

Nach einem weiteren Tag erreichte ich Lambarene. Dieser zweite Besuch war in vieler Hinsicht erfreulich. Das Geld war angekommen, ich konnte wieder ein normales Leben führen und einige der mir bekannten Europäer, die nach dem Tode Schweitzers noch geblieben waren, besuchen. Der Bananenfahrer Neukirch hatte wie die Amerikanerin Joan Clent das Spital mit dem Fahrrad verlassen. Im Gästebuch eines Campements im Norden Kameruns habe ich nach Jahren eine Eintragung von ihm gefunden. Man erinnerte sich noch an den hageren Mann mit dem Fahrrad, der einen Tennisschläger mit sich führte und einen Sack Zucker. Er soll dort erklärt haben, dass Zucker allein ausreicht, um zu überleben. Ich hoffe, dass er Recht hatte.

# Das Land der Träume

An den langen Winterabenden nach meiner Operation, an denen die Hoffnung auf den kommenden Morgen und das Abklingen der Schmerzen die einzige Perspektive darstellten, gab es neben meinen Erinnerungen noch eine andere Art von Trost. Mein Sohn Armand nötigte mich Abend für Abend, „Janoschs Traumstunde" anzuschauen, einen Videofilm, der sich unter den besonderen Umständen unauslöschlich in mein Gedächtnis gegraben hat. Das Land der Träume war Panama, das den Protagonisten, dem kleinen Bären und dem Tiger, nur von der Schrift auf einer Kiste, die der Fluss zufällig angeschwemmt hatte, bekannt war. Als sie auszogen, um ihr Traumland zu entdecken, machten sie eine seltsame Feststellung: Sie entdeckten ihr eigenes Land, das sich unter einem anderen Gesichtspunkt völlig verändert hatte. So verflog das Fernweh, weil sie sich der Illusion hingaben, ihr ungeliebtes Zuhause gegen das Traumland Panama vertauscht zu haben.

Diese kindliche Naivität habe ich mir oft gewünscht. Fähig zu sein, sich einer Illusion hinzugeben, die das Glück, das man vermeintlich auf Reisen findet, in einem selbst entfacht. Die Reise nach innen, die als intellektuelle Übung sehr reizvoll ist, war für mich nie mehr als ein Trost an die Adresse jener, die nie gereist sind. Sartre sagt, dass Freiheit sich auch im Gefängnis entfalten kann. Henry Miller gibt ihm Recht, wenn er schreibt: „Die Welt mag einem vorkommen wie die ausgemachte Hölle, aber es gibt immer noch einen Freiraum, und wenn er in der eigenen Seele liegt, wo man sich ein kleines Fleckchen Paradies schaffen kann, so verrückt das klingen mag." Eremiten haben bewiesen, dass es sich in einer Höhle leben lässt, wenn spirituelle Voraussetzungen die Triebe zähmen. Indische Säulenheilige erfahren ihr Glück auf einer Grundfläche, die kleiner als ein Toilettendeckel ist, und triumphieren über den Durchschnittsmenschen, der als Getriebener und Nomade die Weiten der Landschaft und die Freiheit des Handelns sucht. Ihm wird die Welt zu klein, doch irgendwann stellt er fest, dass sich das Glück nicht mit der Länge des gefahrenen Weges verdichtet, sondern unbeeindruckt von allen Investitionen seinen Charakter, die Unberechenbarkeit, zu erkennen gibt. Das gilt für alle, die, mit menschlichen Schwächen behaftet, den einen oder anderen Weg gewählt haben. Buddha hat den Sinn der Askese angezweifelt. Welchen Dienst erweisen wir der Schöpfung, wenn wir unseren Körper quälen und zugrunde richten? In vielen asiatischen Lehren wird die Harmonie zwischen Körper und Geist gepriesen, nicht der Triumph des Geistes über die „Schwächen" des Körpers. Sich den Sehnsüchten zu verweigern, ist auch eine Art, mit sich im Krieg zu leben. Ich bin stets meinen Intuitionen gefolgt und habe lange Phasen des Glücks erlebt. Die Reise ins Traumland freilich bleibt eine Geschichte für Kinder.

Ich habe keine Erinnerungen an die Zeit, in der ich so alt war wie heute mein Sohn Armand. Mit einem Alter von dreieinhalb Jahren nimmt man Situationen wahr, man reagiert auf die Atmosphäre, nicht auf den Umstand. Man existiert in einer Welt, in der sich das Leben noch nicht erschlossen hat, man lebt, ohne Alternativen zu kennen, in einem Umfeld, das nicht anders vorstellbar ist. Mir machte immer wieder die Überlegung Angst, dass das Kind, das mir genommen wurde, sich unter diesen anderen Lebensbedingungen von mir lossagen würde, sich in einer Art und Weise entfernen würde, die dem Vergessen oder den mangelnden Erfahrungen Rechnung trage. Ihn in vielen Jahren wiederzusehen, als einen Fremden, der seinen Vater aus Neugierde, nicht aus Sehnsucht trifft, einen Vater, der zu alt und zu hinfällig ist, um diesem Kind noch irgendetwas bedeuten zu können, das fürchtete ich.

Mit dieser Angst beladen, war ich nach China, in eines meiner Traumländer aufgebrochen. Nun dachte ich an Afrika und schrieb nieder, was mir einfiel. Ich schrieb es mir von der Seele, in der Hoffnung, dass sie dadurch leichter wurde. Ich schrieb, um mich vom Druck einer unbewältigten Last zu befreien.

Vom Fenster meines Hotelzimmers blickte ich auf graue Wohnblöcke. Zwanzig Stockwerke unter mir zerwühlten Baumaschinen ein Grundstück, das vom Schutt geschliffener Häuser befreit wurde. Auf diesem Areal hatten einige tausend Menschen gelebt, jetzt wurden noch höhere Türme gebaut, noch mehr würden darin Platz finden, und ich stellte mir vor, dass hinter all diesen viereckigen Lichtflecken, die den Horizont säumen, Menschen und Schicksale eingesperrt waren, auf viel zu kleinem Raum, der nur kleinen Sehnsüchten Platz bot. Welche Rolle spielt das Schicksal des Einzelnen in dieser Stadt?

Vor drei Tagen verließ ich Thailand. Verglichen mit Hongkong war Bangkok eine Idylle, eine Traumstadt in einem Traumland. Doch das würde ich auch über Hongkong sagen, wenn ich erst in Peking mein Quartier bezogen hatte.

Seit ich hier war, regnete es unaufhörlich, es wurde mir zunehmend klar, warum alle Frauen diese besonders hässlichen Plateauschuhe trugen. An der Ecke eines Shopping Centers stellte ich mich in die Schlange der Wartenden, um einen Regenschirm zu erstehen. Nur 30 Hongkong Dollar wollte der Verkäufer, es war der günstigste Kauf, seit ich chinesischen Boden betreten hatte. Wie auf den anderen Stationen meiner Reise, so war ich auch hier bemüht, in möglichst kurzer Zeit möglichst viel über besondere Antiquitäten zu erfahren. Es ging mir um die archäologischen Funde aus der Han- und Tang-Zeit, von denen ich einige erworben hatte, deren Bestimmung mir jedoch verborgen blieb. In den Museen, bei Händlern und Sammlern versuchte ich, mein fragmentarisches Wissen zu erweitern. Im Unterschied zu früheren Reisen erfasste mich eine mir aber unbekannte Teilnahmslosigkeit. Ich hielt Tonpferde und Soldaten in den Händen und begegnete den Jahrtausenden, ohne ergriffen zu sein, das innere Feuer, das mich bis dahin rastlos getrieben hatte, schien erloschen zu sein. Der Versuch, meinen Problemen zu entkommen, war gescheitert. Zum ersten Mal, seitdem mich Adjo und Armand verlassen hatten, träumte ich von ihnen, nun lief ich Gefahr, dass meine Träume, diese letzten Nischen, in die ich mich zurückziehen konnte, verraten waren. Ob damit der Krieg in meinem Herzen oder nur eine weitere Schlacht verloren wurde, blieb offen.

In dieser Nacht dachte ich an den Asylanten Markus Omofuma, der von österreichischen Polizisten durch brutales Knebeln versehentlich getötet worden war. Ich dachte an ihn, weil auch er seinem Schicksal durch Flucht entkommen wollte. Bei den Verhören gab er zu Protokoll, von der nigerianischen Ogboni-Sekte zum Tode verurteilt worden zu sein. Er hatte einen Tötungsauftrag nicht erfüllt, der Teil des Initiationsrituales war. Omofuma wurde daraufhin verflucht und mit der Todesstrafe belegt. In dieser Situation handelte er nach Ansicht afrikanischer Schamanen falsch, er hätte am Ort bleiben sollen, um mit Hilfe eines Exorzisten durch magische Handlungen den Bann zu brechen. Er hielt die einfachsten Regeln der Magie nicht ein. Ein Fluch kann nicht abgeschüttelt werden, der Fliehende nimmt ihn mit sich. Am Schluss waren es dann die österreichischen Beamten, die ihn exekutierten.

Je länger meine Reise dauerte, umso mehr kehrten die belastenden Gedanken zurück. Ich trug wie der Nigerianer meinen Fluch mit mir, ihn abzuschütteln hatte sich bisher als unmöglich erwiesen. Das Gegenteil war der Fall. Mit jedem Tag, der verging, wurden die Gedanken an meinen Sohn stärker, ich sah ihn in meinen Träumen umherirren, auf der Suche nach seinem verlorenen Vater. Noch vor wenigen Monaten hatte ich einen Psychiater besucht, um Hilfe für Adjo zu finden, nun lief ich Gefahr, dass ich selbst dieser Hilfe bedurfte.

Eine der Metaphern, die mich in schlaflosen Nächten begleiteten, stammte aus einem Film, den ich spätnachts beim Fernsehen anpeilte. Es war die Geschichte eines Mannes, der als Sportler und Bergsteiger beim Überqueren eines Gletschers verschollen war. Sein Sohn, gerade zur Welt gekommen, kannte seinen Vater nur aus Erzählungen. Als er Jahrzehnte später selbst ein begeisterter Sportler wurde, machte er auf einem Gletscher eine schreckliche Entdeckung. Er fand einen Toten, eingefroren in einem Eisblock. Sein Zustand war so vollkommen, dass er wie ein im Eis Schlafender aussah. Durch Zufall hatte der Sohn seinen vermissten Vater nach mehr als fünfzig Jahren gefunden. Das Verwirrende an der Geschichte aber war, dass der Vater zum Zeitpunkt seines Todes jünger war als der Sohn, als dieser ihn fand.

Diese Geschichte verwirrte mich sehr, sie war kaum vorstellbar. Dass ich sie nicht vergessen konnte, lag an dem Umstand, dass ich träumte, Armand einmal wiederzusehen, wenn dieser bereits ein junger Mann geworden war. Ein fremder junger Mann, der einem fremden Alten, der sein Vater war, begegnete. All die Jahre dazwischen waren verlorene Jahre, begleitet von einer Melancholie, die Bestandteil des Lebens wurde.

Ich hatte mir vorgenommen, nicht wehleidig zu sein. Ich war in Schicksalsfragen stets unerschrocken, doch das Blatt hatte sich gewendet. Ich dachte an einen Bekannten, der seine abgöttisch geliebte Frau verlor, weil sie bei der Geburt eines Kindes starb, das sie von einem anderen empfangen hatte. Geschichten wie diese haben mich stets erschreckt, aber es waren die Geschichten der anderen. Nun war ich selbst zum Protagonisten eines Dramas geworden, dessen Ausgang noch im Dunkel einer unbekannten Zukunft lag.

## Die Illusion vom Glück

Das Glück – so schien es mir – lag stets in der Ferne. Wenn ich zu Hause glücklich war, dann auch deshalb, weil dieses Zuhause die Möglichkeit bot, es zu verlassen. Die Freiheit, entscheiden zu können, ob ich blieb oder ging, war ein Teil meines Glücks. Nachdem sich die letzten Bindungen an Schule und Elternhaus gelöst hatten, begann ich mein Leben zu planen. Viele Möglichkeiten boten sich in diesen Jahren des Aufbruchs, doch nur wenige kamen in Frage. Bindungen unter Opfern aufzugeben, um neue einzugehen, schien mir widersinnig. Trennungen unter Tränen zu vollziehen, um frei zu sein für neue Abhängigkeiten, war eine häufig geübte Praxis, der ich mich entziehen wollte. So verstand ich die Freiheit als den größten vorstellbaren Luxus. Distanzen schaffen gegen die Beklemmung der Nähe, Abstand halten, um nichts Neues auszuschließen, was der Intimität einer Bindung zum Opfer fallen könnte. Mit diesem Anspruch bestieg ich 1964, gerade vierundzwanzig Jahre alt, den Zug nach Marseille, um die „Frère Foucauld" zu erreichen, ein Schiff, das mich nach Libreville bringen sollte.

Mein Platz am Tisch von zwölf französischen Soldaten war in mehrfacher Hinsicht unerfreulich. Einerseits reichte mein Französisch nicht aus, um mich an Unterhaltungen zu beteiligen, andererseits wurde mir schnell klar, dass es in diesem Speisesaal keinen Gleichgesinnten gab. Eine Passage aus Lévi-Strauss' „Traurige Tropen" beschreibt das Schicksal des Ethnographen, mit dem ich mich damals identifizierte: „Seine Lebens- und Arbeitsbedingungen entfernen ihn während langer Perioden körperlich von seiner Gruppe; durch die abrupten Veränderungen, denen er sich aussetzt, zieht er sich eine chronische Heimatlosigkeit zu; nie mehr wird er sich irgendwo zu Hause fühlen, er bleibt psychologisch verstümmelt. Wie die Mathematik oder die Musik ist die Ethnographie eine der seltenen Berufungen. Man kann sie in sich entdecken, auch ohne sie studiert zu haben."

Dieses Zitat fand ich in einem der Texte, die ich noch am Schiff geschrieben hatte. Von welcher Tragweite er für mein späteres Leben sein würde, konnte ich damals nicht ahnen.

Die Fahrt nach Lambarene gestaltete sich aufregend. Meine Notizen berichteten schwärmerisch von der Schönheit der Reise und verschwiegen wohlweislich, wie oft ich mich bei hohem Seegang übergeben musste. Die Wahrheit ist, dass ich Schiffe bis zum heutigen Tage nicht ausstehen kann. Das Wackeln und Schaukeln, der ununterbrochene Motorenlärm, das Streiten und Furzen in der Achterkabine, der Alkoholismus und die Wichtigtuerei jener, die schon mehrfach diese Strecke gefahren sind, all das steht im Widerspruch zu dem, was ich damals zu Papier brachte. Aus heutiger Sicht war ich eine Frohnatur, jedem Schicksal ergeben, sofern es sich als unabänderlich darstellte.

Wenn ich in diesen Jahren schwärmerisch von Afrika berichtete, war es immer die gelebte Freiheit, die meine Eindrücke dominierte. Die Afrikaner, mit denen ich es zu tun hatte, waren in mancherlei Hinsicht „freier" als die Europäer dieser Zeit. Gemeint ist natürlich der großzügige Umgang mit der Sexualität, der den Jugendlichen Europas noch nicht geläufig war. Aus heutiger Sicht wird diese Freiheit oft missverstanden, vor dem Hintergrund einer ins Maßlose ausufernden Prostitution ist es schwer vorstellbar, dass sich damals die Kontakte außerhalb materieller Interessen ergeben haben. Viele der jungen Afrikanerinnen waren neugierig. Manche unter ihnen wollten sich mit Europäern paaren, und das nicht nur, weil Mischlingskinder beliebt und erfolgreich waren. Sie wollten Erfahrungen sammeln und das Andersartige kennen lernen. Reisende wie ich wollten das auch. Natürlich gab es damals wie heute ein kommerzielles Nachtleben, doch das beschränkte sich auf die Städte. Wer wie ich in den Dörfern zu Hause war, der lernte das idealistische Afrika kennen, jenes, das später dem Tourismus und den westlichen Lebensformen zum Opfer fiel und nie wieder in seiner alten Form auferstand.

Für die Expansion der Prostitution in Afrika und Asien mag die zunehmende Not der Menschen eine entscheidende Rolle gespielt haben. „Sich zu prostituieren ist besser als zu stehlen", meinen die Mädchen heute, nicht ohne mit einem Auge auf ein Luxusleben zu schielen, das sich – wie man weiß – nur sehr selten auf diese Art verdienen lässt. Der Kontrast zwischen den noch in Prüderie verharrenden Europäern und den gerade noch freien Afrikanern war für einen Reisenden in den Sechzigerjahren so gravierend, dass er glauben musste, im Paradies gelandet zu sein. In Europa hatte im Jahre 1964 die sexuelle Revolution begonnen. Gerenreich schuf den „Oben-ohne-Bikini", und die „Quick", deren Mitarbeiter ich später für kurze Zeit war, druckte ihr erstes halb nacktes Mädchen,

56

diesmal ohne den schwarzen Balken, der sich bis dahin anstandheuchelnd durch alle Magazine gezogen hatte. Das Leben in Afrika jedoch bedurfte keiner sexuellen Revolution, das Natürlichste der Welt vermochten auch die Missionare den Afrikanern nicht zu vergrämen. Was in Afrika seit langem Brauch war, musste sich die Jugend Europas erst erkämpfen. Rückblickend schreibt man die Befreiung der Sexualität im Westen den Beatniks der 68er-Bewegung zu. Das ist falsch! Hätten nicht schon zehn Jahre früher Jugendliche mit der Scheinmoral ihrer Eltern gebrochen, wären die Ideale der 68er nicht zu verwirklichen gewesen.

Wer in diesen Jahren Afrika bereiste, der lief Gefahr, nicht mehr zurückzukehren. Nach acht Monaten in Gabun und im Kongo befand ich mich in einer Stimmung, die meine notwendige Rückkehr als etwas Temporäres empfand, so als hätte ich zu Hause nur noch begonnene Arbeiten zu beenden, um ein weiteres Mal für lange Zeit hierher zurückzukehren. Wenn die Freiheit des Europäers in Afrika zur Debatte stand, dann wurde mir natürlich bewusst, dass sie nicht an die Zurschaustellung von Genitalien oder an die Möglichkeit bequemer Promiskuität gebunden sein durfte. Sie war gottlob eine Freiheit, die auch andere Lebensbereiche betraf. Ihre Fragwürdigkeit lag in dem Umstand, dass sie nur einer Gruppe Privilegierter zugute kam und sehr häufig in einer ungerechtfertigten Überschätzung der Weißen durch die Schwarzen ihren Ausdruck fand. Ich habe in all den Jahren, die ich in Westafrika lebte, nie kollektiven Rassismus kennen gelernt. Das Gegenteil war der Fall: Die bevorzugte Behandlung der Weißen berührte mich oft peinlich, schloss aber nicht aus, dass ich an manchen Grenzen, in manchen Ämtern und durch manche Militärs bis aufs äußerste provoziert und gepeinigt wurde. Sie war auch kein Garant gegen eine stets wachsende Kriminalität, der Fremde in besonderem Maße ausgesetzt waren. In den Jahren zwischen 1964 und 1984 hatte ich trotz zunehmender Probleme keine „traurigen Tropen" kennen gelernt. Das lag aber nicht an der herrschenden Realität, sondern an dem glücklichen Umstand, dass ich – jung, optimistisch und vor einem sicheren Hintergrund – recht sorglos diesen Kontinent bereisen konnte. Meine Zielsetzung war die Fotografie, meine Triebkraft die Neugierde und meine Befriedigung das Schreiben, durch das so manche erschreckende Gegenwart zu einer faszinierenden Vergangenheit wurde. Zu all dem aber waren es die mitgebrachten Masken und Figuren, die meinem Trieb als Sammler gerecht wurden.

Das Sammeln von ethnographischen Objekten, die schon im vorigen Jahrhundert die Kuriositätenkabinette der westlichen Welt füllten, entspringt einem Verhalten, das den meisten Reisenden eigen ist. Das Mitgebrachte ist der Beleg, dass man tatsächlich an jenem Ort war, von dem man berichtet hat. Dabei ist es belanglos, ob das Objekt wertvoll ist oder nicht, es muss nur in der Lage sein, die Erzählungen zu bestätigen, dann hat es seine Aufgabe erfüllt. Fotos tun das besonders eindrucksvoll. Nicht von ungefähr wird behauptet, dass sie mehr sagen als tausend Worte. Die besten von ihnen übertreffen in ihrer Tele- oder Weitwinkelperspektive dramatisch die Impression des gesprochenen Wortes. Der Umstand, dass der Reisende im exotischen Umfeld abgebildet ist, erhebt den Schnappschuss zum Dokument. Das Sammeln von Belegen ist dem Touristen genauso eigen wie dem Forscher, sie alle haben sich verpflichtet, den Daheimgebliebenen Rede und Antwort zu stehen. Die alten Forscher, die Letzten ihrer Gattung, waren glänzende Selbstdarsteller. Sie zeigten in ihren Büchern nicht nur einmal ihr Konterfei, sie ließen dieses wie einen roten Faden durchs Druckwerk laufen, sodass der Leser gelegentlich den Eindruck hatte, dass die Bedeutung des Forschers die des Erforschten überstieg.

Am Beginn meiner Tätigkeit als Journalist lernte ich, dass das Mitteilenswerte seine Berechtigung aus dem Unterschied zu dem, was als normal gilt, bezieht. Das Besondere ist Gegenstand der Betrachtung, nicht das Alltägliche. In der Kunst verhält es sich nicht anders. Der größte sinnlich wahrnehmbare Reiz liegt im Grotesken. Je größer nun der Abstand zwischen dem Herkömmlichen und dem Grotesken ist, umso eher hat die Geschichte, der Bericht, das Foto, aber auch das Kunstwerk die Chance, wahrgenommen zu werden. Diese Gesetze haben sich bis heute nicht geändert, sodass wir es inzwischen mit einer Gesellschaft zu tun haben, deren progressive Schichten die Hervorbringungen der Mehrheit derart langweilig finden, dass die „Kreativen" zunehmend unter Druck geraten. Es gibt aber eine zweite Gattung, die dem Mittelmaß oder dem Unterdurchschnittlichen den Vorzug gibt, weil ihr nur auf diesem Niveau eine Identifikation mit dem Artefakt möglich ist.

Diese Gedanken rund um die Problematik der Wertungen sollen erklären, warum ich mich aus den gegebenen Umständen in die Reihe der Progressiven stellte. Jener Gattung, die dem Neuen, dem Unbekannten, aber auch dem Riskanten den Vorzug gibt. Nach Afrika zu reisen lag nicht im Trend, aber die Reisenden dieser Tage kreierten ihn aufgrund ihrer begeisterten Erzählungen.

Wer sich in den Sechzigerjahren ein bequemes Leben machen wollte, der durfte dieser Gruppe nicht angehören. Sie war unbeliebt und stand stets im Verdacht, durch ihre Begeisterung für das Fremde das Eigene herabzusetzen. Progressiv zu sein hieß, die Gegenposition zum Konservativen einzunehmen. Während sich die Konservativen als die Bewahrer der Traditionen verstanden, galten ihre Gegenspieler als deren Zerstörer. Diese Auffassung war in meinem Umfeld so indifferent, dass man die Möglichkeit ausschloss, ein Progressiver könnte die Qualität des Autochthonen erkennen. Erschreckt stellte ich nach vierzig Jahren fest, dass sich an dieser Sicht bis heute nichts geändert hat. Das Bild der Gesellschaft ist für mich nur deshalb ein anderes geworden, weil sich mein eigener Standpunkt geändert hat. Aus dem Blickwinkel des Arrivierten, der die Kritik nicht mehr zu fürchten braucht, verliert diese ihren Schrecken.

# Das Ziel ist das Ziel, nicht der Weg.

Zu einer Zeit, in der Algerien noch ein gastliches Land war, bin ich mehr als ein dutzend Mal durch die Sahara an die afrikanische Westküste gereist. Diese frühen Fahrten waren durch lange Vorbereitungen gekennzeichnet. Das Fahrzeug musste den Verhältnissen der Wüste angepasst werden, Sandfilter, Zusatztanks und Wasserbehälter mussten untergebracht werden. Werkzeuge, Ersatzteile, Proviant und vieles mehr wurden schon Wochen vor der Fahrt säuberlich gestapelt und mit buchhalterischer Akribie aufgelistet. Während ich über viele Jahre den Frühling in Nordafrika verbrachte, war es der Herbst, der mich durch die Ebene von Tidikelt oder das Plateau von Tademait in den Sahel führte.

Schon am Schiff, das uns von Genova nach Tunis brachte, stauten sich die Wüstenfahrzeuge mit ihren Sandblechen und Zusatzwinden. Hier trafen sich die Profis, die ihr ganzes Interesse in die Fahrt durch Sand und Steine legten und folgerichtig auch in die Fahrzeuge, die wie rollende Festungen für alle Wechselfälle ausgerüstet waren. Auch hier zeigten sich klare hierarchische Strukturen. Die Landrover und Unimogs waren eine Klasse für sich. Weit hinter ihnen die VW-Busse und Peugeots und am Ende die Motorräder und Citroëns, mit denen niemand etwas zu tun haben wollte, weil sie im Verdacht standen, den Konvoi durch technische Gebrechen aufzuhalten. Der Konvoi war eine Erfindung der Algerier und diente der Sicherheit der Reisenden, wer Adrar oder In Shala in südliche Richtung verließ, wurde gezwungen, sich einer Kolonne anzuschließen, auf deren Zustandekommen man gelegentlich einige Tage warten musste. Die Fahrer der besten Fahrzeuge hatten dabei den größten Ärger, denn sie übernahmen die moralische Verantwortung auch für jene, die mit gebrechlichen Kisten unterwegs waren. So kam es auch zu Verschiebungen innerhalb der Klassen, die Starken schlossen sich zusammen, und die Schwachen gezwungenermaßen auch.

Die Tage durch die Wüste, in denen man nur dem Kompass und den Spuren der Vorgänger folgte, wurden für viele zu einem unvergesslichen Erlebnis. Das Schaufeln, wenn sich ein Fahrzeug im Treibsand festgefahren hatte, das unvermeidliche Reparieren verbogener Spurstangen, das Wechseln des Luftfilters und das Aufziehen neuer Reifen, wenn die alten vom schwarzen Basalt zerschnitten waren, all das verdichtete sich zu Erfahrungen, in denen der Einzelne seine Grenzen erkennen konnte. Die nächtlichen Wagenburgen, die vor dem Wind und unerwünschten Besuchern schützen sollten, umgaben die Kochstellen, von denen der Geruch nach Spagetti und Salami aufstieg, Lebensmittel, die man noch vor dem Einschiffen in Italien gekauft hatte. Dann folgten bei Rotwein oder Cola die Erzählungen der alten Wüstenfüchse, denen die Jungen andächtig lauschten. Das Kreuz des Südens sollte bald zu sehen sein, die ersten Skorpione wurden unter Steinen gesichtet, und ganz allgemein stellte man fest, dass die Wüste wirklich lebte, so wie Walt Disney es behauptet hatte. Am Tage manifestierte sich dieses Leben durch Millionen von Fliegen, deren Herkunft in einer wasser- und vegetationslosen Landschaft eines der großen Rätsel blieb. Aber auch die Reisenden und ihre Motive blieben rätselhaft, weil sie diese feindlichste aller Landschaften so schön fanden, dass sie wie Schwalben jährlich wiederkehrten. Die Wüste sei die vollkommenste aller Landschaften. Sie sei Inbegriff der Ruhe und der Reinheit, in der der Mensch seine Bedeutungslosigkeit erkennt und überwältigt von der Größe, in der sich Himmel und Erde offenbaren, religiöse Erfahrungen macht. Vermeintliche Gottnähe hat die Heiligen aller Konfessionen in die Wüste gehen lassen. So unendlich wie die Landschaft, so endlich ist der Mensch. Aber weh dem, der hier Durchfall oder Zahnschmerzen bekommt. Wehe dem, dessen Gefährt den Geist aufgibt. Für den kehrt sich alles ins Gegenteil.

Was mich betrifft, so habe ich die Wüste nie gemocht. Als Ästhet erkannte ich ihre Schönheit, auf ihre Faszination hätte ich, wenn die Wasserpumpe ihren Geist aufgab oder ein unendliches Sandfeld vor mir lag, dessen Umfahrung durch haushohe Dünen unmöglich war, oft gern verzichtet. Die Sahara war stets der Weg, sie war nie mein Ziel.

Gefährlicher noch als die Wüste sind die Menschen, die sie bereisen und jene, die sie bewohnen. Wenn am frühen Morgen die ersten Frohnaturen am Rande der Wagenburgen ihre gymnastischen Übungen machten, stellten sie oft mit großem Erstaunen fest, dass sie von Tuareg beobachtet wurden, die scheinbar aus dem Nichts gekommen waren. Nirgendwo war ich über das unvermutete Auftauchen von Menschen so erschrocken wie in den Weiten der Sahara. Wo immer man sich auch versteckt wähnte, es dauerte nicht lange, da stand geräuschlos und ohne Gruß ein Kamelreiter hinter dem Zelt. Man nennt sie die blauen Ritter der Sahara, und viele Reisende beziehen das auf die blauen Gewänder, die sie manches Mal tragen. Das ist falsch! Die Tuareg selbst sind blau, weil die Indigostoffe auf ihre Haut abfärben. Mangelnde Waschgelegenheiten lassen die stolzen Reiter dann in einem goldenen Blau erstrahlen, wenn sie ihren Turban oder den Bubu lüften. Die abendlichen Diskussionen der Saharadurchquerer führten oft zu derartigen Erkenntnissen, und noch öfters zu Stereotypen, die wie Axiome nicht in Frage gestellt werden durften.

Die Ermordung Frère Foucaulds durch die Tuareg hatte in einem derartigen Gespräch zu Kontroversen geführt. Die eine Gruppe überbot sich in demonstrativer Verehrung für das Wüstenvolk, die andere begegnete ihm kritisch. Vieles, was wir Europäer an den Tuareg so schätzen, würden wir an unseren Nachbarn kritisieren. „Sie sind stolz. Sie sind kriegerisch. Sie haben jahrhundertelang ihre Nachbarn, die Bela und Sonray, versklavt. Die weißen Tuareg verstehen sich als die Herrenrasse. Die Schwarzen wurden von den Weißen unterdrückt, sie galten als ihre Leibeigenen. Zahlreiche Tuaregstämme organisierten ihr Leben durch Raubzüge entlang der Karawanenstraßen." Viele dieser Vorwürfe haben bis heute Gültigkeit. Ein Mythos wird zerpflückt, eine Idylle gebrochen. Nur ungern gibt man dieses Volk den Zweifeln preis, die uns die Geschichte aufzwingt. Als Rechtfertigung bleiben die Lebensumstände, die zu solchem Verhalten führen.

Der Stolz ist es, den man immer wieder im Zusammenhang mit armen Völkern als besondere Qualität hervorhebt. Der Stolz, ein Tuareg und kein Haussa oder Bambara zu sein. Aber ist das etwas, worauf man stolz sein kann? Würde man anstelle von „Stolz" den Begriff „Würde" verwenden, dann wäre ich damit einverstanden.

Immer wenn ich Agadez oder Gao erreichte, war es, als würde ich aus einem Traum erwachen, der durchaus kein Albtraum war, aber einer, dessen Inhalte doch an Gefahr und Mühsal denken ließen. Obwohl ich viele Jahre im Norden Afrikas und im Nahen Osten gereist bin, habe ich aus sehr konkreten Gründen dort mein Glück nicht gefunden. Von meinem Anspruch, den ich ans Leben stelle, ist ein großer Teil in der gesellschaftlichen Freiheit begründet. Als Fremder war ich überall frei, ob ich in Marokko, Libyen oder Ägypten unterwegs war, die Fastenzeit, der Ramadan, betraf mich genauso wenig wie die verschleierten Frauen von Beni Isguen. Ich war ein Außenstehender, der geduldet war, doch nicht immer respektiert. Je mehr sich der arabische Fundamentalismus aber in den Köpfen der Menschen verankerte, umso unangenehmer schien mir die Atmosphäre, der ich als Fremder ausgesetzt war. Wenn Kinder Steine auf mein Auto warfen oder mich im Vorbeigehen verspotteten, dann waren das nicht die Kinder, sondern die Erwachsenen, die durch sie handelten. Der Geist der Fremdenfeindlichkeit in diesen Ländern ist jenem bei uns noch um eine Kategorie überlegen. Er gründet auf religiösem Fanatismus und betrachtet den Andersdenkenden mit Herablassung. Auch das hat in Afrika Tradition. Wie die Kirdi Nordkameruns, so wurden auch die Dogon südlich des Nigerbogens von muslimischen Nomaden als Gottlose oder Wilde bezeichnet. Naturreligionen waren dem christlichen wie dem Weltbild des Islam stets ein Dorn im Auge, sie galt es auszumerzen und zu bekämpfen. Als einer, der noch weniger als ein Christ ist, eben ein Konfessionsloser, entzog ich mich in Nordafrika stets den Debatten, die um Gott und die Welt kreisten. Unter dieser Voraussetzung waren meine Reisen – von kleinen Zwischenfällen abgesehen – stets positiv. Das atmosphärische Unbehagen resultierte nicht aus meiner persönlichen Situation, sondern aus der jener, die mein Gastland bevölkerten. Die Gewalt gegen Tiere, die gesellschaftliche Rolle der Frau, die Aggressionen der Männer, die Scharia, die in den Köpfen der Menschen wie selbstverständlich Platz gegriffen hatte, all das stand einer Gastfreundschaft gegenüber, die unter solchen Bedingungen nicht reinen Herzens erlebt werden konnte.

Im Auftrag einer deutschen Illustrierten reiste ich in den Siebzigerjahren nach Ghardaia. Diese herrliche Stadt in der algerischen Sahara liegt in einem fruchtbaren Tal, umgeben von vier anderen Städten, die sich, weil ihre Einwohner keine Araber sind, anders als ihre Nachbarstädte entwickelt haben. Die heiligste der fünf ist Beni Isguen. Hier werden vor Einbruch der Dunkelheit die Stadttore geschlossen, Fremde dürfen sich zu dieser Zeit nicht mehr innerhalb der Mauern aufhalten. Bevor man noch den heiligen Boden betritt, wird man auf zahlreiche Tabus aufmerksam gemacht. Neben diversen Kleidungsvorschriften ist es verboten, Menschen zu fotografieren. Wie bei den Riff-Kabylen im Maghrib, so hat ein Mann das Recht, sich von seiner Frau scheiden zu lassen, wenn diese fotografiert wurde. Der Fremde ist unter solchen Voraussetzungen eine potentielle Gefahr und darf daher nur in Begleitung eines einheimischen Führers die Stadt besuchen. Er wird von diesem durch spezielle Gassen geleitet, um zu verhindern, dass er sich verselbständigt und eines der zahllosen Tabus verletzt.

Die Frauen von Beni Isguen verlassen das Haus nur verschleiert, wobei der besondere Schleier einen Schlitz für nur ein Auge vorsieht. Das Tragen von Schmuck oder französischen Schuhen (damit sind alle Importschuhe gemeint) ist verboten. Die Liste der Einschränkungen füllt Seiten, sie besteht aus Verboten und Pflichten, denen nur wenige Rechte gegenüberstehen. Die Männer von Beni Isguen folgen anderen Gesetzen, sie werden schon früh nach Frankreich geschickt, um Berufe zu erlernen oder die Geschäfte der Familie weiterzuführen. Bevor sie ihre Heimatstadt verlassen, werden sie verheiratet, und es wird erwartet, dass die seltenen Besuche sich durch Schwangerschaften manifestieren. Die Frauen und Kinder leben nicht nur behütet im Kreise der Familie, sie werden auch bespitzelt, kontrolliert und denunziert. Als Bewacherinnen dieser Frauen, die ohne ihre Männer zu leben gezwungen sind, haben sich die Leichenwäscherinnen der Stadt ein Monopol geschaffen. Ihre Aufgabe ist es zu melden, wenn Unregelmäßigkeiten bemerkt werden.

Alle, die als Reisende ins M'zab, das ist das Tal der Mozambiten, kommen, sind begeistert, ein Stück gelebtes Mittelalter erfahren zu haben. Mich haben diese Erfahrungen immer bedrückt. Ob es im Bazar von Kairo war oder im Suk von Marrakesch, die Wasserpfeifen rauchenden Männergesellschaften haben mich nicht begeistert. Um ein Land positiv erleben zu können, bedarf ich bestimmter Begleitumstände. In diesem Sinne bin ich als Europäer gereist und auch am Zielort Europäer geblieben. Diese Einstellung verträgt sich nicht immer mit der des Ethnologen, der leidenschaftslos die Kulturen zu dokumentieren hat, ohne das Recht in Anspruch zu nehmen, sie zu kritisieren. Michel Leiris hat einmal gesagt: „Wir müssen als europäische Intellektuelle darauf verzichten, uns im Rahmen fremder Kulturen verwirklichen zu wollen. Wir müssen diese so hinterlassen, wie wir sie vorgefunden haben." Diese gescheite und wichtige Bemerkung habe ich mir stets zu Herzen genommen. Oft aber hatte ich Probleme mit der Neutralität, nicht wegen meiner österreichischen Herkunft, sondern weil ich ein Anhänger jener Weltanschauung bin, in der die Zivilcourage über dem Gehorsam steht. Dort wo Menschen oder Tiere durch Fanatismus zu Schaden kamen, wo blinde Wut die Regeln der Humanität brach, da habe ich mich stets eingemischt, auch wenn mir das manches Mal zum Nachteil geriet.

In den letzten Jahren habe ich Länder gemieden, in denen ich als Europäer nicht willkommen war. Ich begann, meine Ideen als etwas Individuelles zu begreifen, deren Wichtigkeit im Konzert der Meinungen zur Bedeutungslosigkeit schrumpft. Wenn es Charakter zu beweisen gilt, dann dort, wo man mit Hilfe seiner Überzeugung Schlimmeres verhindern kann.

## Vom Tod und der Grausamkeit

Neben dem deutschen Schriftsteller Hans Wollschläger wurde ich in den 80er Jahren als einziger Mann zu einem Frauenkongress eingeladen. In frostiger Atmosphäre musste ich mein Wissen über Beschneidungsriten vortragen, um jenen, die sie verurteilten, als Argumentationshilfe zu dienen. Ich hatte diese Einladung angenommen, weil ich mich jeder Art von Gewalt, sei sie nun religiösen oder profanen Ursprungs, widersetze. Die Teilnehmerinnen des Kongresses hatten bei mir offene Türen eingerannt. Die traditionell motivierte Unterdrückung ist für die Betroffenen genauso schlimm wie jede andere. Ich bin nicht aus einer Kirche, die in ihrer gewalttätigen Vergangenheit unendliche Schuld auf sich geladen hat, ausgetreten, um dieselbe Schuld bei einer anderen gutzuheißen. Kirchen sind überall, wo sie auftreten, Machtfaktoren. Je stärker sie in der Tradition der Völker verankert sind, umso diktatorischer gebärden sie sich. Nur wenn ihr Einfluss abzubröckeln beginnt, stehen sie wieder auf der Seite der Unterdrückten, obwohl sie ihr eigenes Handeln aus der Tradition des Machtmissbrauches herleiten.

Die religiös motivierte Beschneidung in Afrika ist nicht nur weit verbreitet, sie ist in ihren Ausformungen derart different, dass man nicht verallgemeinernd über sie sprechen kann. Der Kongress wollte nur die Mädchenbeschneidung als Problem erkannt haben, sodass die besonders grausamen Fälle von Infibulation in Äthiopien oder dem Sudan das größte Interesse weckten. Beschneidungen, wie sie Himmelheber noch aus dem Wald von Kono (Liberia) berichtete, waren nicht drastisch genug. Bei meinem kurzen Auftritt hatte ich das Gefühl, die Beschneidungsriten der Afrikaner verantworten zu müssen. Ich war als Mann auch Exponent jener Gruppe, die man dafür verantwortlich machte.

Afrika gilt als das Land der Grausamkeiten. Das hat mit realen Umständen genauso zu tun wie mit einer Berichterstattung, die vom „Bösen" dominiert wird. Von Afrika erwartet der Seher, Hörer oder Leser, dass es jene Grausamkeiten liefert, die bis zu den archaischen Wurzeln menschlicher Existenz reichen. Wir haben die Exzesse der Gewalt stets kopfschüttelnd zur Kenntnis genommen, uns aber nie die Frage nach deren Ursprung gestellt. Die Beschneidung, sei es die der Knaben oder der Mädchen, wurzelt bei einigen Völkern in der Auffassung, dass die Klitoris ein verkümmerter Penis sei und die Vorhaut rudimentäre Schamlippen darstelle. Da im embryonalen Stadium die Geschlechtlichkeit noch nicht differenziert ist, verfügen im Ursprung beide Geschlechter über dieselben Voraussetzungen. Dieses intuitive Wissen scheint zur Beschneidung geführt zu haben. Aus religiöser Sicht ging es darum, die restlichen Anteile des Weiblichen am Knaben und jene des Mannes an den Mädchen zu entfernen. Erst dann – so glaubte man – können sie sich zu wirklichen Männern und Frauen entwickeln. So wie sie aus dem Androgynen entstanden sind, so kehren sie dorthin zurück, wenn der Tod sie aus dem Leben nimmt. Im Tode unternehmen sie eine Reise hin zu den Göttern, auf der viele, wie die Ahnen einer längst verstorbenen Reihe, ihre geschlechtsspezifische Zugehörigkeit verlieren. Sie werden dann geschlechtslos oder  zweigeschlechtlich dargestellt.

Die Frauen des Kongresses forderten eine radikale Unterbindung der afrikanischen Beschneidungspraxis, wobei natürlich die Infibulation, bei der die Schamlippen zusammengenäht werden, um einen vorehelichen Geschlechtsverkehr zu verhindern, noch härter verurteilt wurde, weil hier die Männer als Nutznießer erkannt wurden. Man verfasste eine Resolution und eine Unterschriftenliste, die an gegebener Stelle Eindruck machen sollte. Ich war nicht aufgerufen, Vorschläge zu machen, sonst hätte ich der Idee den Vorzug gegeben, alle Rituale beizubehalten, aber ihre Grausamkeiten und Verstümmelungen durch Symbolhandlungen zu ersetzen. Das hatte schon einmal funktioniert, als man nach dem Verbot der Menschenopfer in Nigeria dazu überging, Tiere zu opfern. Wäre man in der Lage, die afrikanischen Rituale von Europa aus zu unterbinden, dann könnte sich auf einer sozio-kulturellen Ebene eine andere Tragödie ereignen, die mit der Beschneidung in Zusammenhang steht.

Hans Himmelheber berichtete, dass sich im Beschneidungslager von Kono einmal zwei Frauen gemeldet hatten, die bereits über dreißig waren. Sie baten, die vor Jahren versäumte Beschneidung nachzuholen. Ein derartiges Ansinnen hat mit der kulturellen Bedeutung der Initiation zu tun, deren Höhepunkt die Beschneidung ist; wer als Frau noch die Anteile eines Mannes, die Klitoris, an sich trägt, der wird von der Gesellschaft diskriminiert.

5 Die *Lebe* sind die Ahnen der Dogon. Als Gabelhölzer dargestellt, tragen sie das Dach der Toguna, dem Versammlungshaus der Männer.

6 Die Wasserträgerinnen von Baltama (Nordkamerun) versorgten Bernard Juillerat und Gert Chesi mit wertvollem Naß.

7 (folgende Seite)  Die Frauen von Sirigu tragen den chache-sex vor der Scham. Damit wollen sie verhindern, daß böse Geister in den Körper eindringen.

3  Beim Begräbnis des *Odjehene* (des regionalen Königs) von Kibi wurden die alten Tempeltrommeln hervorgeholt. Mit dem Klang werden die Ahnengeister angerufen.

4 (folgende Doppelseite)  Die Tänze der Dogon folgen einer Choreographie, die im kosmischen Weltbild ihrer Religion eine Entsprechung finden. Die *Kanaga*-Maske gilt als Sühnemaske, deren Auftritt eine Entschuldigung der Jäger gegenüber den getöteten Tieren ist.

## III. Der Ethnologe

1 (vordere Seite) / 2  In den Trockensavannen des Niger leben
die Bororo. Als Nomaden ziehen sie mit ihren Herden entlang
des Vegetationsgürtels und verweilen nur kurz, um ihre traditionellen Feste zu feiern. Dabei schmücken sich die Jünglinge
und präsentieren sich den Damen von ihrer schönsten Seite.

Bei einigen Stämmen ist der Geschlechtsverkehr zwischen verheirateten Frauen und unbeschnittenen Jünglingen erlaubt, weil diese noch nicht als Männer gelten. Im umgekehrten Falle wird eine unbeschnittene Frau nicht als vollwertig betrachtet und spielt daher gesellschaftlich nur eine untergeordnete Rolle. Vorstellungen wie diese lassen sich nicht mit einem Verbot eliminieren, es bedarf einer Übergangsphase, in der Symbolhandlungen die einzigen Alternativen sind. Dieses Einblenden in eine afrikanische Tradition, die im Westen fast ausschließlich negativ beurteilt wird, soll zeigen, dass es unumgänglich ist, alle Grundlagen jener Bräuche aufzudecken, die zu Grausamkeiten oder Tod führen. Ein militantes Dagegensein vor dem Hintergrund der Unwissenheit kann die Situation der Betroffenen nicht ändern.

Der Tod in Afrika ist ein anderer als jener in Europa. Nicht, weil ihn seine Einbettung in afrikanische Rituale so sehr verändert, sondern weil die Lebenskonditionen auf diesem Kontinent so verschieden sind. Krankheit und Tod lösen sich übergangslos ab. Ein Mann wie ich wäre dort längst gestorben, weniger weil sich das Geäder des Herzens zu schließen begann, sondern weil ich schon Jahrzehnte früher an Malaria oder einer Darminfektion zugrunde gegangen wäre. Der Tod in Afrika ist als Ereignis nicht nur faktisch von dem des Westens zu unterscheiden, er ist es auch in seiner Bewertung durch jene, die ihn miterleben oder erleiden.

Viele meiner afrikanischen Freunde, die nicht älter waren als ich, sind tot. Der Schnitzer Kossi, Mamissi Kokoe, der Schmied Walanga, Mamissi Dossa und andere, die in meinem Buch, das ich in den frühen Siebzigerjahren über den afrikanischen Voodoo geschrieben habe, die Protagonisten waren. Sie sind einfach gestorben, weil es ihre Bestimmung war, sie haben sich nicht dagegen aufgelehnt, und ihre Angehörigen haben nicht viel unternommen, um ihren Tod hinauszuzögern. Die Afrikaner revoltieren nicht gegen das Unvermeidliche, sie fügen sich. Eine meiner größten Enttäuschungen habe ich anläßlich des Sterbens meines langjährigen Freundes, des Schnitzers Agbagli Kossi, hinnehmen müssen. Kossi war das, was man schmunzelnd ein „Schlitzohr" nennt. Obwohl wir lange befreundet waren und ich durch meine Aufträge seine Sippe jahrelang über Wasser gehalten habe, versuchte er doch immer wieder, mich zu übervorteilen. Er tat es mit Charme, sodass man ihm, wenn man die Absicht durchschaute, nicht böse sein konnte. Ein letztes Mal in seinem Leben zeigte er sich am Sterbebett von dieser Seite.

Als ich ihn morgens in seinem Haus besuchte, kamen mir schon seine Söhne entgegen. Kossi gehe es schlecht, er sei kaum ansprechbar. In seiner Hütte, in der der Neonbalken flimmerte, zeigte man mir ein Wasserglas mit einer schwarzen Flüssigkeit. Das sei sein Urin. Ich schickte also einen seiner Söhne zur Straße, um ein Taxi zu rufen. Die anderen halfen mir, den Vater in Tücher zu hüllen, dann trugen wir ihn zum wartenden

Auto. Zur Universitätsklinik in Tokoin waren es nur wenige Kilometer, dort wurde er bevorzugt in einem Krankensaal in ein Bett gelegt, das ich zu finanzieren versprach. Andere lagen am Boden, und die Gänge waren so dicht mit Kranken belegt, dass man beim Durchgehen über sie steigen musste. Hier war mein Freund vorläufig einigermaßen aufgehoben, und ich versprach, am Nachmittag wiederzukommen. Bei meinem zweiten Besuch sprach ich zu den anderen Kranken und stellte Kossi als den bedeutendsten Schnitzer Togos dar. Ich hoffte, dass diese Reverenz, die auch von der Ärzteschaft gehört wurde, seine Akzeptanz in diesem Umfeld fördern würde. Dann bezahlte ich die Medikamente und die Behandlung. Die Ärzte gaben ihm keine Chance. Noch während meines Aufenthaltes sank er in ein tiefes Koma, aus dem er nur noch einmal kurz erwachte, um mir mit schwacher Stimme seine letzten Worte ins Ohr zu flüstern: „Donne l'argent".

Die Menschen ändern sich nicht, auch angesichts des Todes bleiben sie, was sie waren. Schlimmer aber haben sich seine Söhne benommen. Sie wollten Geld dafür, dass sie mir geholfen hatten, ihren Vater ins Spital zu bringen.

Der Materialismus ist in Afrika salonfähig geworden. Wer zu Geld kommt, hat Recht. Wer es verliert, ist selber schuld. Darin sind sich viele einig, auch wenn jemandem zu Unrecht Geld abverlangt wird. Das Geld durchdringt im Afrika der Gegenwart alle Bereiche des Lebens und die des Todes. So spielt es auch bei den Totenritualen eine bedeutende Rolle, oft sind die Begräbnisse so teuer, dass sich Familien auf Jahre verschulden. Dieser ungerechtfertigte Aufwand wird in Schwarzafrika von der Begründung getragen, dass die Ahnen nur dann als Fürsprecher zwischen den Hinterbliebenen und den Göttern tätig werden, wenn sie entsprechend mit Opfern verabschiedet werden. Wird ein Begräbnis bescheidener angelegt, dann läuft die Familie Gefahr, dass Unglück über sie hereinbricht. Verärgerte Ahnen gehören zu den potentiellen metaphysischen Gefahren im Leben eines Afrikaners. Mit dem Tod erlischt der Geist des Ahnen nicht. Im Gegenteil: Erst mit dem Tod erhält er seine gefürchtete Kraft.

Bei einer Totenfeier in der togoischen Ortschaft Kbodji habe ich miterlebt, wie sich ein Totengeist geweigert hat, das Haus zu verlassen. In einem solchen Falle müssen alle Priester und Schamanen der Region zusammenhelfen, um den widerspenstigen Geist zu besiegen. Im Rahmen dieser Zeremonie wurde er in einen Krug mit geheiligtem Wasser gebannt. Der Krug entwickelte daraufhin eine derartige Eigendynamik, dass er ein Dutzend Männer und Frauen, die sich an ihn klammerten, umwarf. Im selben Moment explodierte er, und die am Boden liegenden Familienmitglieder fielen in Trance.

Szenen wie diese gehören an der Küste Westafrikas zum Alltag. Sie sind die andere Seite von jenem Tod und jener Gewalt, die wir aus den Nachrichten kennen. Hier haben Menschen im Rahmen ihrer kulturellen Gesetze Methoden geschaffen, die es ihnen gestatten, das Unbeherrschbare zu manipulieren und ihm durch magische Praktiken den

Schrecken zu nehmen. Der Tod erhält in diesen Kulturen eine Identität, er wird benannt und verliert dadurch seinen Schrecken. Doch alle Versuche, sich mit dem Tode zu arrangieren, scheitern, wenn er in Form von Kriegen oder Naturkatastrophen über die Menschen kommt. Hier bleibt keine Zeit für Opferhandlungen und Gebete, hier hält der Tod seine Ernte auf einem Feld, das nicht vorbereitet ist auf sein Kommen. Wenn Menschen panisch vor Messern und Gewehren flüchten, verlieren die Gesetze der Magie ihre Wirkung.

In Europa, dessen Gewalt- und Tötungsszenarien unvergleichlich größere Dimensionen erreichten, waren im Nachhinein die Schuldigen leicht zu finden. Verblendungen ideologischer Natur, Rassismus und Antisemitismus führten zum Genozid. In Afrika, so scheint man zu glauben, liegt die Motivation im Bodensatz einer magischen Weltsicht. Ritueller Kannibalismus, schwarzmagische Machtausübung oder der Umstand, dass eine andere Entwicklungsebene dem unerhörten Treiben Rechnung trägt. Es mag diese Aspekte des Grauens geben, doch sie spielen quantitativ keine Rolle. Wenn in Afrika Hunderttausende verhungern oder Kriegen zum Opfer fallen, dann ist der Casus Belli der gleiche wie in der westlichen Welt. Die Afrikaner sind die Erben eines Systems, das wir Europäer und andere Besatzer ihnen gebracht haben.


BBC London berichtete in seinen Nachrichten vom 16. April 2000, dass eine Hungersnot nie gekannten Ausmaßes Äthiopien heimsucht. Im Zimmer meines Hotels in Peking nahm ich zur Kenntnis, dass Afrika wieder den Wettlauf um die Grausamkeit der Woche gewonnen hatte. Ausgezehrte Kinderleichen neben weinenden Müttern und sterbenden Rindern. Wer kann den Millionen Entrechteten eine Alternative bieten?

Die Bilder erinnern mich an meine Reisen durch den Sahel. Auch im Westen Afrikas, in den Trockenzonen südlich der Sahara, verhungern Menschen. Doch diese leben so weit verstreut, dass es sich bei all den Hunderttausenden für das Kamerateam so darstellt, als würde es sich um Einzelschicksale handeln. Afrika ist aber der Kontinent des kollektiven Unglücks. Das Individuum spielt innerhalb der afrikanischen Gesellschaften fast keine Rolle, wie sollte es da die ausländischen Berichterstatter interessieren? Und Hilfe steht immer in Relation zur Quantität des Unglücks. Wo nur verstreut ein paar hundert Verhungerte geortet werden, dorthin lohnt sich die Reise nicht. Meinen Notizen aus dem Jahr 1974 entnahm ich folgende Passage:

„An einem Spätnachmittag nördlich von Gao (Mali) werde ich gezwungen, meinen Wagen anzuhalten. Eine Gruppe von Hungergestalten presst ihre Nasen an die Windschutzscheibe. Hauptsächlich Frauen, aber auch Kinder verschiedener Altersklassen. Ich übergebe einen Wasserkanister und einen Sack Reis, den ich erst eine Stunde zuvor in einem Dorf für eben einen solchen Anlass erstanden habe. Dann beginnt neben der Straße ein Kampf um den Sack, und mir wird klar, dass ich alles falsch gemacht habe. Doch so schnell wie die Gruppe aufgetaucht ist, war sie wieder verschwunden. Ich gehe ums Auto, schaue nach, ob alles seine Ordnung hat, dann entdecke ich einen Säugling am Beifahrersitz. Eine Frau hat ihr Kind ausgesetzt, der Platz an der Seite des Weißen schien als einziger eine Überlebensgarantie für das zum Skelett verhungerte Kind. Erschüttert und ratlos gehe ich ein zweites Mal ums Auto, um nach der Mutter Ausschau zu halten. Niemand ist zu sehen. Ich drehe das schlafende Kind mit dem Kopf zur Seite und stabilisiere den schwachen Körper mit einem Polster. Ich kehre um und übergebe es am Markt des kleinen Dorfes, auf dem ich den Reis gekauft hatte, seinem Schicksal. Eine Frau nimmt es kommentarlos entgegen."

Die Erde erschien mir in diesem Moment als Massengrab, dessen ungeheure Ausdehnung jede Hoffnung im Keim erstickt. Jean Ziegler, der im Kongo noch Schlimmeres erlebte, zog folgende Konsequenz:

„Ich habe mir geschworen, nie wieder, auch nicht zufällig auf der Seite der Henker zu stehen. Nach Europa zurückgekehrt, habe ich lange das totale Engagement gesucht, das volle Aufgehen in einer parteilichen oder gewerkschaftlichen Befreiungsbewegung, die meine Revolte in sich aufnehmen und sie mit den zahllosen Revolten all derer verschmelzen könnte, die verhungern oder es nicht länger ertragen können, objektiv und für immer auf der Seite der Blutsauger zu sein und die versuchen, die Revolution der Gleichheit zum Guten zu führen."

Wer sonst, wenn nicht ich, könnte diese Gedanken verstehen, sie teilen und unterstützen. Doch seit Ziegler dieses Gelübde zu Papier brachte, sind vierzig Jahre vergangen, in denen weder er noch sonst jemand auf dieser Welt das kollektive Unglück zu bannen vermochte. Auch er hat damals schon erkannt, dass die Dimension menschlichen Desasters solch unvorstellbare Ausmaße erreicht hat, dass er sich eingestehen musste:

„Einsam wie Millionen andere, habe ich mich in diese, bis ins Kleinste zerstückelte Existenz gestürzt, ohne eine andere Perspektive zu haben ... (Was blieb, war) die Würde des Wortes: zu sagen, was ist, zu sagen, dass das, was ist, falsch ist. Herauszuschreien, dass ich der andere bin, dass der andere ich ist, und dass zu jedem Märtyrer ein Mörder gehört."

Im Unterschied zu den Asiaten fehlt den Afrikanern die religiös motivierte Todessehnsucht. Shakiamuni, der viele Leben durchlaufen hat, um jenen Grad der Vollkommenheit zu erlangen, der seine Erleuchtung ermöglichte, hätte ins Nirvana eingehen können, in den Raum unendlicher Geborgenheit, der das Ziel der vielen Reinkarnationen ist. Er ist zurückgekehrt, um jenen zu dienen, die seiner Hilfe bedürfen. Er hat sich durch seine freiwillige Wiedergeburt dem Glück des Todes entzogen. Der Tod ist der einzig vorstellbare Raum, in dem es keine Schmerzen, keinen Kummer, keine Krankheiten und kein Leid gibt, er ist das Ziel, nicht der Weg.

Oft habe ich mir die Frage gestellt, ob eine solche Weltsicht, würde man sie über das Biotop des Buddhismus hinaus gelten lassen, als Flucht vor der beängstigenden Realität gelten müsste oder als Mittel der Täuschung, um die Verhungernden der Angst zu entledigen. Der Tod in Afrika, soweit ich als sein Zeuge zugegen war, hat sich in den letzten Jahrzehnten nicht mehr im Rahmen einer klaren religiösen Definition ereignet, er ist dem Synkretismus zum Opfer gefallen, der sich seine Argumente sucht, wo immer er sie findet. So schrecklich der Todesgedanke für die meisten Menschen ist, so vielschichtig ist die Qualität des Sterbens. Wie die des Lebens ist sie an Privilegien gebunden oder in ein Umfeld verpflanzt, das das Schreckliche noch schrecklicher macht. Das ist der Tod am Ende qualvoller Krankheiten, inmitten der Kriege und Revolten, der Tod durch die Gewalt von Feinden oder Katastrophen. Wenn sich das Sterben im Zentrum der Panik ereignet, als ein Prozess unwiderruflicher Vernichtung, dann fehlt dem Menschen jene Zeit der Erwartung, in der er sich dem Ereignis stellen kann. Niemand hat jemals über das Erlebnis des Todes berichten können, aber viele waren dessen Zeugen. Ob das, was wir als Interpreten über ihn zu wissen glauben, auch nur die geringste Wahrheit birgt, bleibt eine der großen unbeantworteten Fragen.

Auf der Sonnenuhr am Kloster von Sao Francisco, die seit vierhundert Jahren der Stadt Bahia die Stunden anzeigt, steht die pessimistische Phrase:

„Sie alle verletzen, doch die letzte tötet."

## Abenteuer, die fragwürdigen Begleiter

Je weiter ich zurückblicke, umso abenteuerlicher erscheinen mir meine Reisen. Trotzdem habe ich mich immer geärgert, wenn ich als Abenteurer oder Weltenbummler bezeichnet worden bin. Das Abenteuer als etwas Unvermeidliches, dem sich der Reisende ausliefert, ist ein anderes als jenes, das er sucht. Ich habe nie das Abenteuer gesucht, doch es ist mir stets gefolgt wie ein Schatten. Sein Wesen ist es, unerwartet aufzutauchen und im Guten wie im Bösen Überraschungen bereitzustellen. Je mehr eine Reise von Abenteuern begleitet wird, umso schlechter ist sie vorbereitet. Die perfekte Reise bewegt sich innerhalb der Planung, sie ist vorhersehbar und extemporiert nur selten. Wenn ich nach vierzig Jahren ein Resümee ziehen müsste, dann würde dieses heißen, dass Afrika das Land der Abenteuer ist, Asien hingegen der Kontinent des kalkulierten Reisens. Wenn man von Katastrophen und unabänderlichen Ereignissen absieht, so vollzogen sich meine Fahrten nach Thailand, Burma, Kambodscha, Indonesien oder China geordnet. Wo immer ich aber afrikanischen Boden betrat, war das Unerwartete mein Begleiter.

Ich habe mir vorgenommen, in dieser Lebensretrospektive von einigen Fahrten zu berichten, deren Verlauf ungewöhnlich genug war, um das Papier zu rechtfertigen, auf dem sie geschrieben sind. Die Schwierigkeit lag an der Auswahl jener Begebenheiten, die sich verstreut auf über hundert Afrikafahrten ereignet haben. Um zu vermeiden, dass am Ende „The Best of Gert Chesi" als Anekdoten-Sammlung Eingang in meine Erzählung findet, habe ich auf vieles verzichtet und meine Entscheidung zugunsten der Homogenität und Realitätsnähe getroffen.

Beim Herumwühlen in meinen Erinnerungen stieß ich auf eine Reise, die zu meinem ersten Afrikabuch „Die letzten Afrikaner" führte. Dieses von meinem Freund Engelbert Perlinger angeregte und verwirklichte Projekt war so erfolgreich, dass es meine weitere Laufbahn prägte. Der Entschluss, es zu verlegen, veranlasste Perlinger, einen Verlag zu gründen, in dem noch viele weitere Titel das Licht der Frankfurter Buchmesse erblicken sollten.

Die Basis des verfügbaren Materials waren tausende Fotos, die sich im Laufe von zwei Jahrzehnten angesammelt hatten. Wir schrieben das Jahr 1974, und ich hatte gerade die Galerie „Eremitage" in einen Jazzclub umgewandelt, der schnell zum Trefffpunkt der Jugend wurde. In diesem Rahmen lernte ich ein Mädchen kennen, das meine Interessen mit unglaublicher Begeisterung teilte. Ich wollte Brigitte deshalb auf eine Reise mitnehmen, die uns tausende Kilometer durch Wüsten und Urwälder führen sollte. Auch für Brigitte wurde Afrika zum Kontinent, der ihren weiteren Lebensweg bestimmte.

Diese Reise wurde notwendig, weil mir beim Erstellen des Konzeptes für mein Buch einige Schwächen aufgefallen waren. Die Bildgeschichten, die ich bis dahin für Illustrierte produziert hatte, waren zu rudimentär, um einem Buch gerecht zu werden. So wollte ich eine große Strecke, die mich von Tunis durch die Sahara nach Nigeria, in den Tchad und nach Kamerun führen sollte, wiederholen, um das Material so zu ergänzen, dass es die Fülle der Kulturen zu veranschaulichen im Stande war. Diese Fahrt sollte dann über Dahomey, Togo und Ghana an die Elfenbeinküste führen, um später Mali, Burkina Faso und den Niger einzubeziehen. Es war eine weite Reise, die bevorstand, und der Umstand, dass ich Brigitte mitnehmen wollte, vereinfachte das Konzept keineswegs. So starteten wir, auf einem Teil der Strecke von Freunden begleitet, über Sizilien und Tunesien nach dem Süden.

Die Sahara gebärdete sich wie immer als ein Hindernis, das mit seinen Dünen und Steinen den Fahrzeugen arg zusetzte. Die Ereignisse in diesen ersten Tagen und Wochen glichen jenen, die ich längst kannte. Kilometer um Kilometer durchfuhren wir die Sandfelder und Felsplateaus, an manchen Tagen legten wir nur geringe Strecken zurück, weil das Fahrzeug unserer Begleiter zu schwer war und daher öfter als das unsere versandete. Die obligatorischen Schikanen an den Grenzen und ein gerade noch verhinderter Brand des Begleitfahrzeuges waren die negativen Höhepunkte. Die Freuden der Fahrt erschöpften sich in der Schönheit der Landschaft und, je weiter wir in den Süden vordrangen, in den Begegnungen mit den Nomadenvölkern der Sahelzone. Im Land der Bororo, diesem faszinierenden Fulbe-Stamm, wollten wir verweilen, um die Bilder und Texte für das geplante Buch zu produzieren. Hier zeigte sich, dass Brigitte eine erstaunliche Nähe zu den Menschen fand. Es mag ihre Jugend gewesen sein oder die Tatsache, dass sie eine Frau war, jedenfalls waren wir durch ihre Präsenz überall akzeptiert und eingeladen. Die Fotos, die hier entstanden, zeigen heute noch die Entspanntheit, unter der diese Bildgeschichte zustande kam.

Mit Einheimischen im Wagen folgten wir den Wadis, den ausgetrockneten Flusstälern, von Wasserloch zu Wasserloch und erlebten in diesen ersten Wochen die schönsten Tage der Reise. Nigeria, das ich von früheren Fahrten fürchten gelernt hatte, bescherte uns ein Wiedersehen mit Susanne Wenger, in deren Haus in Oshogbo der Plan zu einem weiteren Buch reifte: „Ein Leben mit den Göttern", das drei Jahre später erscheinen sollte. Von den Querelen des Tages abgesehen, verlief die Fahrt harmonisch, das Volk der Yoruba erschloss sich uns an der Seite von Susanne Wenger kulturell und geschichtlich tiefgründig.

Die Weiterreise war von zahlreichen Unterbrechungen markiert, Stationen, die der Erschließung und dem Verstehen afrikanischer Identität gewidmet waren. Im Norden Kameruns durchquerten wir die Mandaraberge, und ich zeigte Brigitte die alte Hütte, in der ich einst mit Bernard Juillerat gewohnt hatte. Das Volk der Kirdi schien sich rapide verändert zu haben. Viele von ihnen, die noch vor Jahren stolz ihre nackten Körper zeigten, waren in Caritaslumpen gehüllt und boten ein Bild des Erbarmens. Dennoch gelang es uns, an einigen unberührten Stellen Menschen zu treffen, die noch im Sinne ihrer Traditionen lebten.

Auf unserer Weiterfahrt hätte diese Reise fast ein jähes Ende gefunden. Zur Mittagszeit suchten wir im Schatten eines mächtigen Baobab einen Platz, um unsere Siesta zu halten. Wie immer um diese Tageszeit bauten wir Tisch und Stühle auf und installierten unsere Küche. Zum Essen kamen wir nicht mehr, ein Schwarm aggressiver Bienen griff uns an. Panisch liefen wir quer durchs Feld auf ein Dorf zu, doch die Bienen folgten uns und stachen dutzende Male in Kopf und Nacken. Brigitte, die völlig verschreckt von der Attacke am Rand des Dorfes stehen blieb, war noch immer von Bienen umzingelt, die ich ihr von Kopf und Rücken schlug. Erst jetzt begannen wir die Schmerzen zu empfinden und die Gefahr zu erkennen, die mit einem solchen Angriff verbunden war. Als ich zum Wagen zurückkehren wollte, musste ich befürchten, ein weiteres Mal angegriffen zu werden, denn die Bienen umschwirrten noch immer in dichten Wolken unser Fahrzeug. Die Situation erschien mir deshalb ernst zu sein, weil Brigitte Symptome von Kurzatmigkeit und einer durch die Angst forcierten Schwäche zeigte. Ich ging also ins Dorf hinein, um Hilfe zu holen. Zu meinem Erstaunen waren die Häuser menschenleer. Ein einziger alter Mann hockte unter einem Vordach, er verstand aber nicht, was ich wollte. So lieh ich mir, ohne seine Zustimmung abzuwarten, ein Moskitonetz und einen Strohhut, beides fand ich auf einer Wäscheleine hinter dem Haus. Über den Hut warf ich das Netz und näherte mich dermaßen geschützt dem Fahrzeug. Ich war noch keine zwanzig Meter an unseren „Ruheplatz" herangekommen, da griffen sie wieder an. Dutzende hingen in dem Moskitonetz vor meinem Gesicht, und einige hatten sogar den Weg unters Netz gefunden, um erneut zuzustechen. Ich erreichte das Auto und begann die Türen und Fenster zu schließen, dann suchte ich die Spraydose mit dem Insektengift und entlud sie durch eine Fensterspalte ins Innere des Fahrzeuges. Die Wirkung war enorm. Innerhalb weniger Sekunden fielen die Eindringlinge auf den Boden, sodass ich einsteigen und mit angehaltenem Atem das Fahrzeug außer Reichweite des Schwarmes bringen konnte. Einmal noch ging ich zurück, um die Küchenutensilien einzusammeln, dann spürte ich, wie Schwäche in mir aufstieg und ein Schwindelgefühl Platz griff.

Brigitte saß im Schatten der Hütte und war von dem Vorfall gezeichnet. Ein Dorfbewohner, der inzwischen aufgekreuzt war, um die geliehenen Utensilien zurückzufordern, meinte ungerührt: „Ihr hättet nur bis zum Einbruch der Nacht warten brauchen, dann wären die Bienen von selbst verschwunden."

So lange hatten wir allerdings nicht Zeit. Es waren über zwanzig Kilometer bis nach Garoua, und ich hoffte, dass ich in meinem geschwächten Zustand diese Strecke bewältigen konnte. Bei Einbruch der Dunkelheit erreichten wir schließlich ein kleines Hotel, von dem aus ein Arzt gerufen wurde. Er registrierte über siebzig Stiche bei jedem von uns, verabreichte Cortison und ging mit der Empfehlung, dass man künftig mehr Vorsicht walten lassen möge, denn von nun an sei schon ein einziger Stich lebensbedrohend. Der Körper würde überreagieren und einen Schock auslösen, der den Tod bedeuten könnte. Um das zu vermeiden, sollten wir in den nächsten Monaten Cortison dabeihaben.

Zum Glück erholten wir uns rasch, sodass die Reise nach zwei Tagen fortgesetzt werden konnte. Ich erinnere mich noch an die Abende, an denen wir vor dem Auto saßen und uns wie läusesuchende Affen gegenseitig die verbliebenen Stacheln aus der Kopfhaut lösten. Alle Stiche waren in den Haaren oder im Genick erfolgt. Das Gesicht und andere Körperteile waren gänzlich verschont geblieben.

Auf dieser Reise gab es viele kleine Episoden, die uns mit den schlimmen Erfahrungen versöhnten. So erinnere ich mich, wie wir im Süden Kameruns an der Grenze zu Nigeria den Heiligen Abend verbrachten. Wir hatten die Erlaubnis erhalten, unser Fahrzeug im Hof einer Schule zu parken. Hier saßen wir, umringt von Hunderten, die drängend und stoßend dabei zusahen, wie ich nach österreichischer Manier Omeletten zubereitete. Erst brachen wir dutzende Eier auf, von denen jedes dritte verdorben war. Obwohl man uns diese Eier verkauft hatte, führte der offensichtliche Betrug zu keiner Reue, im Gegenteil: Immer, wenn ein verdorbenes Ei auftauchte, kam es zu grölendem Gelächter. Schließlich hatten wir aber doch einen dünnen Teig zustande gebracht, worauf das Backen auf dem Gaskocher folgte. Bis dahin war alles im Lot, doch als ich das erste Omelett wendete, indem ich es hoch in die Luft warf, wich die erste Reihe so erschrocken zurück, dass alle anderen auf ihren Hintern fielen. Das war ein Spektakel unvorstellbaren Ausmaßes. Zum Dank wurden wir zu Mitternacht geweckt und zu einem christlichen Gottesdienst eingeladen, den die kleine Gemeinde des Dorfes zelebrierte.

Weniger glücklich verlief unsere Weiterfahrt. Dahomey stand vor der Revolution und wir taten, was uns geläufig war, wir campierten am Strand von Cotonou. Dieser Entschluss hat nicht nur unsere Reise verändert, er hat auch einen Teil jenes Bildes korrigiert, das ich bis dahin von Afrika hatte. Erzählungen von Gräueltaten und Überfällen nahm ich nicht ernst, weil sie mir in all den Jahren nicht begegnet waren. Doch in dieser Nacht war alles anders.

Ich hatte das Fahrzeug so gedreht, dass die geöffnete Heckklappe dem frischen Wind des Meeres entgegengerichtet war. Wir schliefen in der Hitze der Nacht, die Köpfe der Öffnung zugewandt. Plötzlich erwachte ich und sah zwei kräftige Gestalten, die auf mich einschlugen und mich aus dem Wagen zerrten. Ich tat das Falsche, ich wehrte mich durch Treten und Schlagen, ich leistete so lange Widerstand, bis ich erschöpft meine Unterlegenheit erkennen musste. Die beiden Banditen fesselten mich und stießen mich über eine Böschung. Brigitte, die wie gelähmt dem Treiben folgte, hatte geistesgegenwärtig den Autoschlüssel abgezogen und vergraben, sie konnte den Ort sogar noch mit einem Zweig markieren. Dann fielen die beiden über sie her, fesselten sie und verschwanden mit ihr in der Dunkelheit. Nach kurzer Zeit kam einer zurück und drückte mir sein Messer in den Hals: „Wo ist das Geld?" Ich verriet verängstigt den Platz. Die Ledertasche mit den Scheinen lag unter der Matratze. Inzwischen war der Zweite zurückgekehrt, sodass nun beide nach dem Geld suchten. Nach kurzer Zeit kam es zum Streit. Wieder setzte mein Bewacher die Spitze seines Messers an meinen Hals und forderte mich auf, das Versteck des Geldes preiszugeben. Er war dabei so nervös, dass er mir die Klinge in den Hals stieß und mich verletzte. Der Zweite war dabei, unsere Ausrüstungsgegenstände in das Leintuch zu packen, damit der Abtransport leichter zu bewältigen war. Trotz der Dunkelheit der Nacht, und obwohl ich ein ganzes Stück entfernt war, sah ich, wie der Mann nervös etwas in seinen Mund schob. Es war das Geld, das er seinem Kollegen vorenthalten wollte. Als ich ihn verriet, begann ein Streit unter den beiden. Schließlich einigte man sich aber, und nachdem das letzte Stück vertragen war, breitete sich die Ruhe der Nacht gespenstisch über unseren Lagerplatz.

Brigitte war verschwunden, und ich hörte außer der fernen Brandung kein Geräusch. Ich fürchtete, man könnte sie vergewaltigt, vielleicht sogar getötet haben. Ich lag wie gelähmt am Abhang und suchte verzweifelt nach einer Strategie. Dann richtete ich mich auf und begann, in kleinen Sprüngen den Hang hinaufzuhüpfen, oben sah ich die Wagentür offen stehen. Die Werkzeugkiste hatten die Männer übersehen, sodass ich mich eventuell von den Fesseln befreien konnte, vorausgesetzt, es gelänge mir, die Kiste zu öffnen und eines der Werkzeuge zu benutzen. Dann kam mir die Idee, sie an der Wagentür so lange zu scheuern, bis sie meine Hände freigaben. Doch unter dem Druck der nervösen Anstrengung fiel die Wagentüre laut ins Schloss und versetzte mich erneut in Schrecken. Ich musste damit rechnen, dass die Gangster das Geräusch gehört und meine Flucht bemerkt hatten. In einem solchen Falle müsste ich mit dem Schlimmsten rechnen. Ich versteckte mich, so gut ich konnte, hinter einem Gebüsch und versuchte, in der Stille Geräusche zu orten. Doch bevor ich noch etwas hören konnte, zeichnete sich in der Dunkelheit eine Gestalt ab, die, weil sie weiß war, von weitem leuchtete. Es war Brigitte. Nackt und gefesselt schleppte sie sich in kleinen Sprüngen zum Wagen. Wir hatten überlebt.

Nachdem wir buchstäblich nichts mehr am Leibe trugen, rissen wir die Vorhänge aus dem Auto und drehten daraus lächerliche Röcke. Alles Weitere war Routine. Das „Protocol de vol" wurde von der Hafenpolizei ausgestellt, mein blutverschmiertes Gesicht sagte den Beamten wenig. Jedermann wisse, dass das Campieren am Strande gefährlich sei, für unser Unglück wären wir selbst verantwortlich.

Im Hotel du Port holten wir zwei Deutsche, denen wir am Vortag dieses Logement empfohlen hatten, aus dem Bett und baten um Hilfe. Mit geliehenen Kleidern, aber dem eigenen Auto erreichten wir die Grenze von Togo, wo ein herbeigeeilter Freund auf uns wartete.

# Der Weg nach Shanga

Die schicksalshafte Größe des Bösen zeigte sich in der Unvermeidlichkeit, die geplante Reise neu zu gestalten. Der Überfall, der sich neben den psychischen Aspekten auch im Materiellen manifestierte, führte zu der Entscheidung, in Lomé zu unterbrechen, um organisatorische Probleme zu regeln.

Unsere Ankunft im neu errichteten Hotel Tropicana gestaltete sich zum Spießrutenlauf. Der Direktor des Hauses, der Franzose Huguenin, mit dem ich seit der Eröffnung bekannt war, hatte uns Hilfe angedeihen lassen. Wir konnten telefonieren, um meinen Freund und Verleger Engelbert Perlinger vom Desaster zu unterrichten. Inzwischen hatte sich unser Unglück herumgesprochen, und deutsche Urlauber brachten hilfreich Toiletteartikel und Wäsche. Wir mussten, um unseren Bungalow zu beziehen, durch die ganze Anlage gehen und wurden in unserer erbärmlichen Aufmachung lautstark bedauert. Schlimmer noch, wir wurden beschenkt. Die Anteilnahme erreichte ihren Höhepunkt in einer nicht zu verhindernden Kollekte, aus der übergroße Trainingsanzüge, Hemden und Socken stammten, die wir dann auch vier Tage lang, bis zum Rücktransport von Brigitte und dem Eintreffen Perlingers, getragen hatten. Dann wurde eine körperliche „Bilanz" gezogen: Neben meinen kleinen Verletzungen schien Brigitte einen Schlag in den Unterleib bekommen zu haben, der eine Prellung des Leberlappens zur Folge hatte. Dr. Hans Schmidt, der später für viele Jahre einer meiner besten Freunde in Togo werden sollte, leitete die Erstversorgung ein und organisierte Brigittes Rückflug nach Europa, wo sie sich zum Glück sehr schnell erholte und schon bald eine neue Beziehung einging. Von da an reiste ich allein.

Zwischen Dankbarkeit und Verlegenheit für die Anteilnahme genierte ich mich meiner Situation, und erst mit dem Eintreffen einer neuen Ausstattung normalisierte sich die Lage. Eines allerdings blieb an mir haften, es war der Schrecken vor dem Erlebten, die Angst, die ich empfand, als mich die beiden Banditen im Schlaf überfielen. Dieser Moment zwischen Traum und Wirklichkeit, in dem ich vage an einen Scherz glaubte und unter Schlägen eine Erklärung suchte, dieser Moment hatte sich mehr als jede andere Szene des Überfalls in meinem Gedächtnis festgesetzt. Die Bilder, in denen Brigitte verschleppt wurde und ich mit ausgetrocknetem Mund und blutverschmiertem Gesicht im Sand lag, kehrten Nacht für Nacht wieder. Kleine Geräusche oder der von der Luft bewegte Vorhang genügten, um mein Herz sofort in Raserei zu versetzen. In einer dieser Nächte warf ein Betrunkener eine Whiskyflasche durch mein Fenster, sie zerbarst neben meinem Kopf an der Kante des Bettes. Dieser explosionsartige Knall und das Klirren der

Scherben versetzten mich in einen Zustand der Panik, in dem ich paralysiert vor Schrecken außer Stande war, den Verursacher zu stellen. Ich merkte nun deutlich, dass mich das Erlebte wie ein Schatten begleitete, und machte in diesen Tagen zum ersten Mal in meinem Leben die Erfahrung, was Angst bedeuten kann. Zurückblickend erinnere ich mich, dass dieses Trauma fast zwei Jahre anhielt, bis es in der Tiefe des Unterbewusstseins verschwand.

Der Besuch von Engelbert Perlinger löste nicht nur existenzielle Nöte, er motivierte mich auch, unter den geänderten Umständen, meine Fahrt für weitere drei Monate fortzusetzen. Die Planung sah vor, dass ich auf dem Weg nach Kumasi in Kibi Station machen sollte, weil dort gerade Begräbnisfeierlichkeiten vorbereitet wurden. Die Ashante waren eines der Völker, die ich in mein Buch aufnehmen wollte. Im Norden Ghanas, an der Grenze zu Burkina Faso, waren es die Gurunsi, die mich interessierten, und in weiterer Folge die Bobo und Lobi, die Senufo und Bambara, bis dann das eigentliche Ziel, das Fallaise von Bandiagara, erreicht war, an dessen Felsabbrüchen das Volk der Dogon lebt. Aber auch Djenne und Timbuktu standen auf meiner Liste, wie die Bela und Sonrai, die Tuareg und Bozo. Sie alle wollte ich von Bandiagara aus besuchen, erst dann sollte die Fahrt über Gao und Niamey an die Nordgrenzen von Togo und Dahomey weitergehen, nicht ohne Agadez und das Airgebirge mit einzubeziehen. Auf der Fahrt nach dem Süden wollte ich nochmals die Somba besuchen und schließlich über Ganvier und Cotonou Lomé erreichen.

Diese lange Reise hatte ich mir zugemutet, weil ich alle diese Orte schon kannte und überall Stützpunkte vorzufinden hoffte, die ich bei eventuellen Schwierigkeiten nützen konnte. Noch einige Tage in der Garage, um das Auto zu stabilisieren, dann als Gast von Dr. Schmidt zwei Nächte im „Apre Voire", und schon fühlte ich die Kraft zurückkehren, die mich zum Aufbruch mahnte.


Allein gegen Afrika, das war die Devise, unter die ich diese Fahrt stellte. Ich war es gewohnt alleine zu reisen, und viele meiner großen Erfahrungen stammen von solchen Fahrten. Ich fuhr also los, um die angekündigten Begräbnisfeierlichkeiten bei den Ashante nicht zu versäumen. Als ich am selben Tage Kibi erreichte, war die Stadt wie ausgestorben. In einem sehr schlechten Hotel, dem einzigen in der Stadt, erfuhr ich enttäuscht, dass das Begräbnis erst in zwei Tagen stattfinden sollte. Bis dahin wagten sich die Menschen nicht auf die Straßen, denn es lag eine tiefe Angst über der Stadt, dass man, wie es früher üblich war, Menschenopfer bringen würde. Der lokale Rundfunk erklärte in allen seinen Sendungen, dass das blanker Unsinn sei, doch die Bewohner misstrauten diesen Worten. Erst zwei Tage später änderte sich das Bild. Die Straßen füllten sich von Stunde zu Stunde, und immer mehr rot und schwarz gewandete Trauergäste bevölkerten die Stadt. Dann versammelten sich die Würdenträger und Mitglieder der königlichen Familie. Die Verwandten des verstorbenen Königs Odjehene, aber auch sein Nachfolger wurde bereits eingekleidet. Er trug das Fetischhemd der Jäger und Schamanen, im Mund ein Grasbüschel, das ihn skurril aussehen ließ. Dann kamen sie von allen Richtungen mit goldenen Sprecherstäben, ganze Kolonnen von Jünglingen mit Stühlen auf dem Kopf. Ihnen folgten die Träger der großen heiligen Trommel. Und nun war mir klar, warum sich in den vergangenen Tagen niemand auf die Straße gewagt hatte – an der Trommel waren sieben frisch ausgekochte Schädeldecken montiert. Früher waren sie den Geopferten entnommen worden, diesmal blieb unklar, woher sie stammten. Ich lief jedenfalls mit meinen Apparaten durch die Menge und versuchte, die besten Standorte zu finden. Geschoben und gedrängt geriet ich ins Zentrum des Geschehens. Es war wie das Auge des Zyklons, ein stiller Platz, auf dem die Würdenträger ihre Rituale vollzogen. Dann begann sich der Trauerzug in Bewegung zu setzen und füllte nach und nach die lange Strecke bis zum Haus des Verstorbenen.

Nach der Bestattung wurde der neue König „eingestuhlt", er erhielt seinen Ritualhocker, auf dem er künftig zu sitzen hatte, wenn er seine Amtsgeschäfte verrichtete. Das Gras durfte er nun aus dem Mund entfernen. Dieser seltsame Brauch sollte verhindern, dass er eines der gefährlichsten Tabus brach: Bis zu seiner Inthronisation durfte er kein Wort sprechen. Um zu verhindern, dass er aus Gedankenlosigkeit jemanden grüßte oder eine Antwort gab, hatte man seinen Mund mit Gras gefüllt.

Der farbenfrohe Auftritt hatte mich in Euphorie versetzt. Die Bilder dieses Begräbnisses erschienen ein Jahr später in zahlreichen internationalen Zeitschriften.

Auf meiner weiteren Reise in den Norden verbrachte ich einige Tage in Sirigu, einer Ortschaft an der Nordgrenze Ghanas. Hier stellte ich erschrocken fest, dass sich die schön bemalten Fassaden der Gehöfte dramatisch verändert hatten. In früheren Jahren wurden die Bemalungen nach der Regenzeit erneuert, nun schienen die Bauten desolat und verwaschen. Nichts von deren ursprünglicher Schönheit war übrig geblieben. Die Jungen waren in die Städte gezogen, und die Alten hatten die Kraft verloren, ihr Dorf zu pflegen. Nur der Geisteskranke saß noch an derselben Stelle, an der ich ihn schon Jahre vorher gesehen hatte. Ihm waren die Füße zusammengeschmiedet worden, weil er Frauen vergewaltigt hatte. Nun seien sie selber schuld, wenn er sie erwischte.

Nachdem ich mit dem Dorfältesten gesprochen hatte, wurde mir eines der leer stehenden Häuser zugewiesen, hier konnte ich mich einquartieren. Als die erste Nacht in Sirigu hereinbrach, zog ich es vor, in meinem Campingbus zu bleiben, er war unvergleichlich angenehmer als das Gästehaus, in dem wochenlang Tiere ihren Unterstand bezogen hatten. Nur meine Küche richtete ich auf der Terrasse des Hauses ein, es war schön, unter sternenklarem Himmel zu essen. Dabei hielt sich die Neugierde der Dorfbewohner in Grenzen, es waren nur ein Dutzend, die gekommen waren, um mir beim Essen zuzuschauen. In der Nacht merkte ich dann, dass die alte Angst in mir aufstieg. In den Momenten zwischen Wachsein und Schlaf zuckte ich zusammen, die Bilder des Überfalls waren wieder lebendig. Sie traten in so unterschiedlicher Stärke auf, dass ich mich in mancher der kommenden Nächte am Dach des Wagens, der mit einem breiten Gepäckträger ausgestattet war, einrichtete. In einer Hand hielt ich die Taschenlampe, in der anderen ein altes Tuaregschwert, das ich unterwegs erworben hatte. So lag ich oft Stunden, ohne Schlaf zu finden, Stunden, in denen die Szenarien des Überfalls wie Filme abliefen. Erst am Morgen schlief ich erschöpft ein, für kurze Zeit, bis mit dem Licht die ersten Fliegen erwachten und mich ins Innere des Wagens zu übersiedeln zwangen. Dort blieb ich dann, bis die ersten Sonnenstrahlen den Raum aufheizten und unerträglich machten. Die Angst begleitete mich auf der ganzen Reise, ich trug sie in mir wie ein Programm, das unter bestimmten Voraussetzungen abzulaufen begann.

Weiter im Norden, vor der Grenze zu Mali, überraschte mich die Dämmerung auf offener Strecke. Während ich es im Allgemeinen vorzog, in Dörfern zu übernachten, war ich diesmal gezwungen, abseits der Piste einen Platz zu suchen, der, versteckt hinter Dornensträuchern, nicht einzusehen war. Nur hundert Meter entlang eines kleinen Wadis fand ich die ideale Stelle. Ich begann nun, wie jeden Abend, mit dem Kochen und ordnete Filme, die ich untertags belichtet hatte. Dann brach die Nacht herein und mit ihr die Angst ... Ich bezog mein Nachtlager am Gepäckträger des Wagens. Lange starrte ich in den Himmel, versuchte Sternzeichen zu erkennen und beobachtete zwei Kometen, die kurz aufleuchtend über den Himmel zogen. Dann schlief ich ein. Nach einer kurzen traumlosen Phase brachten mich Geräusche in die Realität zurück. Es war ein Knacken und Knistern zu vernehmen, das sich aus der Weite der Trockensavanne auf mich zubewegte. Es klang wie ein Buschbrand, bei dem dürre Gräser und Zweige in der Hitze zerplatzten. Doch es blieb dunkel. So sehr ich mich auch bemühte, ich konnte die Herkunft der Geräusche nicht erklären. Beunruhigt stand ich auf und versuchte, mit der Taschenlampe die nähere Umgebung abzuleuchten, da offenbarte sich das Geheimnis: Dutzende Augen leuchteten im Dunkel, die Augen einer Rinderherde, die sich durchs dürre Gebüsch auf mein Fahrzeug zubewegte. Ich war erleichtert. Die Herde teilte sich links und rechts von mir, manche der Tiere kamen so nahe ans Auto, dass ihre ausgemergelten Leiber daran streiften. Der Herde folgte eine riesige Staubwolke, die mich einhüllte und hustend aus der Angst entließ.

Viele der folgenden Nächte blieben schlaflos. Ob sich Schweine an der Stoßstange rieben oder Wanderer nächtens an die Scheiben klopften, es war eine Reise, die mir sehr viel Kraft abverlangte. Irgendwann hatte ich aber mein erstes Ziel, das Land der Dogon, dann doch erreicht. Auf den Spuren von Marcel Griaul wanderte ich nun entlang des

Fallaise, durchkämmte die kleinen Dörfer, die wie Schwalbennester an den Felshängen stehen. In den Felskavernen stieß ich auf Reste vergangener Bestattungsriten, und von den Felskuppen aus konnte ich die Anlagen der Dörfer sehen, deren Grundkonzept mythischen Gesetzen folgt. Das Diagramm der Siedlungen ist dem eines am Rücken liegenden Menschen nachgebildet. Der Kopf wird durch die *Toguna,* das Versammlungshaus der Männer gebildet. Die Brüste sind die *ginnas,* die Familienhäuser. Die Hände sind die Menstruationshäuser und die Füße die Altäre des Dorfes. Im Zentrum, dem Geschlecht, steht der Silo, der Behälter des Samens, dem Mahlstein gegenüber. Sie repräsentieren Mann und Frau, der phallische Behälter den Mann, der Mahlstein, in dem der Samen verarbeitet wird, die Frau. Aus Respekt zueinander sind sie durch eine kleine Mauer getrennt. Dieser Symbolismus durchzieht alle Bereiche des Bauens und des Schnitzens, aber auch jene des täglichen Lebens. Ich war immer schon fasziniert von dem Volk der Dogon, weil kein anderes seine kosmische Weltsicht auf einer so komplexen, aber dennoch plausiblen Ebene aufgebaut hat. Die kleine Passage in Marcel Griauls Bericht, die ein Familiengehöft beschreibt, gibt einen Eindruck davon:

„Der Fußboden des Erdgeschosses symbolisiert die Erde und den in der Erde wiedererstandenen lebenden (Urahnen). Die Terrasse, viereckig wie jene des schwebenden Getreidespeichers, ist das Abbild des Himmels, und die Decke, die den ersten Stock vom Erdgeschoss trennt, ist der Raum zwischen Himmel und Erde. Rund um die Hauptterrasse zeigen die vier rechteckigen Terrassen wie auch die Feuerstelle die vier Himmelsrichtungen an. Die Feuerstelle wird vom himmlischen Feuer belebt, das dem vom Schmied geraubten Feuer entstammt. Hat das Haus die rechte Ausrichtung, das heißt, öffnet es sich gegen Norden, so zeigt die über die Flamme gesetzte Schüssel diesen Punkt an. Die Steine weisen nach Osten und Westen. Die Mauer, die dritte Stütze des Gefäßes, zeigt nach Süden. Das Hausinnere und die verschiedenen Zimmer sind die von Menschen bewohnten Höhlen dieser Welt. Die Vorhalle, das Zimmer des Besitzers, stellt den Mann im Paar dar, die Außentür ist sein Geschlecht. Zimmer und Abstellräume stellen die mit offenen Armen auf dem Rücken liegende, zur Vereinigung bereite Frau dar. Der dahinter stehende Raum, in dem sich die Feuerstelle befindet, und der von der Terrasse Licht erhält, bekundet die Atmung der Frau, die von der Decke, dem Symbol des Mannes, dessen Skelett die Balken bilden, bedeckt wird. Der Atem des Paares entweicht durch die obere Öffnung. Die vier Pfähle (eine weibliche Zahl) sind die Arme des Paares, und jene der Frau tragen den Mann, der sich an der Erde auf die seinen stützt. Die als Bettstelle dienende Erdanhäufung liegt in Nordsüdrichtung, und das Paar ruht darauf mit dem Kopf im Norden wie das Haus selbst, dessen Fassade das Gesicht ist."

Beschreibungen wie diese ergriffen mich derart, dass ich oft Stunden auf den Felsvorsprüngen saß und aus der Vogelperspektive die Häuser und Dörfer zu entschlüsseln versuchte.

Das Gebiet rund um Shanga, ja das gesamte Fallaise, war eine Art Sperrgebiet, das französische Ethnologen für sich beanspruchten. Man wollte verhindern, dass die immer zahlreicher anreisenden Touristen die Grabkavernen plünderten oder sonstigen Schaden anrichteten. Für mich war diese unsichtbare Sperrlinie unangenehm, denn ich musste, um mein Buch interessant zu gestalten, andere Motive fotografieren als jene, die den Touristen genügten. In einigen Bereichen gelang dies durch Bestechung, denn in jedem Dorf gibt es Wächter, die den nichtautorisierten Wanderer anhalten. Für kleine Beträge vermochte ich deren Vertrauen zu erwerben und gelangte dadurch in abgeschiedene Gegenden. Nur ein Tal blieb unerreichbar, es war nicht weit vom Campement gelegen, eine Schlucht, die zu jenen Kavernen führte, die von einer holländischen Forschergruppe in den Sechzigerjahren dokumentiert wurden. Hier stellte man mit Hilfe der Radiokarbon-Untersuchung erstmals fest, dass abgelegte Grabbeigaben schon 500 v. Chr. entstanden waren. Um dort hinzugelangen, musste ich allen Regeln zum Trotz schon in der Nacht aufbrechen, um ungesehen Shanga verlassen zu können.

Eines Tages nahm ich diesen Weg vor Anbruch des Tages und erreichte im Morgengrauen schon bald den Einstieg in die Schlucht. Ich schleppte meinen Koffer mit der Hasselblad-Ausrüstung, fast zwanzig Kilo, die sperrig an mir zogen, wenn ich über schmale Felsportale von einer zur anderen Plantage gelangte. Das Tal war am Anfang bebaut, auf kleinen Terrassen hatten die Bauern ihre Feldfrüchte herangezogen. Die Kavernen, die neben den Gebeinen der Toten auch die ältesten Bauten bargen, lagen an den seitlich steil abfallenden Felswänden. Sie zu erreichen, stellte sich als gefährlich dar. Der lose an mir hängende Fotokoffer brachte mich mehrfach aus dem Gleichgewicht.

Ich hatte schon ein langes Stück des beschwerlichen Weges hinter mir, da wurde ich zum Anhalten gezwungen. Eine Herde großer Mandrill kam mir entgegen. Diese Affenart ist in den Bergen heimisch und verteidigt sehr erfolgreich ihr Biotop. Als sie mich bemerkten, blieben sie stehen. Zwei Männchen, wie Löwen mit großen Reißzähnen ausgestattet, führten die Herde an, in der Mitte waren einige Weibchen mit ihren Jungen am Rücken. Es war ein schönes Bild, und mancher Tierfreund hätte seine Freude daran gehabt, doch in mir kam die Angst auf, dass dieses Kräftemessen zweier sich begegnender Kontrahenten zu meinem Schaden erfolgen könnte. Ich bezog also Platz auf einem Felsvorsprung und wartete, welche Entscheidung die Affen treffen würden. Auch sie schienen überrascht und hielten geraume Zeit inne, bis eines der großen Männchen – das andere behielt mich im Auge – mit der Herde auf die gegenüberliegende Talseite wechselte. Dort, nur einen Steinwurf entfernt, bewegten sie sich vorsichtig den Felsen entlang, immer die Augen auf mich gerichtet, sodass sie jede meiner Bewegungen registrieren konnten. Erleichtert sah ich sie vorüberziehen, der Weg war frei.

In den Kavernen sah ich die alten Telem-Bauten, Silos, die die Vorgänger der Dogon schon vor tausend und mehr Jahren in den Schutz der Höhlen gestellt hatten. Berge von Menschenknochen häuften sich in den Schächten und Felsspalten, hier hatte man die berühmten Masken gefunden, die mit den Toten bestattet wurden. Ich war froh über meinen zivilen Ungehorsam, der mich Verbote brechen ließ, zum Nutzen meines Projektes, das mit jedem Foto und jeder Erfahrung der Verwirklichung näher kam. So gingen die Tage von Shanga zu Ende, und ich hatte Eile, das Schiff nach Timbuktu zu erreichen, bevor der Wasserstand sank und die Nigersümpfe für weitere acht Monate unpassierbar wurden.

Die Reise am Niger gehörte zum Schönsten, was ich jemals unternommen habe. Schon Jahre vorher war ich von Gao nach Mopti gefahren, am Oberdeck eines dreistöckigen Flussdampfers aus kolonialer Zeit. Der Niger ist einer der wenigen Flüsse, die den ursprünglichen Weg ins Landesinnere nehmen. So zieht er sich in weitem Bogen durch die Sahara, bevor er nach Süden dreht und bei Port Harcourt in den Atlantik mündet. Entlang dieser Wasserstraße finden sich die interessantesten Völker und Kulturen, die von einer bewegten Vergangenheit berichten. Die Ausgrabungen des Nigertales beweisen, dass hier die ältesten Kulturlandschaften Schwarzafrikas liegen, und wenn man in der Abendsonne mit dem Schiff an roten Dünen vorbei die Häfen anläuft, offenbaren sich Bilder, die so unwirklich sind, dass man an Erscheinungen glauben möchte. Die Sonray, Bela, Bozo und Songhai, die Tuareg, Fulbe und Bambara, sie alle drängen sich in farbenfrohen Gewändern an den Ankerplätzen der Nigerschiffe. Hier wird Handel getrieben, lebende Tiere werden über die Reling gezogen, Kalebassen mit Milch und Getreide wechseln ihre Besitzer. Der Reisende sitzt im Liegestuhl und lässt die Bilder an sich vorüberziehen.

Die Reise nach Timbuktu unternahm ich auf einem Schiff, dessen Oberdeck von einer Regierungsdelegation okkupiert war. Es war der Außenminister von Mali, der den deutschen Minister für Entwicklungshilfe zu Gast hatte. Am zweiten Tage wurde ich eingeladen, mit der Delegation in Timbuktu an einem ungewöhnlichen Essen teilzunehmen, dessen Vorbereitungen schon vor Tagen begonnen hatten. Ein ganzes Kamel wurde gebraten, in dessen Bauch sich eine Ziege befand. In ihr, so erzählten die Köche, sei eine mit Kräutern gefüllte Gans untergebracht. Dieses Riesenmahl wurde unterirdisch zubereitet. Man hatte eine Grube ausgehoben und ihren Boden mit heißen Steinen belegt. Dann wurde das gefüllte, in Blätter gewickelte Kamel daraufgelegt und mit Sand bedeckt. Auf diesem Sand schürte man drei Tage lang ein Feuer, bis der darunterliegende Braten mürbe war. Mehr als hundert Geladene wurden davon satt.

Auf meiner Reise nach dem Süden gelangte ich nach Labbezanga, dem Grenzdorf zwischen Mali und dem Staate Niger. Dieser Ort interessierte mich in mehrfacher Hinsicht. Zum einen hatte ich Luftaufnahmen des Schweizer Fotografen Georg Gerster gesehen, die mir seit Jahren im Gedächtnis hafteten. Zum anderen hörte ich unterwegs mehrfach, dass es hier einen der letzten Sklavenmärkte Westafrikas geben sollte. Diese Vorstellung war damals viel unglaublicher als heute, wo wir wissen, dass hunderte Afrikaner über den Sudan nach Saudi-Arabien verkauft werden. Die Sklavenmärkte im Osten sind bekannt, und trotzdem gelingt es nicht, etwas gegen sie zu unternehmen. Die einzige Hilfe, die eine amerikanische Organisation anbietet, ist der Rückkauf der Sklaven von den Händlern. Diese Sklaven werden in ihre Dörfer zurückgebracht, der gesteigerte Umsatz aber führt zu vermehrten Raubzügen.

Diese Ungeheuerlichkeiten haben in Afrika Tradition. Wir wissen, dass die frühen Eroberer und Kolonialisten vom Sklavenhandel lebten. Wenig bekannt ist, dass zu dieser Zeit die Afrikaner selbst mit Sklaven handelten, man verkaufte die Gefangenen des feindlichen Stammes. Der Handel mit den Europäern, wie er an der Goldküste florierte, war ein Tauschhandel, in dem Sklaven oder Gold gegen Waffen und Manillen eingesetzt wurden. Es waren die französischen Besatzer, die Ende des 19. Jahrhunderts den Sklavenhandel im Norden Kameruns verboten hatten. Ein entsprechendes Gesetz wurde schon viel früher, beim Wiener Kongress, verabschiedet.

In Labbezanga erwartete mich ein herrliches Ambiente, dessen Häuser und Speicher, soweit sie noch den autochthonen Formen folgten, von ungewöhnlicher Ästhetik waren. Aus den riesigen Kugelsilos, in denen die Feldfrüchte lagerten, ragten Schieferplatten, die deren Erklimmen erleichtern sollten. Diese grauen, sehr flachen Steine wirkten wie Flossen, die zu einem vorsintflutlichen Tier gehören. Zudem reihten sich die Silos wie die Perlen einer Kette aneinander. Von der Luft aus sah man, dass es viele hundert waren, die sich in zarten Mäandern bis zum Fluss hinzogen. Dazwischen lagen die kleinen Häuser mit ihren Terrassen, auf denen abends Menschen saßen und Matten knüpften oder in großen Mörsern das Getreide zum Kochen vorbereiteten. Es war eine Idylle, in der man sich das Szenario eines Sklavenmarktes nicht vorstellen konnte.

Die Märkte wurden in Labbezanga, wie überall in der Region, an immer denselben Wochentagen abgehalten. Hier war es der Montag, ich nutzte die Zeit dahin mit dem Fotografieren und Vermessen der Lehmbauten.

Am Montag begann der Rummel im Dorf schon sehr früh. Ziegen und Hunde wurden verkauft, Gemüse und Früchte, Getreide und importierte Ware, die überall in Westafrika die Gleiche zu sein scheint. Taschenlampen, Batterien, Konserven und Plastikschüsseln neben Nägeln, Schlössern und gebrauchten Schuhen. Aber so weit ich auch umherirrte, einen Sklavenmarkt konnte ich nicht entdecken. Am Ende der belebten

Straße, die zum Fluss führte, saß eine Gruppe festlich gekleideter Frauen, einige in Bubus gehüllte Moslems standen abseits und schienen etwas zu verhandeln. Als ich mich mit meinen Apparaten näherte, kam Feindseligkeit auf. Das war nicht ungewöhnlich, denn Moslimen reagieren oft ablehnend auf einen Fotografen. Als ich mich nach der Gruppe von Frauen erkundigte, erklärte man mir, dies sei ein Heiratsmarkt, der in dieser Stadt seit Jahrhunderten Tradition sei. Mich irritierte der Umstand, dass die Frauen vom Stamme der Bela waren, die Männer sich aber aus Haussa und Tuareg rekrutierten. In der Praxis wird man kaum ein Ehepaar in einer derartigen Konstellation finden. Die Entdeckung hatte also keinen journalistischen Wert, sie war ein Aufruf zum Misstrauen, das den Neugierigen begleiten sollte, wenn er nicht auf jede Täuschung und jede Lüge hereinfallen will.

Obwohl ich noch ein großes Stück Weg zu bewältigen hatte, erfasste mich eine unterschwellige Sehnsucht, nach Lomé zurückzukehren. Die Einsamkeit der Nächte begann mir zu missfallen, ebenso der unverhohlene Beutetrieb all jener, deren Hilfe ich brauchte. Das Flicken eines Reifens oder andere Banalitäten wurden zum Überlebenskampf. Heute noch ärgere ich mich über den betrügerischen Mechaniker, dem ich als Hilfesuchender begegnet war. In einer abgeschiedenen Gegend ließ ich meine von Dornen zerstochenen Reifen vulkanisieren. Die Arbeit des Mechanikers war so liederlich, dass ich bereits bei der Ausfahrt aus der Garage vernahm, wie die Luft erneut entwich. Meiner Reklamation wurde prompt entsprochen, der Reifen wieder repariert. In Europa wäre das ein „Garantiefall" gewesen, Produkthaftung und Konsumentenschutz wären zur Debatte gestanden. Nicht so in Afrika. Der Mechaniker verlangte einen fast doppelt so hohen Preis wie beim ersten Mal. Ich war wütend, wollte aber keinen Streit und bezahlte zähneknirschend. Doch auch diesmal kam ich nicht weit. Bevor ich das Dorf verlassen konnte, war die Luft aus dem Reifen entwichen. Erkundungen zeigten schnell, dass es nur einen, eben diesen Mechaniker im Dorf gab. Bei meinem dritten Auftritt wollte ich im Voraus klären, wie ich mir die Reparatur vorstellte. Ich versuchte ihm klar zu machen, dass dieses Mal er, nicht ich, für den Schaden aufzukommen hätte. Die Idee war schon im Ansatz falsch. Wortreich erklärte der Mann, dass die Klebepflaster nun zu Ende gingen und er die letzten beiden überhaupt nicht mehr verkaufe. Das brachte mich in Wut. Nach einer lautstarken Auseinandersetzung, der inzwischen an die fünfzig Schaulustige beiwohnten, nannte er seinen Preis. Abermals wurde die Summe verdoppelt, sodass ich mir, wäre ich nicht in dieser verlassenen Gegend vom Unglück ereilt worden, einen ganzen Reifen dafür hätte kaufen können. Nun drohte ich mit Beschwerde beim Dorfältesten und bei der Polizei. Dies löste Gelächter aus, und der Tenor der von mir ins Gespräch einbezogenen Spektatoren war einhellig. Der Mann hatte Recht, wenn er seine

Chance nutzte, wer wusste schon, wann sich wieder eine derart günstige Konstellation ergab.

Ich war entsetzt über die Solidarität der Menge mit dem Betrüger. Im Innersten hatte ich erwartet, dass irgendeiner aus der Reihe trat und sagte: „Freunde, so könnt ihr mit dem Fremden nicht umgehen." Doch niemand stellte sich auf meine Seite, ich fühlte mich verraten und verkauft und fuhr unter dem Gelächter der Zuschauer mit einem luftlosen Schlauch aus dem Blickfeld der Meute. Ein Bub folgte mir mit dem Moped. „Warum nimmst du nicht einen Mopedschlauch?" fragte er naiv. „Weil das nicht geht", antwortete ich gereizt. Aus einer Schachtel auf dem Gepäckträger zog er einen neuen, noch verpackten Schlauch, der zu seinem Fahrzeug gehörte. „Und es geht doch", antwortete er unter Protest. War es die Hitze, die Verzweiflung oder die Lethargie, die mich ergriff, ich erlaubte ihm, den Mopedschlauch zu montieren. Geschickt zog er den Reifen mit meinem Montageeisen und einem Stein von der Felge, dann blies er den Sand von der Felge und montierte das dünne Schläuchlein, das, größer als die Felge, diese gar nicht berührte. Er zog den Reifen darüber und begann mit dem Aufpumpen.

Ich war einige Meter zurückgegangen, ich wollte den Knall beim Bersten des Schlauches nicht so nahe am Ohr haben. Aber nichts von alledem geschah. Der Reifen wurde härter und härter, bis der Knabe ihn zweimal auf die Piste fallen ließ, um am springenden Objekt den Erfolg der Operation zu beweisen. Es war erstaunlich, aber der Schlauch war nicht geplatzt. Ich zahlte fürstlich und machte mich vorsichtig auf die Reise. Dreitausend Kilometer später erinnerte ich mich durch Zufall, dass in einem dieser Reifen ein Mopedschlauch darauf wartete, ausgetauscht zu werden.

Von Niamey drehte ich nach Norden. Auf einer neu angelegten Straße gelangte ich problemlos bis Tahoua, dann begann die Piste, die hier, weich vom Sand, nicht schwer zu befahren war. Über Agadez erreichte ich das Airgebirge. In Begleitung von zwei Tuareg durchquerte ich herrliche Landschaften und fand die Überreste versteinerter Wälder. Aber auch Zedern, die tausend Jahre zählten, trotzten den Sandstürmen. Die Sahara war vor langer Zeit bewaldet, Felszeichnungen ließen erahnen, dass sich hier vor tausenden Jahren Hirtenvölker aufgehalten hatten.

So schön diese Fahrt auch war, für die Erfüllung meiner Aufgaben war der Süden ergiebiger. Die Feste am Sultanspalast von Agadez waren spektakulär. Mit bunten Gewändern zogen die Volksgruppen vorbei, auf Kamelen und Pferden reitend.

Nach einigen Tagen entschloss ich mich weiterzuziehen, zu den Somba-Tamberma, die im Grenzgebiet zwischen Togo und Benin leben. Diese neben den Kirdi vielleicht letzten unangepassten Stämme hatten meine Aufmerksamkeit erregt, weil sie die ersten Touristenfahrzeuge, die in ihr Gebiet kamen, mit Pfeilen beschossen hatten. Im Hotel

Tropicana in Lomé herrschte helle Aufregung. Die Fahrten wurden daraufhin bis auf weiteres eingestellt.

Als ich über Benin das Somba-Gebiet erreichte, zeigten sich die Einwohner durchaus friedlich. Ich erhielt die Erlaubnis, ihre Häuser zu besuchen, ich kroch durch die engen Durchgänge bis auf die Dachterrassen, auf denen die Hirse zum Trocknen aufgebreitet lag. Wie bei den Lobi und Gurunsi spielt sich ein Teil des Lebens auf diesen Dächern ab, die, geschützt vor den Haustieren und durch niedere Brüstungen, uneinsehbar sind. In heißen Nächten schlafen die Somba auf den Dächern, wie ich, der in solchen Nächten den Gepäckträger zum Lager machte.

Da die Gehöfte weit im Lande verteilt sind, gibt es in dieser Region keine Dörfer. Die einzelnen Wohneinheiten und Silos sind wie Burgen angelegt, die man von den Dächern aus verteidigen kann. Dieser Baustil entwickelte sich aus der Erfahrung, dass kriegerische Völker aus dem Norden immer wieder die Bauern angriffen und beraubten. So richtete sich die Architektur nach den Erfordernissen und bezog daraus ihre ungewöhnliche Gestalt. Ein Volk, das wie dieses in ständiger Angst lebt, entwickelt nicht nur Misstrauen gegen alles Fremde, es erfindet auch Strategien, wie man mit den Eindringlingen fertig wird. Die Touristen des „Tropicana" waren solche. Sie kamen in großer Zahl, sie erstürmten respektlos die Burgen und richteten ihre Fotoapparate gegen die nackten protestierenden Menschen.

In dieser Zeit hätte ich vieles getan, um ein noch besseres Foto zu bekommen, doch ich konnte auch darauf verzichten, wenn ich das Gefühl hatte, dass meine Anwesenheit nicht willkommen war. Es waren die Jahre, in denen sich der Bildjournalismus radikal änderte. Die Ethik der großen Fotografen, wie mein Freund Hilmar Babel einer war, wurde eingetauscht gegen die Methoden der Paparazzi, wer sich nicht freiwillig ablichten ließ, der wurde genötigt. Die Fotografen dieses „Genres" klopften an die Tür, und wenn jemand öffnete, stellten sie den Fuß durch die Scheinung und blitzten dem Überraschten ins Gesicht. Ich hasste diese Vorgangsweise und versuchte, das Gegenteil dessen zu verkörpern.

Ich fotografierte nur im Einvernehmen mit den Menschen, und das prägte die Ästhetik meiner Bilder. Im Laufe der Jahre hörten sie auf, journalistische Bilder zu sein, sie gelangten mehr und mehr zu einer Ästhetik, die Kritik auf den Plan rief. Nach dem Erscheinen der „Letzten Afrikaner" schrieb eine englische Zeitschrift, die Fotos würden gestellt wirken und jeder Dynamik entbehren. Die Ethnologin und damalige Direktorin des Wiener Völkerkunde-Museums Schweeger-Hefel schrieb in einer Fachzeitschrift: „Chesi schafft als Künstler eine Fiktion von Afrika ..." Ja, es war die Fiktion eines Afrikas, das noch im Sinne der alten Traditionen existierte, ein Afrika, das zum Sterben verurteilt war. Das war der Grund, der diesem ersten Buch, „Die letzten Afrikaner", den Titel gab. Sie waren die Letzten, die so lebten, sie waren es, die mich interessierten.

Susanne Wenger, die zu dieser Zeit schon lange in Nigeria lebte, mochte keine Schnappschüsse. Sie war der Meinung, dass eine Hundertstelsekunde, die willkürlich aus dem Leben gegriffen wird, nicht repräsentativ für den Dargestellten sein kann. Er muss die Chance haben, sich ins Bild einbringen zu dürfen, sonst geht die Darstellung an ihm und seinem Wesen vorbei. Dieser altmodische Standpunkt hat mich zum Nachdenken gebracht. Nicht, dass man stets der Eitelkeit des Modells gerecht werden sollte, aber es war einfach unanständig, von den Menschen ein Foto zu verlangen, um sie so darzustellen, wie sie es a priori nicht wollten. Ich suchte nach Kompromissen und entdeckte später, allerdings auf einer künstlerischen Ebene, dass inszenierte Bilder große Möglichkeiten bieten. Einige Jahre danach hat die Avantgarde diesen Stil entdeckt.

Im Journalismus freilich war alles ganz anders. Hier ging es nicht darum, sich selbst in den Ergebnissen zu verwirklichen, sondern eine bestmögliche Bestandsaufnahme dessen zu erzielen, was Gegenstand der Betrachtung war. Hier hatte der Künstler hinter den Dokumentator zurückzutreten und dienend seine Aufgabe zu erfüllen. In diesen Jahren war ich ein Pendler zwischen den Grenzen, ein Fotograf, der seine kreativen Ambitionen unterdrücken musste, um der Aufgabe gerecht zu werden.

„Warum lacht dieses Mädchen, während die andere in Trance auf den Boden fällt?" Bilder solchen Inhalts waren natürlich verdächtig. Aus dem katholischen Verständnis der Fragenden heraus war das Lachen einer Adeptin im Rahmen einer Zeremonie ein Indiz, dass dieses Bild ein gestelltes war. Gestellt im Sinne einer Fälschung, eines Betruges, der vortäuscht, was nie stattgefunden hat. Aber: Religiöse Feste werden nicht weltweit mit der gleichen Verbitterung gefeiert, wie das in Tirol üblich ist. Die Gläubigen haben stundenlang getanzt, um die Götter herbeizurufen, nun sind sie gekommen und haben ihr erstes Medium gefunden. Beglückt sinkt die Besessene in die Arme des Priesters, der sie in den Sand gleiten lässt. Erleichtert lachen die Tänzer, weil die erste Trance die Anwesenheit Gottes verkündet. Wer die Inhalte erkennt, der erkennt auch die Lauterkeit des Bildes. Nur der Ahnungslose denkt unablässig an Betrug.

In diesem Sinne habe ich die ersten Jahre, in denen ich in Afrika und Asien Bildbände fotografierte, nach einer Identität gerungen, die meine Arbeit trotz dieser Bürde unverwechselbar machte. Die Signifikanz der Bilder ist es, die ihre Autoren auszeichnet. Die Fähigkeit, diesen Ausdruck zu erreichen, ist das Ziel jedes Künstlers. Diese ersten Auseinandersetzungen mit einer breiten Öffentlichkeit fanden später, als ich an der technischen Universität Innsbruck einen Lehrauftrag erhielt, neue Aktualität.

Ganvie, das Pfahlbautendorf nahe bei Cotonou, war mein nächstes Ziel. In den Jahren zwischen meinen Besuchen hat sich dieses größte im Wasser erbaute Dorf dramatisch verändert. Die Strohdächer der Häuser wichen dem Wellblechdach, die Fischer ruderten Touristen übers Wasser, und die Mädchen prostituierten sich. Von allen Gesellschaften Westafrikas war es wohl diese, die am schnellsten von den Versuchungen der westlichen Welt vereinnahmt wurde. Dabei geschah diese Verwandlung auf eine unsympathische Art und Weise, so aufdringlich wie die Besucher waren auch die Besuchten. Die Gier der einen nach Devisen wurde nur noch von der der andern nach Sensationen – oder was sie dafür hielten – übertroffen. Der nackte Busen war eine davon. Hinter den Hütten dösten die Weiber untätig im Schatten, doch wenn ein Boot mit Weißen am Horizont auftauchte, rissen sie ihre verschlissenen Caritas-Büstenhalter vom Leib und präsentierten sich gegen klingende Münze. Wer zu wenig gab, wurde beschimpft, verfolgt, angefasst und bedrängt. Dieses Ganvie war, bevor der Kommunismus es in „geregelte" Bahnen wies, ein Bordell ungeheuren Ausmaßes. Das alte Dahomey hatte sich am Ende seiner Zeit am schäbigsten gezeigt. Das neue Benin unter dem Marxisten Kerikou machte dem Treiben ein jähes Ende, und doch war dieses Regime genauso zum Scheitern verurteilt. Mit dem Zusammenbruch des Kommunismus war auch das Ende einer Gesinnung gekommen, die abseits jeder Demokratie die Menschen verhärten und verarmen ließ.

Die Geschichte Dahomeys war begleitet von den schrecklichsten Kulten, die westafrikanische Völker hervorgebracht haben. Die Könige von Abomey gehörten zu den grausamsten Tyrannen, Tausende wurden aus rituellen und profanen Motiven getötet. Man nennt Abomey nicht zu Unrecht das Auschwitz Afrikas. Diese Geschichte hat die Menschen geprägt, sie haben sich zwischen den Polen politischer und ritueller Gewalt arrangiert.

Als ich nach Abomey gelangte, interessierte mich die Vergangenheit, besonders jene, die mit den ersten Sklavendeportationen in Zusammenhang stand. Von hier aus ist die Religion der Yoruba mit Deportierten nach Amerika gelangt. Hier ist die Wurzel des Voodoo zu finden, der sich aus dem Zusammentreffen afrikanischer Religionen mit der des Christentums entwickelte. Diese Kulte interessierten mich besonders, weil es bis dahin keine Unterlagen über sie gab. Im deutschsprachigen Europa existierte keine Literatur über den afro-amerikanischen Synkretismus. Als Journalist und Fotograf sah ich eine Aufgabe darin, diese weißen Flecken auf der Karte der afrikanischen Kultur zu schließen. Ich machte daraufhin den Voodoo zum Thema meiner Betrachtung.

An seiner Quelle verfolgte ich mit zunehmendem Interesse die einzigartigen Ausläufer eines Kultes, der in seinem Herkunftsland eine unglaubliche Evolution durchlaufen hatte. Es waren die befreiten Sklaven, die als Rückwanderer in ihrer alten Heimat die neue Religion etablierten. Die Begegnung mit diesen Menschen, die nicht nur als Nachkommen ehemaliger Sklaven einzigartige Lebensgeschichten zu erzählen hatten, faszinierte mich. In ihren nächtlichen Ritualen wurden das alte Afrika und das Erbe des christlichen Amerika transparent, in dem ihre Vorfahren, von portugiesischen Missionaren getauft, als christliche Plantagenarbeiter lebten. Neben dem Martyrium des Sklavendaseins fanden sie noch die Kraft, sich ihres Ursprungs zu erinnern und die afrikanischen Götter in die neue, ungeliebte Religion aufzunehmen. Sie vermischten die katholischen Heiligen mit den Geistern und Göttern des alten Afrika und kreierten den Voodoo, der inzwischen über fünfzig Millionen Anhänger gefunden hat. In Dahomey, seinem Ursprungsland, haben sich die Voodoo-Kulte nachhaltig etabliert. Zuerst im Geheimen, später sehr öffentlich, und schließlich, unter der kommunistischen Herrschaft des Staatspräsidenten Kerikou, im Verbotenen. Heute, wieder unter Kerikou, in einem vom Kommunismus geläuterten Benin, ganz offiziell und anerkannt.

Besessenheitskulte wie die von mami wata  oder die gewalttätigen Rituale von kokou und hebiesso sind Ausdruck einer Entwicklung, die von Machtmissbrauch und Unterdrückung zeugt. Die Menschen sind hart geworden, gegen andere und sich selbst. So habe ich in einer der ersten Nächte, die ich in Abomey verbrachte, einer kokou-Zeremonie beigewohnt, in deren Verlauf sich mehrere Trancemedien mit Messern selbst verletzten. Sie fügten sich Stich- und Schnittwunden am Körper und an den Armen zu. Diese flagellantische Methode, den Willen über den Schmerz zu stellen, kannte ich von christlichen Osterritualen auf den Philippinen und den Inseln im Süden Thailands. Dort war es üblich, dass sich junge Männer die Wangen durchschnitten und dornenbesetzte Äste, lange Messer, Stahlstäbe und vieles mehr durch die Wunden zogen. Der Hang zur Deformation, ein dem Buddhismus fremdes Element, entstammt der christlichen Auffassung, dass ein leidender Körper einen über alles erhabenen Geist hervorbringen könne.

Bei den Tranceritualen Afrikas geht es nicht um die Zerstörung des Körpers, es geht vielmehr darum zu beweisen, dass der Besessene tatsächlich von seinem Gott „geritten" wird. Ein Mensch würde die Torturen nicht ertragen. Die afrikanischen Götter drängen danach, sich unter Menschen zu manifestieren. Sie selbst haben ja menschliche Qualitäten, sie sind böse oder dumm, habgierig oder eifersüchtig. Im Rahmen der Voodoo-Rituale finden sie die Möglichkeit, sich zu materialisieren, indem sie den Körper eines Mediums vereinnahmen.

Auf dieser Reise folgte ich wie der Niger einem weiten Bogen, der mich von der Westküste bis in die Sahara und von der Sahelzone in die Trockensavannen nördlich der Regenwälder führte. Es war eine Reise, auf der ich in wenigen Wochen eine Vielzahl von Landschaften und Menschen vorüberziehen sah, Bauern und Nomaden, die trotz ihrer unterschiedlichen Kulturen etwas Gemeinsames hatten: Sie waren freundliche Gastgeber, denen der Fremde willkommen war. Auf meiner Straßenkarte vermerkte ich die Stationen der Fahrt. Mit kleinen Kreisen kennzeichnete ich die freundlichen Plätze, mit Kreuzen jene, an denen ich betrogen wurde, oder durch Zöllner und Soldaten gequält. Wenn ich am Abend im Licht der Gaslampe die Strecke markierte, konnte ich beobachten, wie die Zeichnung einem Rosenkranz, dessen beide Enden sich in Lomé trafen, immer ähnlicher wurde. Die Perlen dominierten vor den Kreuzen. Ich hatte nicht alles, was ich sah, verstanden, doch vieles haftete noch lange Jahre in meinem Gedächtnis und entschlüsselte sich erst später, als ich mich um jenes Verständnis bemühte, das meine Faszination an Afrika begründete. Ich erinnerte mich der Worte von Herbert Tichy, der behauptete, dass man – wollte man ein Volk wirklich verstehen – mit den Männern gearbeitet und den Frauen geschlafen haben muss. Ich folgte seinem Rat gewissenhaft und ergänzte diese Regel durch den Anhang: man sollte auch eine geraume Zeit vor Ort gewesen sein.

Von Dahomey aus war es nur noch eine Tagesreise, bis sich der Kreis schloss und Lomé, der Ausgangspunkt meiner Reise, am Horizont auftauchte. Ich hatte tausende Kilometer hinter mir und hunderte Filme verschossen, in der Vorstellung, dass vieles von dem, was mir begegnete, bald schon Geschichte sein könnte. In vielen Punkten behielt ich Recht. Die Lehmdörfer am Niger waren schon wenige Jahre später von Straßen durchzogen und von Hochspannungsleitungen entstellt. In einem allerdings irrte ich gewaltig, nämlich in der Einschätzung des Voodoo, der sich mir als eine geheime, dem Untergang geweihte Macht darstellte. Das Weltbild der Gläubigen schien mir derart naiv, dass ich mir für ihren Götterhimmel keine andere Perspektive als die eines plötzlichen Endes vorstellen konnte. Ich dachte an Karl Jaspers, der den afrikanischen Kulturen nur das Verlöschen zugunsten der westlichen Zivilisationen zugestand, in deren Rahmen die Afrikaner nur eine Funktion haben könnten, die Materialwerdung zugunsten der technisch zivilisierten Welt. Ich hatte das Gefühl, der Letzte zu sein, der diese Phänomene noch erleben durfte. Wie falsch diese Einschätzung war, wurde mir erst zwanzig Jahre später bewusst, als die afroamerikanischen Kulte eine Renaissance erfuhren, die mit vielen Tabus brach und sich mit neuem Selbstbewusstsein den Kritikern in den Weg stellte. Afrika hatte zurückgeschlagen und dabei eine neue Identität erhalten. Damals war ich davon überzeugt, dass es meine journalistische Pflicht war, dem Voodoo ein Buch zu widmen, ein Dokument, das seine Existenz belegte, bevor er zu Ende ging.

Meine Afrikareisen liegen wie ein aufgeschlagenes Buch vor mir. Doch je weiter ich in die Anfangsjahre zurückblättere, desto weniger verspüre ich das Bedürfnis, mich ihrer zu erinnern. Ihnen haftet etwas an, das ich glaubte überwunden zu haben, ein Kampf, der sich um die bloße Existenz und nicht um das drehte, was eine Reise an Erkenntnissen und Resultaten bringen kann.

Obwohl die späteren Reisen auf den Erfahrungen der frühern aufbauten, vielleicht sogar aus ihnen ihre Berechtigung und Motivation bezogen, begegne ich meiner ersten Afrikafahrt trotz der großen zeitlichen Entfernung mit Unbehagen. Es war eine Reise, die ich im Jahre 1960 mit meinem Freund Günther Heiss antrat. Wir fuhren damals mit der 23 Jahre alten Beiwagenmaschine meines Großvaters von Tirol bis in den Sudan und kehrten über Ägypten zurück. Die Fahrt war voll von Missgeschicken, sie brachte uns an den Rand des körperlichen Ruins und war, nachdem sie hinter uns lag, nicht mehr als eine große Anstrengung, die von Gefahren, Krankheiten und Abenteuern begleitet war. In den fünf Monaten, in denen wir über die Türkei nach Jordanien reisten und später die Nubische Wüste durchquerten, um schließlich in Ägypten ausgehungert und mittellos zu stranden, hatten wir nur eines gelernt: trotz widriger Umstände zu überleben. Schöne Momente der Gastfreundschaft, aber auch solche der Hinterlist und Gefahr säumten den Weg, und als ich Jahre später über diese Reise berichten wollte, stellte ich fest, dass der Überlebenskampf all unsere Energie gefordert hatte, sodass die Summe der Eindrücke aus Banalitäten bestand, die im Kampf um jeden Kilometer und die tägliche Ration vergessen ließ, was diese Länder uns zu sagen gehabt hätten. Von den Landschaften und Menschen, den Kulturen und den großen Ereignissen, deren Zeugen wir waren, blieb nur eine vage Erinnerung. Auf den verblichenen Kleinbilddias zeigen sich noch die Tempelanlagen von Abu Simbel, bevor sie versetzt und geflutet wurden, auf einem Nildampfer produzierten ein paar Arbeiter Papyrus, im Tal der Könige wurde ich vom Esel geworfen und beschädigte meinen Fotoapparat. In Assuan erlaubte man uns an einer Haschischpfeife zu ziehen, auf der österreichischen Botschaft in Kairo wurden wir wie Aussätzige empfangen, weil wir nach einem Raub Hilfe suchten. Eine Amöbenruhr schwächte mich derart, dass ihr Wahrnehmungen und Erinnerungen zum Opfer fielen. Ein diffuses Unbehagen begleitete diese Fahrt, und wenn ich mehr als vierzig Jahre danach die Frage nach dem Warum stelle, so mag es wohl die Ahnungslosigkeit gewesen sein, mit der wir sie antraten. Über sie berichten hieße, die täglichen Ärgernisse aufzuzählen, den Kampf um Schlafplätze und Essen oder gegen den Zusammenbruch einer damals schon altersschwachen Maschine. Von dieser Reise möchte ich nur sagen, dass sie stattgefunden hat und mich trotz aller Pannen ermutigte, ein Jahr später Nordafrika zu durchqueren, vor dem Hintergrund der Erkenntnis, dass das Reisen alleine zu wenig Sinn ergab, als dass es meine Zukunft hätte mitbestimmen können. Hinter die Fassaden zu blicken, die Faszination des Fremden zu entschlüsseln, lernend die Kulturen der Welt zu begreifen, das war ein Ziel, für das ich mich zu interessieren entschloss. Die Reise sollte mich zu diesem Ziel bringen, sie war das Mittel, nicht der Zweck.

# Afrika und die Weißen

Die große Zeittafel am International Airport in Bangkok zeigte meinen Rückflug an. Grün leuchtende Zahlen verwiesen auf das Datum. Wir schrieben den 19. April 2000, morgen früh würde ich in Wien landen. Ich war drei Wochen durch Asien gereist und hatte die Abende in den Hotels genutzt, um mich an Afrika zu erinnern. Vielleicht würde ich in ein paar Wochen in Togo sein und an Asien denken. Die Jahre zogen durch mein Gedächtnis, doch es fiel mir schwer, sie zu ordnen. Mein Leben lag wie ein zu Boden gefallenes Mosaik vor meinen Füßen, und während ich Stein für Stein aufhob, litt ich unter der Vorstellung, es könnte sich meiner Kontrolle entziehen, um einem anderen Bild Gestalt zu verleihen.

Vor mir flimmerte auf einer Info-Säule ein TV-Gerät. In Zimbabwe, so hörte ich, wurden weiße Farmer von aufgebrachten Landnehmern ermordet. Mugabe hatte das Unheil, das man kommen sah, nicht verhindert. Die Bilder zeigten diesmal weinende Weiße, die vom Mob misshandelt wurden. Die weiße Bevölkerung Zimbabwes rekrutiert sich aus einem Prozent, besitzt aber den Großteil des fruchtbaren Bodens. Nun hatten sich die Afrikaner ihr Land zurückgeholt. Die Tragik dieser Geschichte liegt in dem Umstand, dass die Weißen nicht denen das Land genommen haben, die es zurückfordern. Sie haben das Land von ihren Eltern bekommen. Was hätten sie anderes tun sollen, als es zu bestellen? Wer kann die Farmer verurteilen, die nichts anderes waren als Teil eines Systems, in das sie hineingeboren wurden? Wie die Afrikaner, die mit Messern und Beilen am Stacheldrahtzaun Stellung bezogen haben, so sind auch sie die Erben des Unrechts und Staatsbürger desselben Landes. Kollektive Schuld kann nicht durch Individuen gesühnt werden.

Einer hätte zur Gewaltlosigkeit aufrufen können, doch er tat es nicht. Sein eigener Machtrausch hinderte ihn daran. Die nächsten Wahlen standen vor der Tür.

Die Rückreise nach Österreich war auch eine Rückreise in jenes Biotop, in dem meine persönliche Krise verankert lag. Hier hat sich über Jahre aufgebaut, was schließlich wie eine reife Frucht zu Boden fiel. Ob es meine Erkrankung war oder das Unheil, an einer Frau gescheitert zu sein, alles wurzelt im Boden dieses Umfelds, das die Früchte des Bösen zur Reife brachte.

Nach Durchsicht der Briefe und Botschaften, die während meiner Abwesenheit eingelangt waren, stellte ich erleichtert, aber auch enttäuscht fest, dass sich Adjo nicht gemeldet hat. Erleichtert, weil ihre mögliche Rückkehr das Problem erneut geschaffen hätte und weil ich jede Botschaft von ihr fürchtete. Enttäuscht aber, weil die Hoffnung auf eine gute Nachricht genauso verspielt war. In einer Atmosphäre der Ratlosigkeit entschloss ich mich, Gil, den Bruder Adjos, anzurufen. Ich hatte schon vor meiner Abreise einen Brief an ihn adressiert, der einen zweiten an Adjo enthielt. Ich bat ihn, diesen weiterzuleiten, wenn er in Erfahrung brächte, wo sie und Armand sich aufhielten. In diesem Brief hatte ich beschrieben, was passieren würde, wenn sie sich mit dem Kind weiterhin versteckt halten und nicht aufhören würde, mich zu erpressen. Der Verlust von Aufenthaltsgenehmigung, Versicherung, Ansprüchen im sozialen Bereich, all das drohte, sollten sich die Probleme nicht lösen lassen.

Der Brief war ebenso für Gil gedacht, ich wollte ihn gegen seinen Willen zum Mitwisser machen. Seine Reaktion war wie erwartet. Er wollte sich nicht einmischen, die ganze Misere beträfe schließlich nur mich und Adjo.

Zudem befürchtete er, dass meine energischen Töne alles nur verschlimmern könnten. Von ihm konnte ich also keine Hilfe erwarten. Er saß zwischen zwei Stühlen und wollte sich nicht für einen der beiden entscheiden, sagte nur, dass Adjos Mutter sie einmal in Cotonou getroffen und zur Rückkehr ins Elternhaus überreden hatte wollen. Das schien nicht gelungen zu sein. Bei einem zweiten Anlauf wurde das Taxi, in dem die Mutter saß, angefahren. Der Unfall endete mit ihrer Verletzung, sie verlor ihre Vorderzähne und war seither nicht mehr in der Lage, einen weiteren Kontakt herzustellen. So blieb der Status unverändert, und ich richtete mich auf längeres Warten ein, bis alle Vorbereitungen zu einer Afrikareise, die ich mich zu unternehmen entschloss, getroffen waren.

In all den Jahren, in denen ich Westafrika bereiste, habe ich immer wieder mit Europäern zu tun gehabt, die besondere Menschen waren. Sie waren es nicht immer in einem positiven Sinne, denn viele von ihnen kamen als Abenteurer oder Steuerflüchtlinge, als gescheiterte Existenzen oder Kriminelle, denen im Heimatland der Boden zu heiß wurde. Ob man es will oder nicht, wenn man in einer Stadt wie Lomé lebt, dann begegnet man ihnen. Aber auch die anderen Weißen, die Idealisten der Entwicklungshilfe, die Materialisten der Konzerne, die Ärzte und Manager, sie alle prägten das Bild des Europäers, das die Afrikaner für ein gültiges hielten. Dazu kamen in den Siebzigerjahren die Touristen, die in einem Land Geld ausgeben, das sie in einem anderen verdient hatten. Auch das verleitet zu falschen Schlüssen.

Als ich mich entschloss, mein Domizil in Afrika aufzuschlagen, fiel meine Wahl auf Togo, denn dieses Land, das man damals die Schweiz Afrikas nannte, schien mir von allen das freundlichste, das offenste und schließlich auch das interessanteste zu sein. Hier glaubte ich, noch einen Rest jenes geheimnisvollen Kontinents vorzufinden, den ich seit meiner Kindheit suchte. Wenn die langen Tropennächte anbrachen, hörte man bis ins Hotelzimmer die Trommeln aus den nahen Gehöften, in denen die Voodoo-Zeremonien die Stille der Nacht durchbrachen. Auf den Märkten wurden Fetische und Statuetten angeboten, die noch nicht für den Fremden, sondern zum rituellen Gebrauch gemacht wurden. Diesem Afrika der Schwarzen stand das der Weißen gegenüber, ein Afrika, das noch die Züge der Kolonialzeit trug. Wer als Vertreter einer westlichen Firma in Afrika tätig war, lebte wie „Gott in Frankreich". Jeder verfügte über helfendes Personal, ob er es brauchte oder nicht, und mancher entwickelte Allüren, die mit Rassismus zu tun hatten. Der Weiße, scheinbar entmachtet durch das Ende der Kolonialzeit, blieb unbeeindruckt von dieser Tatsache der „Patron", der er immer gewesen war. Der Schwarze blieb ebenfalls, was er gewesen war: sein geduldiger Diener. Nur einige der Einheimischen machten Karriere, weil sie in der Politik tätig waren und häufig mit den Europäern zusammen, zum Schaden des Landes, dessen Schätze veräußerten. Eine sehr kleine Schicht wurde reich, doch dieser Reichtum floss an den Kassen des Staates vorbei auf Schweizer Konten. Ich habe beide Seiten kennen gelernt, ohne einer von ihnen angehört zu haben.

Von all den Menschen, die ich traf, sind nur einige übrig geblieben, denen ich bis heute in Freundschaft verbunden bin. Einer von ihnen ist Walter Esposito.

Es mag wohl dreißig Jahre her sein, als ich mit meinem von der Saharadurchquerung arg mitgenommenen Campingbus südlich von Tamale auf die Fähre wartete, die uns über den Volta-Stausee in den Süden bringen sollte. Die lange Fahrt durch die Sahara hatte uns mit Ungeduld erfüllt, Schwarzafrika war nicht mehr weit, aber unser Fahrzeug wühlte sich Tag für Tag durch die sandigen Pisten und über steinige Plateaus. Als wir Burkina Faso erreichten, war unser Ziel sehr nahe, und nun, da wir den Fluss mit der Fähre überquerten, ergriff mich ein Gefühl unendlichen Glücks, ich war am Ziel der Reise angelangt. Auf dieser Fahrt begleitete mich meine Freundin Maria; sie hatte wie später Brigitte ein Gefühl für die Menschen und deren Kultur entwickelt, sodass sich vor dem Hintergrund dieser Interessengleichheit die Fahrt sehr harmonisch gestaltete. Auf der Fähre genossen wir unsere Privilegien. Eine Verkäuferin hatte kaltes Cola gebracht und wir saßen schwitzend und rot vom Sand der Piste, aber in Erwartung eines Landes, dessen Kultur mich in Atem hielt, am Dach des Fahrzeuges. Wir genossen den Fahrtwind, der vom Wasser her kühl über die verschwitzten Körper strich. Vor uns auf der Ladefläche standen Lastwagen, voll bepackt mit Waren und Menschen, und an deren Spitze, es war nicht zu glauben, eine schwarze Limousine, vor der ein vornehm gekleideter Europäer stand. Dieser große, elegante Mann wirkte in diesem Ambiente so seltsam, dass wir nicht mit Witzen sparten und uns auf seine Kosten lachend die Zeit vertrieben. Doch nach einer Weile geschah etwas Seltsames. Der Mann wühlte sich durch die Menschenmenge, mit den Leuten scherzend, auf unser Auto zu. Er hielt kurz inne und fragte in markantem Schweizerdeutsch: „Seid ihr Österreicher oder was?" So kamen wir ins Gespräch.

Walter Esposito war Direktor der Textilwerke in Akosombo. Achttausend Angestellte galt es zu koordinieren, die Schwesterbetriebe in Nigeria und Hongkong waren zu betreuen, zudem hatte er sich als Präsident des Olympischen Komitees und Veranstalter von Modeschauen reichlich Arbeit aufgeladen. Mehr noch, seine Liebe galt dem Jazz, und so spielte er Kontrabass, wenn sich irgendwo Gelegenheit bot. Auf dieser Ebene verharrte unser Gespräch. Ich hatte in meiner Heimatstadt einen Jazzclub gegründet und – als wir die ersten internationalen Jazztage veranstalteten – bereits mit diesem Mann korrespondiert. Er war der Präsident des Züricher Jazzclubs und hatte uns die besten Musiker vermittelt, und nun holten wir nach, was wir in Europa nicht geschafft hatten, wir machten uns persönlich bekannt. Dieser Begegnung folgte die Einladung, in seinem Haus zu wohnen, und bis heute haben sich die umschweifigen Gespräche vor dem Hintergrund von *round midnight* nicht erschöpft. Fast dreißig Jahre begleitete mich Walter Esposito auf meinen Wegen. Auch wenn wir uns selten trafen, selbst wenn Jahre zwischen den gegenseitigen Besuchen lagen, die Freundschaft war gefestigt.

Ich erinnere mich vieler seltsamer Geschichten, die ich an seiner Seite erlebt habe. So ereignete sich bei einem meiner späteren Aufenthalte ein Unglück, einer seiner chinesischen Mitarbeiter starb durch eine Penicillinspritze, gegen die er allergisch war. Als sein Chef hatte Esposito die Aufgabe, die Verbrennung des Leichnams vorzunehmen. Schon früh erschien er in meinem Zimmer und sagte nur: „Du musst mir helfen, wir müssen einen Chinesen verbrennen." Er fragte mich, ob ich wüsste, wie man das mache. Ich wusste es nicht. Wir holten uns Rat bei einem Inder, dessen Familie schon solche Verbrennungen organisiert hatte, und so kam es, dass wir uns am Friedhof wiedersahen, die weinenden Chinesen auf der einen, die Inder, die den Scheiterhaufen errichtet hatten, auf der anderen Seite. In der Mitte Walter Esposito, der nach einer kurzen Rede die petroleumgetränkten Scheite zu entzünden hatte. Schnell stiegen die Flammen empor und erreichten den weiß bandagierten Toten. In der Hitze begann sich der Leichnam aufzurichten, sein Körper schwoll an, und in kurzen Abständen zischten explosionsartig blaue Flammen aus dem Leib.

Diese Geschichte konnte so nur in Afrika geschehen, überall anders hätte man sie an einen Professionisten delegiert, aber Afrika ist eben das Land, in dem die Dinge direkt passieren, ohne, dass sie den Filter gesellschaftlicher Gepflogenheiten durchlaufen. So werden Kinder in der Öffentlichkeit geboren, weil man den Weg nach Hause unterschätzt hat, oder Tote am Beifahrersitz eines Taxis vom Spital geholt, weil ein Leichenwagen zu teuer war. Wenn man so am Puls des Lebens steht, verändern sich auch die eigenen Maßstäbe, und man wird in der angestammten Gesellschaft zum Exoten.

Walter Esposito war nicht nur ein Exot, er war auch das, was man einen „Gesellschaftstiger" nennt. Einerseits verlangte das seine gesellschaftliche Position, andererseits tat er nichts lieber, als feine Gesellschaften durch wüste Sprüche zu verunsichern. Er war in gewisser Weise so autark, dass er sich alles erlauben konnte. Es gab solche, die das mochten, und solche, die das nicht mochten.

Auf vielen Festen war ich mit dabei und lernte dadurch seinen Freund Francis Nkrumah, den Sohn des legendären Staatspräsidenten, kennen. Er schrieb für mein erstes Buch das Vorwort und öffnete mir damit den afrikanischen Markt. Später war er auch mehrfach Gast in Österreich, zu einer Zeit, in der Engelbert Perlinger, Freund und Verleger, zunehmend meine Afrikareisen begleitete. So wuchs in den Siebzigerjahren ein Freundeskreis heran, in dessen Mitte ich die schönsten Jahre meines Lebens verbringen durfte.

Auf einer unserer Reisen nach Ghana z. B. wurden Perlinger und ich von einem Tiroler Heiler begleitet, der europaweite Berühmtheit mit seinen Urindiagnosen erlangt hatte. Hans Neuner war ein bäuerlicher Mensch, der mit Rotwein und Zitherspiel seine karge Freizeit gestaltete. Er hatte sich uns angeschlossen, weil er die Heilmethoden der Afrikaner kennen lernen wollte und ein Naheverhältnis zu Perlinger hatte, in dessen Verlag sein erstes Buch erschienen war. Als Einziger hatte er ein Geschenk dabei, das er dem Gesundheitsminister im Rahmen eines Festessens überreichen wollte. Dieses Geschenk wurde zum Problemfall, denn wir waren der Meinung, dass es sich nicht auf der Höhe der Zeit und auf dem Niveau des Anlasses befand. Es war ein Bild, das wie ein Kasten konzipiert war, es hatte eine dritte Dimension, die dadurch zustande kam, dass man ausgeschnittene Figürchen vor einem gebogenen Hintergrund montiert hatte. Sehr folkloristisch waren auch kleine Almhütten gestaltet, vor denen übergroß getrocknete Edelweiß blühten. Diese unförmige Schachtel hatte er tausende Kilometer mitgebracht, und an diesem Abend tat ich etwas Unanständiges, dessen ich mich heute noch schäme. Als ich das Geschenk am Rücksitz des Taxis liegen sah, ergriff ich die Gelegenheit und setzte mich darauf. Krachend drückte ich das Kunstwerk in den Sitz, es war in der Folge so deformiert, dass wir es mit dem Ausdruck größten Bedauerns am Parkplatz entsorgten. Hans Neuner revanchierte sich dennoch mit einer Tischrede, die Esposito zu übersetzen hatte. Noch nie hatte ich eine Übersetzung gehört, die sich so weit vom Original entfernte wie diese. Als er zum Schluss noch einen Witz über „Neger" erzählen wollte, stießen wir ihn diskret ans Schienbein, um das Schlimmste zu verhindern. Doch die Afrikaner fielen uns in den Rücken, sie wollten den Witz hören, und so lag es abermals an Esposito, ihn zu übersetzen, was er umschweifig, unter Aufbietung all seiner Improvisationsgabe, auch tat.

Die Delegation hatte Hans Neuner so ins Herz geschlossen, dass man ihn am nächsten Tage abholte, um den Staatspräsidenten Atchampong zu behandeln. In der Folge waren wir Ehrengäste bei der Afrikameisterschaft im Schwergewichts-Boxen. Hier musste er den Champion vor dem Kampf massieren, worauf dieser bravourös gewann.

Die Nächte in Accra gestalteten sich anstrengend. Ich habe bis heute kein Interesse für Sport entwickelt, doch hier entstand ein Sog, der mich mitriss, ob ich nun wollte oder nicht. Von all den Veranstaltungen war die Vorentscheidung für die Fußball-Weltmeisterschaft die schlimmste für mich. Engelbert Perlinger hatte als Fußballfan die ghanesische Nationalmannschaft nach Österreich eingeladen, um sie gegen seine Firmenmannschaft spielen zu lassen. Er organisierte auch Freundschaftsspiele gegen andere Mannschaften und hatte sich dergestalt Meriten im Sport verdient. Nun waren die großen Spiele in Accra angesagt, und Perlinger war als Ehrengast geladen, er sollte auf der Tribüne neben dem FIFA-Präsidenten die Kämpfe verfolgen. Allein, der Ehrengast versäumte die Maschine. In der Not griff Esposito zu einem Trick. Er beschwor mich, als Perlinger an den Spielen teilzunehmen. Ich konnte meinen Freunden diesen Dienst nicht versagen und mutierte zu Engelbert Perlinger, der fachmännisch die Spiele zu deuten hatte. Das Spektakel dauerte schließlich doppelt so lange wie erwartet, weil die Flutlichtanlage mehrfach ausfiel. Perlingers Image als Fußballkenner dürfte nach meinem Auftritt endgültig ruiniert gewesen sein.

Neben Walter Esposito in Ghana war es Dr. Hans Schmidt, der viele Jahre die wichtigste Bezugsperson für mich in Togo war. Er arbeitete für die deutsche Entwicklungshilfe und baute als Primar die neue Gynäkologie an der Universitätsklinik von Lomé. Er verkörperte in starkem Maße einen Menschentyp, der den feudalen Lebensstil der Kolonialzeit mit den Erfordernissen der Gegenwart in Einklang brachte. Hans Schmidt war in den Siebzigerjahren eine der bekanntesten Persönlichkeiten unter den Europäern in Lomé, nicht, weil er vom Staatspräsidenten den „mérit de mono", einen der höchsten Orden, empfangen hatte, sondern weil er allgegenwärtig die Stadt mit all ihren Fragwürdigkeiten frequentierte. Er war als begeisterter Arzt seinen Patienten verbunden, die Freizeit jedoch verbrachte er, als wäre jede Nacht Silvester, in den Restaurants und Bars dieser damals pulsierenden Metropole. Er kannte die Mädchen, die die Straßen und Cafés belebten, und seine Geselligkeit gipfelte oft darin, dass er noch zu später Stunde eine Gruppe von Leuten in seinen Garten mitnahm und sie zum Bade lud. Dabei flossen die köstlichsten Getränke, und man vergaß in der nächtlichen Euphorie die Moskitostiche und die Verpflichtungen des kommenden Tages. (Offenbar sind es nicht die Leistungen meiner Freunde, die mir in Erinnerung geblieben sind, sondern die skurrilen Seiten ihrer Persönlichkeit. Ein Text wie dieser birgt die Gefahr, dass die Auflistung grotesker Begebenheiten das Bild jener verzerrt, die in ihren Berufen Großes geleistet haben. In dieser Erzählung reduziert sich auch meine Arbeit auf die Ereignisse, die sie umgeben haben. Ich verweise nicht von den Leistungen auf deren Rahmenbedingungen, sondern von diesen auf das Geleistete, in der Hoffnung, dass die Absicht transparent bleibt.)

## IV. ARCHITEKTUR, MYTHOS UND ALLTAG

1 (Vorderseite) Die Koranschule von Djenne und (2) Blick in eine der Gassen mit ihrer schönen alten Lehmarchitektur, die in ihren Details deutlich arabischen Einfluß erkennen läßt.

3 (nächste Doppelseite) Verwaist liegt der Marktplatz von Djenne vor der Freitagsmoschee. Die Lehmarchitektur war stets ein großes Thema für den Forscher und Fotografen Chesi, ihre mythologischen Rückbezüge eine anhaltende Faszination. Sein opulenter Bildband „Architektur und Mythos" dokumentiert die vergängliche Schönheit der Bauten.

5 (nächste Doppelseite) Familienbild aus vergangener Zeit. In stiller Harmonie verweilen die Menschen vor dem Haus, das Ereignis des Tages in Sirigu im Norden von Ghana ist der Besuch des Weißen mit seinem Fotoapparat.

4 Die letzten Lehmbauten von Sirigu zeigen reizvolle Details. Kleine Fenster bewahren die kühle Atmosphäre der vergangenen Nacht. Spuren früherer Opferhandlungen zeigen sich an den Fassaden.

6 Die Gehöfte von Sirigu werden von den Gurunsi bewohnt. Hier vollzieht sich ein bäuerliches Leben, das sich Jahrhunderte nicht verändert hat.

7 Korbflechterin der Gurunsi. Der quadratische Boden symbolisiert den Acker, die runde Öffnung den himmlischen Horizont.

Hans Schmidt hatte neben einem amerikanischen Kollegen weltweit die meisten Scheidenfisteloperationen durchgeführt. Er hatte neue Techniken entwickelt und träumte von dem Tag, an dem er mit einem Buch die Öffentlichkeit und die Fachwelt beeindrucken konnte. Dabei spielte ihm der Umstand einen Streich, dass diese Erkrankungen in Europa durch Prävention nicht mehr existierten. Es gab daher niemanden, der an seiner Operationsmethode wirkliches Interesse zeigte, weil diese nur noch in den Entwicklungsländern von Bedeutung war, und so arbeitete Schmidt an einem Text, dessen Inhalt von Jahr zu Jahr an Interesse verlor. Zugegebenermaßen hatte er das Projekt zu spät begonnen und zu wenig dafür getan. Während meiner Besuche sah ich ihn immer wieder in den Zetteln, die sich in Bergen häuften, wühlen, und ich dachte dabei an die Aussagen des Grafikers Helnwein, der meinte, dass selbst ein Künstler, wenn er erfolgreich sein will, wie eine Firma zu arbeiten hat. Nach all diesen Jahren in Afrika ist den meisten, die dort geblieben sind, die Disziplin, die jedes große Projekt von seinem Betreiber fordert, abhanden gekommen.

Auf einer meiner Reisen begleitete mich der Journalist Simmonitsch, aber das Interview, das er mit Hans Schmidt machen wollte, kam nicht zu Stande. Schuld daran war nicht sein explosionsartig auftretender Durchfall, sondern Schmidts geradezu beleidigendes Desinteresse an dem Thema. Einen Arzt in Afrika über Malaria zu befragen ist so, als würde man einen in Europa zum Thema Schnupfen interviewen. Das lange Gespräch gipfelte in der dürren Erkenntnis, dass es zwei Möglichkeiten für den Patienten gibt. Die eine, er schafft es, die andere, er schafft es nicht. Und so sah es dann auch mit dem Redakteur aus, er schaffte es nicht. Weder die Story noch die Anforderungen der Tropen an seinen Organismus. Er erkrankte zwei Tage nach seiner Ankunft und erholte sich trotz kompetenter Intervention von Schmidt erst Monate nach seiner Rückkehr.

In Afrika ist alles anders, besonders der Europäer. Die Leichtigkeit des Seins lässt viele ihr Ziel aus den Augen verlieren, als Fremder unter Fremden macht ihnen die Heimatlosigkeit zu schaffen, unter der sie zu leiden beginnen. Sie sind überall und nirgends zuhause, wie der Ethnologe, den Lévi-Strauss charakterisiert.

Hans Schmidt machte es sich, nachdem er das „Apre Voire" zu später Stunde verlassen hatte, zur Gewohnheit, noch einen Rundgang durchs Spital zu unternehmen. Dabei durften alle mitkommen, die das wollten. Sie wurden mit weißen Mänteln bekleidet, damit sie die Patienten für Ärzte hielten, und so kam dann gegen vier Uhr morgens die „Visite" mit Dr. Schmidt an der Spitze, der über seine Probleme sprach. Probleme gab es tatsächlich in diesem Spital. Vieles lag im Argen, die Gelder aus Deutschland konnten nicht jeden Mangel beheben. Es lag auch an der Ignoranz des Personals, das kein Verhältnis zu den Patienten oder den Geräten zu haben schien. So konnte ich eines Tages beobachten, wie eine containergroße Sterilisationsanlage von einem LKW entladen wurde. Die tonnenschwere Spende aus Deutschland war von den beiden dafür vorgesehenen Arbeitern nicht zu bewältigen. So berieten sie kurz, befestigten den Container mit einem Seil an einem Baum und fuhren langsam mit dem Auto los. Die Ladung krachte donnernd zu Boden, die Anlage war zerstört, Hans Schmidt, der zu spät zum Abladen gekommen war, ebenso. Man hätte es gut gemeint, war von den Verursachern zu vernehmen, man wollte bis Mittag mit der Arbeit fertig sein.

Vorfälle wie diese prägten den Alltag. Bei einer unserer nächtlichen Visiten entdeckte Dr. Schmidt an einer Drainage eine Termitenstraße, die sich bis in die Gedärme der Patientin fortsetzte. Niemand hatte das bemerkt, denn es herrschte eine gewisse Anteilnahmslosigkeit, wenn es das Schicksal einen Patienten des anderen Stammes betraf. „Er war vom Norden", so beschönigte eine Krankenschwester ihr Versagen, als wäre der letale Vorfall, den sie verschuldete, damit gerechtfertigt. Der Tod wird nur beklagt, wenn er einen aus dem eigenen Clan betrifft. Der Fremde ist nicht nur in der Fremde fremd, sondern ganz besonders in einem Biotop, in das er nicht gehört. Rassismus und Fremdenfeindlichkeit sind auch in Schwarzafrika weit verbreitet, wenngleich das nur selten vom Europäer bemerkt wird, der als Fremder einer besseren Kategorie gilt.

Als Hans Schmidt das Pensionsalter erreichte, wurde ihm bewusst, dass er niemals eine Versicherung bezahlt hatte. Erst war er als Arzt für die UNO in Zypern, dann in Ghana und schließlich zwei Jahrzehnte lang in Togo tätig gewesen. Dass er jemals Hilfe beanspruchen würde, war für ihn unvorstellbar. Als ihn ein Gehirntumor zum ersten Mal daran erinnerte, war es zu spät. Sein „eigenes" Spital stellte ihm eine Rechnung, er war gezwungen, seine Illusionen zu begraben. Drei Jahre vor diesem Ereignis hatte er noch eine junge Afrikanerin geheiratet, die aufgrund seiner Gebrechlichkeit – wer konnte es ihr übel nehmen – mit einem anderen Mann ein Kind zeugte. Der kranke Hans Schmidt hatte dieses Kind als sein eigenes betrachtet, obwohl der Tatbestand klar ersichtlich war. Er wollte sich von seiner Frau nicht trennen, weil sie der letzte Mensch war, den er hatte, doch Deborah, inzwischen dreißig, wurde von der Clique um den Doktor eiskalt abgelehnt. Als er schon im Wiener AKH lag, flog ich in seinem Auftrag nach Lomé, um zu erwirken, dass die Hausanteile nach seinem Tode an Deborah übergingen. Nach schwierigen Interventionen erreichte ich dies, aber die Erbschaft war derart belastet, dass die Erbin das Haus bis heute nicht übernehmen konnte. In all den Jahren hatte er keinen Groschen erspart, er lebte in der Illusion, dass Afrika eben anders war.

Hans Schmidt verbrachte noch vier Jahre im Haus der Barmherzigkeit in Wien. Das Unbarmherzigste, was ich dort miterlebte, war ein Allerheiligenumzug, in dessen Rahmen die Siechen in Rollstühlen hinter dem Pfarrer durch die Gänge geschoben wurden. An der Spitze der makabren Prozession befand sich wehrlos Dr. Schmidt, der Atheist, der erfolglos dagegen protestiert hatte. In seinem Zimmer, das er mit vier anderen Sterbenden teilte, waren die Ordner mit den Texten gestapelt, in denen er seine Scheiden-fisteloperationen erklärte. Ich stellte meine Besuche ein, als ich merkte, dass er mich nicht mehr erkannte. Er starb einsam in einem Zustand hoffnungsloser Verwirrung.

## Die Touristen kommen

Anfang der Siebzigerjahre öffnete sich Togo dem Tourismus. Der neue internationale Flughafen und das Hotel Tropicana mit seinem herrlichen Strand gaben Anlass zur Hoffnung, dass sich dieses Land nun dem westlichen Standard nähern konnte. Eine Hoffnung, die nicht alle teilten, denn es gab auch damals schon genügend Beispiele, die erkennen ließen, welch zerstörerisches Potential dem Tourismus innewohnt.

Im Vorfeld kam die Riege der Manager, die nicht unwesentlich von Bayern dominiert wurden. Franz Josef Strauß entdeckte seine Liebe zu Afrika, und im Schulterschluss mit dem Staatspräsidenten Gnassingbe Eyadema entstand eine Allianz, die eine Reihe touristischer Projekte reifen ließ. Das Zusammenspiel von Banja, dem togoischen Tourismusminister, und dem deutschen Manager Corsten trug Früchte. Frühere Ansätze, wie der der deutsch-afrikanischen Handelsgesellschaft, wurden eliminiert, die Bal-Air, eine Schweizer Fluggesellschaft, mit eingebunden und ein unverrückbares Monopol mit dem Segen der Präsidenten geschaffen.

Diese Konstellation erwies sich einige Jahre als erfolgreich. Wöchentlich erreichten vierhundert Urlauber das „Tropicana". Bei opulenten Buffets und den üblichen Animationen entstand am Strande von Avepozo eine Enklave, die unglaubliche Veränderungen der Sitten und Gewohnheiten in diesem Dorfe einleitete. Schon bei der Eröffnung erwies sich das „Tropicana" als Platz tief greifender Missverständnisse. Das Buffet war aufgebaut, und da das Gelände noch nicht von einer Mauer umgeben war, standen hunderte Dorfbewohner eng aneinander gereiht im Hintergrund. Die Ankündigung „Das Buffet ist eröffnet!" wurde gründlich missverstanden. Die Dorfbewohner stürmten nicht nur die gedeckten Tische, sie nahmen auch Liegestühle und Sonnenschirme mit, alles, was nicht angenagelt war. Es war ein blamabler Abend für die Veranstalter, die von nun an den Hotelbereich in ein Ghetto zu verwandeln begannen. Wie hoch aber auch die Mauern in den Himmel ragten, die Bewohner von Avepozo fanden immer einen Weg, ins Hotelgelände zu gelangen. Sie kamen als Bananenverkäuferinnen, als Kunsthändler und als Prostituierte. Sie vereinnahmten das Hotel, und niemand konnte sie daran hindern. Im

Laufe der Zeit entstand so etwas wie Einvernehmen, man arrangierte sich, und es schien eine Weile, als ob alle Beteiligten zufrieden wären. Dann, eines Tages, kam es zum Eklat. Eine Gruppe deutscher Nudisten brach auf, um dem Strand entlang die Dörfer zu besuchen. Nacktheit in dieser Form kannten die Afrikaner nur von den Geisteskranken, die, wie Gott sie schuf, auf den Verkehrsinseln der Stadt saßen. Männer und Frauen, die ihre Genitalien zur Schau stellten, waren selbst im toleranten Togo unerwünscht. Die Mütter brachten angesichts der Wandervögel ihre Kinder in die Häuser, verdutzte Fischer trauten ihren Augen nicht, so etwas hatte man bis dahin noch nicht erlebt. Der Spuk endete so rasch, wie er begonnen hatte. Soldaten des Heeres verhafteten die nackten Flaneure und brachten sie ins Kommissariat. Nach Stunden erst gelang es dem Hoteldirektor, sie zu befreien. Später wurde ein eingezäunter FKK-Strand eröffnet, der aber bald wieder geschlossen wurde, weil die Disziplin der Nudisten zu wünschen übrig ließ.

Das „Tropicana" war einer der ersten Orte in Togo, in denen Fremde und Einheimische auf vielerlei Arten miteinander in Kontakt kamen. Es war ein gegenseitiges Beschnuppern und Kennenlernen. Hier standen sich Fremde gegenüber und versuchten sich einander nutzbar zu machen. Die einen auf einer körperlichen Ebene, die anderen im materiellen Bereich. Mit Togo öffnete sich eine Destination, die neben Kenia dem männlichen Sextourismus eine Chance gab. Bis dahin war dieser eher ein Privileg der Frauen gewesen, sie reisten nach Italien und Spanien, nach Tunesien und in die Tiroler Berge, und überall florierte der Sex. Aber es war einer, deren Nutznießer meist ausschließlich Touristinnen waren. In Togo begannen die Männer sich zaghaft zu „emanzipieren".

In diesem Umfeld kam jeder auf seine Rechnung, und so war der Erfolg dieses Unternehmens vorerst gesichert. Wenige Jahre, nachdem das „Tropicana" gebaut worden war, folgten andere Projekte. Lama Kara, die heimliche Hauptstadt des Nordens, bekam ihr Hotel, wie auch andere Regionen, die in dem touristischen Entwicklungsplan eingebunden waren. Dieser Beginn hätte in jedem anderen Land auf eine hoffnungsfrohe Zukunft gedeutet, nicht so in Togo. Je besser die Geschäfte gingen, umso weniger wollte man dafür tun. Personalrochaden, neue Gesetze und Abgaben, aber auch eine zunehmende Ignoranz hinsichtlich touristischer Bedürfnisse, ließen die Infrastruktur schnell zerbröckeln.

Einmal, während eines langen Aufenthaltes, wurde ich von Reiseleitern eingeladen, eine neue Strecke vorzuschlagen. Es lag dann auch an mir, diese mit einer Gruppe von zwanzig Touristen zu befahren. Es war eine Fahrt, die ich nie vergessen werde. Schon am Tag der Abreise ereignete sich der erste Zwischenfall. Ein Gast erlitt einen epileptischen Anfall, in dessen Verlauf er sich die Zunge abbiss. Ich verließ die Gruppe, um ihn zurück ins Spital nach Lomé zu bringen. Seine Frau bestand darauf weiterzufahren, sie hatte ihre Reise schließlich bezahlt. Auch der Patient bestand nach einer Notoperation auf Weiterfahrt, er konnte die Auffassung nicht verstehen, dass er möglicherweise im Wiederholungsfall die Gruppe auf deren Reise behindern könnte. An diesem ersten Abend zeigten sich aber noch andere Probleme. Zwei lesbische Frauen gerieten ins Visier eines Rechtsradikalen, der von Umbringen und Vergasen fantasierte, er selbst war vor Jahren Opfer der Entführung von Mogadischu geworden und wünschte jedem, der ihm nicht gefällig war, diese Erlebnisse an den Hals. Im Hotel von Badou kam es dann zum Eklat. Die reservierten Zimmer waren von einer kurz vorher eingetroffenen Regierungsdelegation beschlagnahmt worden. Für die Touristen hatte man Notquartiere in den Gängen installiert, am Boden liegende Matratzen in langen Reihen aneinander geschoben. Perforiert von hunderten Moskitostichen traf sich die Gruppe am folgenden Morgen, und ich versuchte die Stimmung anzuheben, indem ich vom kommenden Abend und einem ordentlichen Hotel in Sokodé zu erzählen begann.

Der Tag verlief ereignisarm, aber gereizt. Warum man nicht zum Fotografieren anhalte? Die Silos entlang der alten Straße von Badu interessierten einen pensionierten Lehrer. In Atakpame waren es die Chamäleons, die bei den Lesben Gefallen fanden, und unterwegs nach Sokodé wurden die Märkte kritisiert, weil es so weit im Norden keine Kokosnüsse, sondern nur Bananen gab. Es war ein mühsames Unterfangen, auf das ich mich eingelassen hatte, und ich wusste schon nach zwei Tagen, dass der Beruf des Reiseleiters einer der härtesten ist. Am Abend bahnte sich dann die Katastrophe an. Die Regierungsdelegation war uns vorausgereist und hatte auch in diesem Hotel alle Zimmer vereinnahmt. Ein bis dahin introvertierter Amtsarzt erregte sich dermaßen, dass er, in Ermangelung des Schuldigen, mich zu würgen begann. Es entstand eine offene Revolte, der ich nur dadurch zu begegnen vermochte, dass ich den dort anwesenden Minister Banja den Touristen auslieferte. Er sollte ihnen erklären, wie so etwas in Afrika abliefe. Hier wurde mir erneut bewusst, wie sehr uns die Afrikaner in diplomatischer Hinsicht überlegen sind. Er vermochte es, ohne nur ein einziges Bett anzubieten, die Enttäuschten zu beruhigen und verwies amikal auf die kommenden Nächte, in denen er sich persönlich für die Zufriedenheit der Gäste verbürge. Die kommenden Nächte kamen und Bania ging. Die Delegation kreuzte noch zweimal unseren Weg, und in der Gruppe waren massive Feindschaften ausgebrochen, die aus ideologischen Gründen gefährlich zu eskalieren begannen. Diese Reise wäre ein Fall für den Konsumentenschutz gewesen, doch zu dieser Zeit kannte man derartige Einrichtungen noch nicht.

Was wir erlebt hatten, wiederholte sich auch bei anderen Gruppen. Der togoische Tourismusverband vermochte sich nicht gegen die Herrlichkeit der herrschenden Klasse durchzusetzen, und so begann die große Hoffnung einer neuen Ära zu zerbröckeln. Im Hotel Tropicana ereignete sich zudem ein Naturschauspiel, das zehn Jahre später das

Ende dieser Anlage bedeutete. Das Meer nagte unablässig am Strand. Erst waren es hundert Meter des herrlichen Palmenbestandes, die ins Wasser fielen, schließlich waren es fünfhundert. Dann versank das erste Schwimmbad in den Fluten, später folgten die Bungalows und zwei weitere Bäder, die man noch eilig errichtet hatte. Als das Wasser vor der Rezeption stand, wurde das „Tropicana" aufgegeben. Untersuchungen zeigten, dass der von Holländern neu gebaute Hafen die Meeresströmung so umlenkte, dass diese auf einer Breite von mehr als fünfzig Kilometern die Palmenbestände wegspülte. Dreißig Jahre später sperrte einer der beliebtesten Badestrände Lomés zu, weil das Meer noch immer seinen Tribut forderte und ein kleines Restaurant und dessen Terrasse zum Einsturz brachte. Würde sich Derartiges in Europa ereignen, würden Bürgerinitiativen und Umweltgruppen die Ministerien stürmen. In Togo stehen die Geschädigten schweigend vor den Trümmern ihrer Existenz, denn was sonst sollten sie in einem Land tun, dessen System seit dreißig Jahren nur sich selbst protegierte?

Meine Kennerschaft hinsichtlich des Hotels Tropicana hatte einen praktischen Grund. Bei den Abreisen, die zweimal wöchentlich erfolgten, wurde das Gepäck vor dem Hotel aufgestellt und von Mitarbeitern der Bal-Air gewogen. Es gab für den Einzelnen keine Beschränkung, denn man ging davon aus, dass die Summe der Koffer und Taschen dem Durchschnittswert gerecht wurde. Da aber viele der älteren Urlauber weniger als zwanzig Kilo auf die Waage brachten, blieb am Ende meist ein Spielraum, der einige hundert Kilo betrug. Diesen Spielraum durfte ich im Einvernehmen mit Dr. Corsten für mich nutzen. Ich stellte also Kisten und Säcke dazu, voll bepackt mit alten Ritualobjekten, die ich in den Dörfern gesammelt hatte. Diese Gratistransporte verpflichteten mich gegenüber den Managern, und ich zeigte mich im Rahmen meiner fotografischen Tätigkeit dafür erkenntlich. In diesen Jahren finanzierte ich meine Aufenthalte durch Fotoaufträge, die ich von den großen Hotels und Banken erhalten hatte.

Dieses System gegenseitiger Gefälligkeiten brach eines Tages ersatzlos zusammen. Ich hatte in Benin zwei übergroße Trommeln erstanden. Jede von ihnen maß zwei Meter, und in den unförmigen Kisten schwollen sie zu gigantischer Größe. Zugegeben, es war mir nicht ganz wohl bei diesem Transport, deshalb wollte ich Schwierigkeiten aus dem Wege gehen und suchte den Kontakt zum Kapitän der Maschine. Er wohnte wie ich im Hotel de la Paix, und mein Freund, der Hotel-Direktor, machte uns beim Abendessen bekannt. Das sei in Ordnung, ließ der Kapitän mich wissen, und so begab ich mich am Abend entspannt zum Airport. Mein Rückflug war auf derselben Maschine gebucht, ich saß im Restaurant und vernahm mit Genugtuung, wie die beiden großen Kisten mit einem Wagen zum Flugzeug gebracht wurden. Dann beobachtete ich verunsichert, dass sie nicht durch die Ladeluke passten. Einige Arbeiter standen ratlos herum und begannen schließlich, das Flugzeug zu entladen. Hunderte Koffer wurden auf die Piste gestellt, es war ein unerhörter Aufwand, der meinetwegen betrieben wurde. Dann die Enttäuschung: Trotz all der Mühe fanden die Kisten keinen Platz, sie passten nicht in den zu kleinen Frachtraum. Als sie wieder auf den Wagen geladen wurden und sich schon am Weg zurück befanden, überschritt ich meine Kompetenzen. Ich eilte vom Restaurant quer übers Flugfeld und hielt das Fahrzeug an. Ich befahl umzudrehen und versprach eine Lösung. Beim Flugzeug angekommen, schickte ich einen der Arbeiter um einen Hammer und begann daraufhin, die Kisten am Rollfeld zu zertrümmern. Man half mir mit allen Kräften und bald standen die Trommeln unverpackt, um vieles kleiner vor der Ladeluke.

Um sie im Flugzeug verstauen zu können, mussten allerdings erneut einige dutzend Koffer entladen werden. Es war mir klar, dass ich durch dieses Manöver das Flugzeug aufgehalten hatte, doch ich stand vor der Entscheidung, die Trommeln zu opfern oder sie unter gewissen Erschwernissen nach Europa zu bringen. Ohne Verpackung fanden sie Platz im Laderaum, und ich beeilte mich, als Letzter das Flugzeug zu besteigen. Zuvor hatte ich noch Trinkgelder verteilt und den geliehenen Hammer, dessen Besorger verschwunden war, einem Arbeiter geschenkt. Der Kapitän entschuldigte sich bei den Passagieren, ein unvorhergesehenes Lademanöver hätte den Abflug verzögert.

Über Niamey, mit einem Zwischenstopp auf der Sandpiste von In Amenas, erreichten wir im Morgengrauen Zürich. Die Trommeln wurden abgefertigt und gelangten als begleitendes Reisegepäck im Zug nach Innsbruck. Obwohl alles gelungen schien, wartete eine unangenehme Überraschung auf mich. Zwei Tage nach diesem Flug präsentierte das Büro Dr. Corsten eine Rechnung in aberwitziger Höhe, die sich auf eine durch mich verursachte Verspätung und die Flughafengebühren berief. Man beschuldigte mich, den Transport erschlichen zu haben, und drohte mit einem Prozess. Diese Aussicht verteuerte die Trommeln erheblich. Ich begann zu telefonieren und stellte erschrocken fest, dass ich Dr. Corsten, der mich ermutigte, mein Gepäck auf diese Weise zu befördern, als Freund verloren hatte. Auch der Flugkapitän distanzierte sich von mir und behauptete, mich nicht zu kennen und mir keinerlei Befugnisse übertragen zu haben. Ich schien allein gelassen mit meinem Problem. Als die Bal-Air die Klage einreichte, stellte sich heraus, dass meine Schuld mit dem Umstand zusammenhing, dass ich nach Auffassung der Rechtsanwälte den Flugkapitän nicht unterrichtet hätte. Nur er wäre befugt gewesen, diesen Transport zu genehmigen und wäre dadurch für dessen Folgen verantwortlich gewesen. Ich erinnerte mich der Bücher, die ich an die Crew verschenkt hatte, und der Tatsache, dass alle die Trommeln gesehen hatten und noch während des Fluges ihre Scherze über das Lademanöver trieben. Der langen Erzählung kurzer Schluss, der Hoteldirektor, der das Gespräch mit dem Piloten vermittelt hatte, bezeugte dieses, und ich war der Haftung entbunden, die mich für Jahre finanziell ruiniert hätte.

Neben all den Aufregungen, die meine Aufenthalte in Afrika begleiteten, musste ich befürchten, dass meine eigentlichen Aufgaben durch sie Schaden litten. Wenn ich aufbrach, um einige Monate in Afrika zu leben, dann waren diese Reisen stets von klaren Zielen begleitet. Immer ging es darum, möglichst spektakuläre Fotos mitzubringen, Texte zu schreiben und Kultobjekte zu sammeln. Innerhalb dieser Tätigkeiten ereigneten sich all die Geschichten, die noch Jahre später die Erinnerung prägen.

In der zweiten Hälfte der Siebzigerjahre publizierte ich drei Bücher, von denen besonders eines meinen weiteren Weg bestimmte. Es war der Bildband, der sich mit den Voodoo-Ritualen Afrikas und der Karibik auseinander setzte. Hier betrat ich journalistisches Neuland und erschloss eine Welt, die bis dahin geheimnisvoll im Dunkel der afrikanischen Geschichte lag. Auch andere Projekte entstanden in diesen Jahren, wie jenes über die österreichische Künstlerin Susanne Wenger, „Die Medizin der schwarzen Götter" und die anspruchsvolle Studie „Architektur und Mythos". Damals stellte ich fest, dass ich in Afrika konzentrierter schreiben konnte als in Österreich, wo ich, immer durch andere Aufgaben abgelenkt, die Atmosphäre vermisste, die eine kontinuierliche Arbeit voraussetzt. In Lomé mietete ich Häuser oder Appartements und arbeitete diszipliniert im Rahmen einer selbst auferlegten Ordnung. Die Umgebung war Quelle der Inspiration. Ich brauchte nur den süßlichen Geruch der Tropen in der Nase und einen Blick auf die Kolibris vor meinem Fenster, dann stellten sich die Bilder ein, die ich zu beschreiben hatte. Beglückt verließ ich am Nachmittag meinen Schreibtisch und zog durch die Dörfer der Umgebung, fotografierte und agierte in einer Einbezogenheit, die mich oft vergessen ließ, dass ich ein Fremder in diesem Land war. Im Laufe der Zeit füllte sich die Bleibe mit Antiquitäten, und es roch nach Rauch und Blut. Die rote Erde der Lehmböden rieselte aus den Objekten und verwandelte mein Zuhause in ein Biotop, das dem Afrika der Dörfer glich. Dabei war ich niemals einsam. Händler und Verkäuferinnen kamen an die Türe, Freunde und Bekannte besuchten mich, täglich wurden Feste gefeiert und Einladungen gegeben, es war eine sorglose Zeit, die problemlos und still verlief, gelegentlich nur unterbrochen von einigen Malariaanfällen.

Von Togo aus unternahm ich meine Reisen nach Mali, Nigeria oder an die Elfenbeinküste, ich schrieb und fotografierte mit einer derartigen Leidenschaft, dass ich die bekanntesten Journale dieser Zeit mit Reportagen beliefern konnte. Trotz der kontemplativen Stille, die nachts über dem Haus lag, waren die Fahrten aber nicht erholsam. Sie waren begleitet von Zielsetzungen, die immer am Limit des Erreichbaren lagen. Ich geriet in Hektik, weil ich alle Aufträge annahm und jedem Wunsch entsprechen wollte. So akzeptierte ich große Fotoaufträge in Europa neben einem Lehrauftrag an der Innsbrucker Universität. Zehn Jahre lang bemühte ich mich, meinen Studenten die Grundlagen der Fotografie zu vermitteln, doch die Anstrengungen brachten so wenig Erfolg, dass ich in den Neunzigerjahren enttäuscht aufgab. Mein Aufgabenfeld in Afrika hingegen war unerschöpflich. Als hätte ich nicht Arbeit genug, begann ich auch noch, Volksmusik aufzuzeichnen. Schon 1970 verlegte ich das erste Doppelalbum „Black magic", einen musikalischen Querschnitt durch die Kulturen Schwarzafrikas. Diese Platten fanden so großes Interesse, dass ich weiterhin Aufnahmegeräte mit mir führte, um bei verschiedenen Gelegenheiten Tondokumente für den ORF und andere Anstalten zu produzieren.

In dieser Zeit lebten viertausend Europäer in Lomé, sodass auch Märkte außerhalb Europas entstanden, die meine Arbeit rechtfertigten. Togos Staatschef Eyadema ging dazu über, meine Bildbände als offizielle Geschenke bei feierlichen Anlässen zu überreichen. Die Auflagen erreichten Bestsellerniveau, und vor dem Hintergrund dieser Erfolge gestalteten sich meine Afrikafahrten mehr und mehr zu Geschäftsreisen, die nicht selten in harte Arbeit ausuferten.

Eyadema rief mich eines Tages zu sich, um ein Projekt vorzuschlagen, das in mehrfacher Hinsicht interessant war. Er plante in Zusammenarbeit mit einem französischen Verleger eine Enzyklopädie der Kulturen Togos, die ich fotografieren sollte. Dieser Auftrag war gut bezahlt, und ich übernahm ihn gerne. Die erste Station war natürlich die Region um sein Geburtsdorf Pia im Land der Kabje. Hier gab es zyklisch Initiationsfeste, die den älpischen glichen, Ringkämpfe, in denen der Stärkste ermittelt wurde. „La lute de evala" waren ritualisierte Veranstaltungen, die stets im Beisein des Staatspräsidenten stattfanden. In den ersten Tagen bezog ich das Hotel in Lama Kara und wurde von dort im schwarzen Regierungswagen zu den Schauplätzen gebracht. Mit Helikoptern kreisten wir über den Kämpfenden, und es schien kein Aufwand zu groß, um eindrucksvolle Perspektiven zu erlangen. Aufträge dieser Art aber galten als bedenklich. Die Nähe zur Politik wurde als Gefahr betrachtet, die Opposition, die im Untergrund agierte, könnte sich melden. Zu allem Überfluss wurde ich auch noch im togoischen Fernsehen vorgestellt, sodass man mich für einen Sympathisanten des Systems hielt. Im Hotel Sara Kawa grüßten mich die Angestellten untertänig, als ich mit den Ministern zum Essen kam. Ich erlangte in diesen Wochen ein Image, von dem man nicht wusste, ob es ein gutes war. In Fortführung meiner Arbeit lud mich Präsident Eyadema mit zwei weiteren Journalisten in sein Haus in Pia. Um fünf Uhr morgens wurde das Frühstück bereitet. In großen emaillierten Schüsseln servierte man fetttriefendes Fleisch, dazu französischen Rotwein aus alten Beständen. Gegessen wurde mit der Hand, und es kostete mich viel Überwindung, Appetit vorzutäuschen. Im Laufe dieses Frühstücks zeigte sich der Präsident von seiner gemütlichen Seite, er erzählte Begebenheiten aus seinem Leben, polternd und lachend, Geschichten, die auch Anwesende betrafen. So zeigte er auf einen dicken Mann vis-a-vis und erzählte, dass dieser sein Sicherheitsberater gewesen war. Er hatte das Büro inne, das vor jenem des Präsidenten lag. Eines Nachts machte sich Eyadema – weil er ihn schlafend überraschte – einen Spaß und hielt eine Pistole durch die Tür, um den Erschrockenen aufzufordern, sich zu ergeben. Der Sicherheitschef erschrak gewaltig und rief dem vermeintlichen Attentäter zu, dass er nicht der Präsident sei, der sei im nächsten Büro. Solcherart verraten, ließ ihn Eyadema absetzen. Von da an verrichtete er niedere Dienste im Norden des Landes. Diese Bloßstellung eines sichtlich gezeichneten Mannes war peinlich, obwohl dieser unverständlicherweise der Einzige war, der die Geschichte mit schallendem Gelächter honorierte.

Als der Fotoauftrag abgeschlossen war, bat mich der Verleger nach Paris, er hätte etwas Wichtiges mit mir zu bereden. Am Flughafen wartete er mit zwei Begleitern auf meine Ankunft. In der VIP-Lounge erklärte er mir, bei diesem Geschäft ins Minus geraten zu sein, ich sollte also eine Rechnung in der dreifachen Höhe des eigentlichen Betrages ausstellen. Es war eine unangenehme Situation. Ich erinnerte mich der Vorträge, in denen ich immer wieder die Korruption und den Betrug für die hoffnungslose Wirtschaftslage in den afrikanischen Ländern verantwortlich machte. Nun verlangte man von mir eine Rechnung, deren Erlös in die Taschen betrügerischer Verleger fließen sollte. Ich lehnte ab, flog mit der nächsten Maschine nach Innsbruck zurück und wusste, dass ich mir durch mein Verhalten ein weiteres Problem geschaffen hatte. Bei meiner Rückkehr nach Togo merkte ich, dass der Verleger bereits gegen mich agiert hatte. Man hatte mich aus dem Vertrag entlassen, es blieb bei einer einzigen Reportage, der über die Kämpfe der *evala*.

Die zunehmenden politischen Spannungen prägten in den folgenden Jahren das Bild Togos. Jährlich gab es mehrere Putschversuche, die immer vereitelt werden konnten, doch die Gefängnisse füllten sich, und die Unzufriedenheit wuchs mit dem Rückgang des Wohlstandes. Verschont von dieser Entwicklung blieben nur jene, die auch vorher nicht eingebunden waren. Es waren die Bauern und Fischer, denen abseits der Revolutionen die mit Entwicklungsgeldern finanzierten Projekte das Leben schwer machten. Ein hochseetaugliches Schiff war so erfolgreich, dass die Eingeborenen, die seit Jahrhunderten mit veralteten Methoden auf Fischfang gingen, nicht mehr konkurrieren konnten. Auch die Bauern verarmten, weil Getreide aus Hilfslieferungen kostenlos verteilt wurde. Am schlimmsten aber traf es die Zunft der Schneider, die gegen die Caritaslieferungen anzukämpfen hatten. In den zahlreichen Secondhandshops wurden Hemden und Hosen aus Spendensammlungen um eine Mark angeboten. Diese Hilfsprojekte zerstörten die gewachsenen Strukturen so nachhaltig, dass die wenigen, die noch Arbeit hatten, unter dem Druck dieser Konkurrenz aufgaben. Ich erlebte in den Ländern Afrikas die zerstörerische Kraft missverstandenen Samaritertums, das unaufhaltsam bis zum heutigen Tag die Existenzgrundlagen der Einheimischen untergräbt.

Mit dem Versiegen der touristischen Quellen setzte auch eine Entwicklung ein, die ein ausuferndes Wachsen der Märkte mit sich brachte. Immer mehr Menschen boten immer weniger Waren an. Der „grand marche" begann wie ein Krebsgeschwür die Seitenstraßen zu überwuchern, an den Kreuzungen bauten sich Mauern von Wanderhändlern auf, die im Laufen den Autofahrern etwas verkaufen wollten. Kinderarbeit an allen Ecken und Enden, eine Entwicklung, die die nahende Katastrophe ahnen ließ.

Mit dem Wohlstand verschwanden auch die Europäer. In vielen Geschäften wurde der Rollladen für immer zugezogen, in einer Zeit, in der Europa wirtschaftliche Höhenflüge erlebte. Es war also nicht verwunderlich, dass auch die Afrikaner das Land verlassen wollten, um andernorts ein besseres Leben führen zu können. Das waren die Jahre, in denen die europäische Einwanderungspolitik verschärft wurde, man sah sich mit Problemen konfrontiert, die bis heute nicht gelöst sind. Die meisten Fremden verließen Togo 1992, als nach einem einjährigen Kongress, der von Streiks und Revolten begleitet war, der alte Präsident erneut als Sieger hervorging.

Ich habe durch Zufall die schwersten dieser Ausschreitungen miterlebt – Passanten wurden verfolgt und getötet, die Häuser brannten, und nirgendwo waren die Menschen sicher –, und war damals bemüht, meine Reisen nach Asien zu verlegen, wo das Klima für Fremde und die Sicherheitsstandards unvergleichlich besser waren. Den Entschluss dazu fasste ich während der Revolte im April 1992.

Wie bei vielen kürzeren Aufenthalten bezog ich ein Zimmer im Hotel Le Benin in Lomé. Ich hatte eine Sammlung ausladender *egungu*-Kostüme erworben und diese zur Reparatur gebracht. Der Schneider, den ich seit Jahren mit derartigen Arbeiten beschäftigte, hatte seine Werkstatt im Stadtteil Be, jenem Viertel, in dem die meisten Voodoo-Tempel der Stadt lagen.

Am frühen Morgen schon kreiste der Hubschrauber des Innenministeriums über der Stadt, und allerorts begegneten uns Gruppen Jugendlicher, die, Kampfparolen brüllend, durch die Straßen zogen. Am Rückweg sah ich an den Kreuzungen brennende Autos und Häuser, Polizeistationen, die von Demonstranten überfallen und in Brand gesteckt wurden. Diese Aktionen waren gegen die Regierung gerichtet, sie betrafen nicht die Fremden, die dennoch verunsichert in den Häusern blieben. Um Nachrichten einzuholen fuhr ich ins „Marox", ein Restaurant, das von einer Rosenheimer Unternehmerfamilie schon vor zwanzig Jahren gegründet wurde und seitdem Treffpunkt der Deutschen war. Hier traf ich zahlreiche Bekannte. Phillip David, Eyademas Rechtsberater, saß mit dem Oppositionsführer an einem Tisch, an einem anderen saßen die Mitarbeiter der DDG und ein Österreicher, der Wiener Kunsthändler Weygand. Ich gesellte mich zu ihm, und wir kommentierten verunsichert das Erlebte. Es dauerte keine fünf Minuten, da ertönte Geschrei: „Sie kommen, sie kommen!" Wir traten auf die Straße und sahen, wie sich eine Menschenmenge von etwa vierhundert Personen dem Restaurant näherte. Alle waren mit Eisenstangen und Knüppeln bewaffnet, und ihre in Tanzschritte und Parolen gekleidete Aggression war beängstigend. Es kam zu panikartigen Szenen, wer konnte, flüchtete, die anderen verschanzten sich. Für Weygand und mich war es zu spät. Wir hatten zu lange gewartet, sie waren da und kreisten uns ein. Mit mächtigen Hieben spalteten sie die Registrierkasse, die Fenster des angeschlossenen Supermarkts barsten explosionsartig, und die Lebensmittel flogen auf die Straße. Der Mob schaffte zur Seite, was möglich war. Ich stand mit Weygand in eine Ecke gedrängt, geschoben und gestoßen von Demonstranten und jenen, die wie wir zu spät das Lokal verlassen wollten. Stühle und Tische zersplitterten unter der Kraft der Schläge, Geschrei und Panik begleiteten das Geschehen. Inmitten dieses Hexenkessels war die Chance, ungeschoren herauszukommen, gering. Ich schrie Weygand an und wies ihm einen Weg entlang der Toilette, auf eine Mauer und über sie auf ein Garagendach. Weygand folgte mir mühsam, wir konnten so dem Schlimmsten entkommen.

Am Garagendach stehend, konnten wir die wütende Menge sehen. Leider sah diese auch uns, die Gefahr war keineswegs gebannt, auch hier waren wir unseres Lebens nicht sicher. Als Ausweg erschien ein rettender Sprung in einen Hof, in dem ein gelber Bus stand. Ich sprang zuerst und wartete auf Weygand, den der Mut verließ. Er versuchte, sich an die Dachrinne zu hängen, verlor aber den Halt und stürzte auf den Boden, der Gott sei Dank nicht asphaltiert war. Stöhnend und gekrümmt versteckten wir uns hinter dem Bus. In diesem Moment zeigte sich unter einem Wellblech, das an der Wand lehnte, eine junge Frau mit einem Säugling am Arm. Sie war Kanadierin und wie wir auf der Flucht vor den plündernden Horden. Nur kurze Zeit fühlten wir uns sicher, dann dröhnten schwere Schläge am Eisentor, das uns vor der Menge schützte. Ich empfahl den Verängstigten, sich unter dem Bus zu verstecken. Weygand war der Meinung, er würde sich im Bus verstecken und, falls das Tor sich öffnen sollte, mit diesem gegen die Menge fahren. Ich versuchte, ihm zu erklären, dass das unser sicherer Tod sein würde. Doch er hatte seinen Entschluss gefasst und bestieg den Bus. Als die Frau mit dem Säugling und ich unters Auto krochen, lag da schon jemand. Im Liegen grüßten wir uns, und der Fremde meinte mit zittriger Stimme, dass wir uns schon gesehen hätten. Es war der Direktor des Goethe-Instituts, der am Vorabend eine Vernissage eröffnet hatte. Liegend reichten wir uns die Hand. „Man hat mir meine Brieftasche gestohlen." Kein Wunder, in diesem Chaos. Instinktiv griff ich mir ans Gesäß, auch meine Brieftasche war mit einem Teil des Budgets, das ich für den Kauf von Antiquitäten mitführte, verschwunden.

Inzwischen war Weygand wieder aufgetaucht. Der Bus hatte sich in der Sonne derart aufgeheizt, dass ein Verweilen im Innenraum völlig unmöglich war. Die Schläge an das Eisentor wurden heftiger, und Weygand entwarf ein Rettungsszenario, in dem er das Tor öffnen wollte, um mit erhobenem Säugling der Masse entgegenzutreten. Diese Idee wurde verworfen, weil die Mutter nicht mitmachen wollte. Weygand argumentierte idealistisch, er war der Auffassung, dass kein Afrikaner einen Säugling gefährden würde, ganz gleich, ob dieser nun schwarz oder weiß sei. Nach einer endlosen Stunde traf das Militär ein und befreite uns. Die Demonstranten wurden zerstreut, verhaftet und erschlagen, der Weg zurück ins Hotel schien frei.

Vor dem Restaurant stand mein Auto. Scherbenbedeckt, aber unbeschädigt. Vorsichtig stiegen wir ein, nach allen Seiten schauend setzte ich das Gefährt durch einen knirschenden Scherbenteppich in Bewegung. Wir erreichten die Straße und waren gerettet, zumindest stellte es sich so dar, weil wir noch nicht gesehen hatten, dass nur hundert Meter vor uns die Straße durch brennende Autoreifen gesperrt war. Eine schmale Öffnung in der Barrikade war von vermummten Gestalten besetzt. In Eile klebte ich das Flugblatt an die Scheibe, das Olympio zeigte, den Sohn des ermordeten ehemaligen Staatschefs. Die Botschaft kam nicht an, die Autonomen wollten Geld oder Leben. Ich versuchte zu verhandeln, denn wir hatten kein Geld mehr, es war uns bereits genommen worden. Unbeeindruckt setzte mir einer der Jünglinge eine Schleuder an den Kopf, in deren angespannter Gummilasche sich ein Stein befand. Mit Argumenten war dieses Problem nicht zu lösen. Als sich vor dem Auto die Gruppe gelichtet hatte, gab ich Gas. Zwei flogen zur Seite, ein anderer war geistesgegenwärtig genug, um einen Ziegel durch die hintere Scheibe ins Auto zu werfen. Dann erreichten wir die Marina, einen breiten Boulevard, der zum Hotel de la Paix führte. Hier wiederholte sich die Szene. Ein Berg brennender Autoreifen versperrte die Weiterfahrt. An ein Umkehren war nicht zu denken, denn hinter uns tobte eine Meute, die unser Leben forderte. Da erinnerte ich mich am einen der Tricks, mit dem ich in der Türkei und in Marokko steinewerfende Kinder verscheucht hatte. Ich gab Gas und raste direkt auf die Gruppe zu. Eine Zeit lang tanzten sie weiter, doch dann ließen sie ihre Eisenstangen fallen und rannten um ihr Leben. An den brennenden Reifen vorbei erreichte ich die Einfahrt des Hotels. Ich ließ das Auto stehen und flüchtete. Weygand hatte sich woanders versteckt, ich eilte in die Rezeption, an den verdutzt schauenden Angestellten vorbei, über die Feuerstiege in den ersten Stock. Dieses Haus kannte ich wie mein eigenes, ich hatte jahrelang hier gewohnt. Von oben beobachtete ich die Bande, wie sie sich der Rezeption bemächtigte und aus Ärger, dass ich entkommen war, alles zertrümmerte, was ihr in die Hände kam. Das Bild Eyademas war schon vor Tagen abgenommen worden, aber die Schauvitrinen mit den Produkten des Landes, Reste einer Image-Kampagne, waren noch da. Sie barsten unter den Hieben der Chaoten, und Togos Produkte flogen durch den Raum.

Später, nachdem es still geworden war, begann ich Weygand zu suchen. Er war verschwunden, offenbar hatte ihn ein Taxifahrer gerettet. Bei Einbruch der Dunkelheit wagte ich meine Rückreise. Im Hotel Le Benin herrschte Aufregung, Berichte von Massakern gingen um, eine Ausgangssperre wurde verhängt, und es schien, als ob die Revolution noch weitere Überraschungen bereit hielte.

Am Abend saßen die wenigen Gäste an einem Tisch beisammen. Not schafft Nähe, die Arroganz Einzelner wich einer ängstlichen Verbrüderung. Man beriet, wie das Land zu verlassen sei, und versuchte vergeblich, über ein zerstörtes Telefonnetz die Botschaften zu informieren.

Ein Taxifahrer mit Kontakten zur Opposition bot mir am darauf folgenden Tag seine Hilfe an. Er glaubte zu wissen, dass die Revolution nicht vor zehn Uhr morgens beginnen würde. Ich plante also ein dichtes Programm, das die Besorgungen und unvermeidlichen Besuche vorsah. Um sieben Uhr starteten wir, die Revolution hatte sich, wie versprochen, schlafen gelegt. Als die letzte Station hinter uns lag, war es neun, Zeit genug, um sich umzusehen, was aus der Stadt geworden war. Ich entließ den Chauffeur und promenierte entlang des Boulevard Circulair an ausgebrannten Autos und Häusern entlang, Berge verkohlter Autoreifen lagen auf den Straßen, und allerorts glitzerten die Scherben auf den staubigen Straßen. Schon nach wenigen Minuten der vermeintlichen Ruhe vernahm ich Geschrei. Aus einer Seitenstraße kam eine Hundertschaft, aus einer anderen fuhren zwei Lastwagen, voll gepackt mit schreienden Demonstranten. Blitzartig verschwanden die wenigen Passanten, und überall vernahm ich, wie die Türen und Fenster in die Schlösser fielen. Die bedrohliche Nähe der Gewalttäter ließ mich in eine stille Gasse flüchten, in der ich mich unbeobachtet wähnte. Auch hier waren alle Türen versperrt, die Fenster vernagelt. Am Dach eines Hauses tauchte eine Gestalt auf und rief mir zu: „Lauf davon, sie kommen!" Es war nicht leicht, dieser Aufforderung zu folgen, denn ich wusste nicht, woher sie kommen würden und wohin ich zu laufen hatte. Aus einem Spalt in der Mauer rief eine alte Frau: „Lauf weg, bevor es zu spät ist!" Ich beschleunigte meinen Schritt und erreichte die nächste Kreuzung. Vorsichtig blickte ich um die Ecke und sah tatsächlich eine kleine Gruppe, die mir entgegenkam. Ich lief zurück, doch auch in der anderen Richtung waren die Gassen von Demonstranten blockiert. Ich musste befürchten, eingeschlossen zu sein. Obwohl ich keinen von ihnen sah, schienen sie, allgegenwärtig, die Stadt besetzt zu haben. Mein nervöses Hin und Her war begleitet von den Zurufen versteckter Bürger. Sie wollten mich retten, aber nicht um jeden Preis. Mich einzulassen, schien ihnen zu riskant. In dieser kafkaesken Situation bog ein Wagen in die Gasse. Ich stellte mich breitbeinig davor und verhinderte so lange seine Weiterfahrt, bis er mich mitnahm. Es war ein verängstigter Rechtsanwalt, der das Glück hatte, in diesem Labyrinth der Angst den richtigen Weg gefunden zu haben.

Die folgenden Tage waren quälend. Aus der Lagune wurden fünfunddreißig Tote geborgen, die amerikanische Botschaft wurde angegriffen, und schließlich legte man die Leichen vor die Hotels und Botschaften, damit die Ausländer, die sich dort verborgen hielten, die Kunde von der Revolution verbreiten konnten. Offiziellen Meldungen zufolge hatte diese jedoch nie stattgefunden. In der Nacht brannten die Häuser, und Bewaffnete zogen mordend durch die Stadt. Die Opposition beschuldigte die Regierung, diese Auftritte organisiert zu haben, um dem Ruf nach dem starken General Gehör zu verschaffen.

An einem der folgenden Tage heulten die Sirenen, schwarzer Rauch stieg in den Himmel. Vom Dach des Hotels aus konnte ich sehen, wie die Flammen aus einem Gebäude schlugen, das ich für das Restaurant Marox hielt. Die Opposition war verbittert, denn die Familie März, die dieses Unternehmen gegründet hatte, tat das unter dem Protektorat Eyademas. Die Farm, die von ihr betrieben wurde, basierte auf Vereinbarungen, die an den Einwohnern der dortigen Dörfer vorbei vom General selbst getroffen waren. Nun wollte man das Land zurück, die Rechtslage war verwirrend. Wie ich später erfuhr, brannte nicht das Restaurant, sondern einige Autos der Marke Mercedes, die vor der benachbarten Generalvertretung abgestellt waren. Zwischen den vielen Informationen, die uns erreichten, war auch jene, dass wir uns für eine Evakuierung am kommenden Samstag bereithalten sollten. Eine Maschine der Sabena wurde erwartet, die die Europäer ausfliegen wollte. Am Vortag gab es noch zahlreiche Aufregungen, doch am Abend machten sich die Gäste des Hotels bereit für den bevorstehenden Auszug.

Als die Nacht hereingebrochen und die letzten Reste aus der Tiefkühltruhe zu einem verwegenen Essen zubereitet worden waren, ging jeder in sein Zimmer. Eine kleine Gruppe von Prostituierten war noch in der Lobby und versuchte Schlafplätze zu ergattern. Es ging ihnen diesmal nicht um Geld und Sex, sie wurden von der Ausgangssperre überrascht und mühten sich um eine Bleibe.

Nach dieser letzten Nacht überraschte mich ein weiteres Unglück. Die Fische, die man aus der Gefriertruhe gekratzt hatte, waren verdorben und ich das Opfer einer Vergiftung. Ich wollte das Bad erreichen und fühlte bereits, wie die Kräfte schwanden. Eine Darmkolik warf mich zurück ins Bett. Schmerzen breiteten sich aus, und ich sah, dass es meine einzige Chance war, den Frühstücksraum zu erreichen, um Hilfe zu finden. Ich hatte Mühe, den Lift zu verlassen, dann schwankte ich zu meinem Platz und verlor das Bewusstsein. Als ich erwachte, lag ich am Boden, viele Menschen standen herum und beobachteten einen Arzt, der mich wiederbelebte. Er diagnostizierte einen Angina-Pectoris-Anfall, Eile schien geboten. Erst als ich erklären konnte, dass ich durch die Schmerzen einer Darmkolik kollabiert war, relativierte sich das Krankheitsbild. Ich wurde ins Zimmer getragen, und man rief einen Arzt, weil jener, der mich wiederbelebt hatte, ein Amtsarzt war und sich eine weitere Behandlung nicht zutraute. Der Gerufene kam allerdings nicht, denn die Ausgangssperre wurde so gründlich überwacht, dass sich niemand auf die Straße wagte. Zwei Stunden später wurden wir von einem Militärauto geholt und zum Flughafen gebracht. Die Sabena war nicht gekommen, aber eine andere Maschine, die uns nach Niamey flog. Dort erlebte ich noch schreckliche Stunden, weil man uns als Transitpassagiere nicht in den Flughafen ließ. In einer Wellblechbaracke, in der die Luft flimmerte, warteten wir über zehn Stunden, bis uns die rettende Maschine nach Brüssel brachte. In dieser Zeit gab es nur Wasser und schwarzen Kaffee. Wäre etwas anderes angeboten worden, hätte ich es nicht genießen können. So ging eine der vielen Reisen zu Ende, eine Reise, die mich derart verängstigte, dass ich mich meiner asiatischen Destinationen erinnerte, in denen ich nie ein vergleichbar schreckliches Erlebnis gehabt hatte.

Die Bilanz dieses Aufstandes hat gezeigt, dass keine Europäer zu Schaden kamen. War meine Angst unbegründet? Im Nachhinein könnte es so scheinen, doch im Moment des Aufruhrs zeigte sich eine Gewaltbereitschaft, die vor nichts und niemandem Halt zu machen schien. Wer nie im Zentrum einer Revolte stand, hat Mühe, ihren Verlauf vorherzusehen.

## Habe die Ehre

Dieser altmodische Gruß, der in Tirol etwas schlampig als „Hawedjere" noch immer in Gebrauch steht, hat nicht nur eine freundliche Seite. In seiner zweiten Bedeutung wird er von einem ungläubig Staunenden verwendet, der überrascht ein gegen ihn gerichtetes Unheil entdeckt. Nur der Tonfall, in dem das Wort ausgesprochen wird, lässt den Eingeweihten erkennen, ob er als nahende Katastrophe oder als Freund empfunden wird. Als Adjo zum ersten Mal derart gegrüßt wurde, verstand sie „habe Diarrhöe" und war nicht zu Unrecht verwirrt.

Der Begriff der Ehre ist ein überaus sensibler und wird hierzulande in einer Art und Weise verstanden, die durchaus mit seinem Gebrauch in Afrika vereinbar ist. Ärmlich, aber sauber, das heißt, die Socken mögen Löcher haben, solange sie gewaschen sind, ist das in Ordnung. Gescheitert in jeder Hinsicht, am Leben, am Partner, an den gestellten Aufgaben, an allem, das ist in Ordnung, solange der Stolz auf die Zugehörigkeit zu seiner Gesellschaft ungebrochen bleibt und sich zwischen den Ruinen seiner Existenz ein Rest von Würde findet.

Ich selbst erlebte im Millenniumsjahr, dass all die Ehre, die man mir in der Vergan-

V. Kulturvermittler und Fotograf

1 (Vorderseite) / 2 Chesis kulturpolitische Aktivitäten in der Heimat sorgten nicht selten für Aufregung. Das „Gipfelkonzert" wurde zum Zankapfel zwischen den traditionellen und progressiven Kräften in Tirol. Unter der fachkundigen Leitung des Alpinisten Hannes Gasser trugen Chesi und seine Freunde einen Flügel auf den Gschöllkopf im Rofan. Die Boogie-Pianisten Axel Zwingenberger, Martin Reiter und Vince Weber konzertierten in luftiger Höhe.

3 Die „Eremitage" im Gründungsjahr 1974. Das Interesse an den Kulturveranstaltungen war enorm.

4 Die „Jazzer" der ersten Stunde. Von links nach rechts: Piano: Peter Abbrederis, Schlagzeug: Herbert Gugelberger, Saxophon: Helmut Erhard, Trompete: Werner Kreidl, Gitarre: Gert Chesi.

5 Hunderte Jazzkonzerte in der „Eremitage" zogen viele Freundschaften nach sich. Chick Corea bei einem seiner Konzerte Mitte der Siebzigerjahre.

6 Aus dem Keller auf die großen Plätze: Den „Schwazer Jazztagen" folgte der „Schwazer September". Wolfgang Ambros konzertierte damals am Telta-Parkplatz.

7  H.C. Artmann war dem Schwazer Kreis fast dreißig Jahre lang in Freundschaft verbunden. Chesis Porträtkunst gibt Rechenschaft darüber.

8  Als ORF-Mitarbeiter fand Gert Chesi erste Gelegenheiten, seine Liebe zu Afrika den Tirolern zu vermitteln. Einmal bat er Francis Nkrumah, den Sohn des legendären ghanesischen Staatschefs Nkwame, zu einem Interview ins Studio Tirol.

9/10 Seine Kamera benützte Chesi nicht nur für Reportagen und Dokumentationen, sondern auch für fotokünstlerische Schöpfungen. Zwei Beispiele: Porträt Jup Rathgeber, Weggefährte und Freund, mit der noch kleinen Laurice Nasr, und ein Aktfoto (nächste Seite).

genheit verweigert hatte, in monströsen Dimensionen hereinzubrechen drohte. Nachdem ich von China zurückgekehrt war, erfuhr ich, dass nicht nur Land und Bund mir Ehre angedeihen ließen, selbst die Stadt, deren Bürger einst Unterschriften gegen mich gesammelt hatten, kündigte an, mir ein Ehrenzeichen überreichen zu wollen.

Während der Behandlungspausen in der Klinik, bevor die Bypässe montiert wurden, hatte ich in Erwartung angekündigter Ehrungen ein Statement geschrieben, das ich bei der Verleihung des Museumspreises verlesen wollte. Inzwischen waren aber die Vertreter der Regierung bei mir gewesen und hatten in einer fast zweistündigen Unterredung den Festakt niedergeschrieben. Es war an ein Bläserquartett gedacht, an ein opulentes Buffet, an Dekorblumen und an einen Strauß für meine vermeintliche Frau, die mir inzwischen ohnehin abhanden gekommen war. Schließlich an eine Reihe von Festrednern, die die Laudatio zu übernehmen hatten. Es war allerdings nicht vorgesehen, dass der Geehrte selbst das Wort ergreifen sollte. So musste ich mir verschämt eingestehen, dass ich meine Rede für diesmal umsonst geschrieben hatte, aber ich konnte sie ja bei der zweiten Ehrung halten, die ich in einer Kärntner Ortschaft entgegennehmen sollte. Nach längerem Überlegen erschien mir dieser Rahmen aber nicht geeignet, weil ein fremdes Publikum die Seitenhiebe nicht verstehen würde. Ich war also entschlossen, auf mein Statement zu verzichten, als mich plötzlich die Botschaft von der Ehre erreichte, die mir in meiner Heimatstadt zuteil werden sollte. Um es kurz zu machen: auch hier war nicht vorgesehen, dass die Geehrten mehr als ein dürres Dankeschön sagten.

Diese Veranstaltung, bei der mehrere verdiente Bürger der Stadt gewürdigt wurden, stand im Zeichen einer Festveranstaltung, die der Bürgermeister und die Gemeinderäte einberufen hatten. Festlich gekleidet traf sich eine große Gesellschaft, das Buffet war für einige hundert Menschen vorbereitet worden, die als Gäste dem Festakt beizuwohnen gedachten. So gestaltete sich mein Weg zum Gemeindeamt als Spießrutenlauf, ich wurde nicht nur höflicher als sonst gegrüßt, manche ließen es sich auch nicht nehmen, mir schon vor dem Festakt auf offener Straße die Hände zu schütteln und zu betonen, wie sehr ich diese Ehre verdient hätte. Im Rathaussaal, der zum Bersten voll war, fand ich meinen Platz in der ersten Reihe, neben Männern, denen die gleiche Ehre zukommen sollte. Die Bläsergruppe der Musikschule intonierte ihr erstes Stück, eine festliche Ouvertüre, der die Rede des Bürgermeisters folgte. Hinter mir saßen mehr als hundert Bürger, vor mir die Gemeinde- und Stadträte, in deren Mitte der Bürgermeister, an den Seiten die Bläser und eine Abordnung eines Traditionsvereines, der in mittelalterlichen Gewändern der Zeremonie eine bedeutende Optik gab. Neben mir die anderen Kandidaten, mit ernsten Gesichtern, dem Anlass gerecht.

In diesen Minuten des Wartens zog meine Vergangenheit an mir vorbei. Wie auf der Bühne eines Kabaretts traten die Figuren aus dem Dunkel des Vergessens und erinnerten mich an Ereignisse, von denen manche so alt waren wie ich. Links von mir saß ein Bekannter, der es bis zum Stadtbaumeister gebracht hatte. In einer Zeit politischer Turbulenzen lag es an mir, ihn der schikanösen Behandlung der Bürger zu bezichtigen. Dieser öffentlichen Beleidigung folgte ein Prozess, den die Stadt, die mich nun ehrte, zur Ehrenrettung des Beleidigten gegen mich einleitete. Mit über siebzig Zeugen, die ich nennen konnte, wäre dieser Prozess zu einem der größten Gerichtsereignisse in der Geschichte der Stadt geworden, wäre er nicht frühzeitig in Erkenntnis der Aussichtslosigkeit von denen, die ihn angestrebt hatten, abgebrochen worden. Nach vielen Jahren war die alte Freundschaft wiedererstanden, die Beleidigung war vergessen. Vor mir in direktem Blickkontakt der Bürgermeister, der ein Freund war und maßgeblich Anteil am Bau des Museums hatte. Ihm war ich in Dankbarkeit zugetan. Schräg hinter ihm ein Stadtrat, der mich vor zwanzig Jahren angezeigt hatte, weil ich ein Klavierkonzert auf dem Gipfel eines Berges veranstaltete. Er hatte damals nicht nur die konservative Öffentlichkeit mobilisiert, sondern auch die Regierung eingeschaltet, weil er ein Verbot erwirken wollte, um der Entweihung der Berge durch Negermusik zu begegnen. Hinter mir saß der Direktor des Bischöflichen Gymnasiums, der seinen Studenten verboten hatte, die „Eremitage" zu besuchen, meinen Jazzclub, der im Verdacht stand, dass dort Haschisch geraucht wurde. Zwei Plätze weiter der Missions-Vikar des Franziskanerklosters, der mir in Sympathie zugetan war, trotz der Tatsache, dass ich in allen meinen Berichten und Büchern die Mission verurteilt habe. Die Schützen, die vor dem Gemeindehaus Aufstellung bezogen hatten, zählten nicht zu meinen Freunden. Ich hatte sie stets verdächtigt, die Wegbereiter einer Ideologie zu sein, die rückwärtsgewandt einem nationalen Ideal diente, das der Nährboden für Fremdenfeindlichkeit und Rassismus war. Diese Verdächtigung gründete auf dem Umstand, dass wir als Jugendliche vor dem Gasthaus des damaligen Schützenhauptmannes standen und Nazilieder vernahmen, die zu Hitlers Geburtstag gesungen wurden. Ein Bekannter, der zwanzig Jahre später im selben Gasthaus die Übertragung des „Gipfelklavierkonzerts" sehen wollte, wurde unter Androhung von Schlägen auf die Straße gesetzt. Der Vizebürgermeister, ein Schulfreund und Wegbegleiter über viele Jahre, war mir aus dem Blickfeld geraten. Ein anderer in der Reihe der Gemeinderäte stimmte aus politischen Erwägungen bei allen Museumsbelangen gegen mich, obwohl er sich sonst anerkennend über meine Aktivitäten äußerte. Bei der Debatte über die zu vergebende Ehre hatte er für mich gestimmt, denn hier ging es schließlich nicht um Geld.

In diesem Gemeindesaal, dem Schmelztopf der Ideologien, brachte die Besucherdichte die Versammlung ins Schwitzen. Die Fenster konnte man nicht öffnen, denn ein kleines organisatorisches Missgeschick hatte zur Folge, dass während der Reden die Stadtmusik draußen ihre Märsche intonierte, sodass manche Sätze, die zugunsten der

Geehrten gesprochen wurden, im Klangbrei der Veranstaltung untergingen. Nachdem der Bürgermeister alle Würdenträger und früher schon Geehrten begrüßt hatte, schritt man zur Verleihung. Die zu Ehrenden waren so ausgesucht, dass aus jeder Disziplin einer gewählt wurde. So begann man mit dem Hofrat, der die Lawinenschutzbauten im Lande zur Freude aller beispielgebend plante. Es folgten der Steuerberater, der ein Leben lang im Dienste der Pfadfinder stand, ein Motorsportler, der dutzende Rennen bestritten hatte und noch immer unversehrt dem Sport zur Freude gereichte. Der Guardian, den die Bürger ins Herz geschlossen hatten, obwohl er ein Auswärtiger war und einer, der sich durch Zivilcourage und Sturheit ausgezeichnet hatte. Der Baumeister neben mir wurde als jemand dargestellt, der Rückgrat bewiesen hatte, weil er stets gegen den Willen der Bürger seine Entscheidungen traf.

Die meisten der launigen Reden hielt der Vizebürgermeister. Er begann stets mit einem kurzen Werdegang und umriss die Volks-, Haupt- und Mittelschulzeit, die erste, zweite und dritte Ehe, der soundsoviele Kinder entsprangen. Dabei versäumte er es nicht, sich bei jeder der Ehefrauen für die Nachkommen, die sie in die Welt gesetzt hatten, zu bedanken. Als die Reihe an mir war, hatte ich Glück. Der Bürgermeister selbst ergriff das Wort, und so blieb mir die Betrachtung meiner Schulerfolge und die des vermeintlichen Eheglücks erspart. Allerdings griff auch er tief in die Vergangenheit und beleuchtete Taten aus einer Zeit, in der ich noch ein Kind war. Er selbst war noch nicht geboren, da hatte ich als Fünfzehnjähriger mit meinem Freund Eusebius die Idee, die ganze Stadt mit einem Aprilscherz zu beglücken. Wir schrieben handgemalte Plakate und spannten ein Seil über die Hauptstraße. Dann entliehen wir von meinem Großvater die Scheinwerfer seines fotografischen Ateliers und erhellten die Nacht. Wir kündigten eine Seiltänzergruppe an, die hoch über den Häusern, eben auf diesem Seil, Unglaubliches leisten sollte. Schon im Vorfeld der „Veranstaltung" kam es zu Schwierigkeiten. Am Dachboden des Hauses, von dem das Seil zum gegenüberliegenden Gebäude gespannt war, bekamen wir Besuch von der Polizei. Die Veranstaltung sei nicht gemeldet. Während sich auf der Straße schon hundert Schaulustige versammelt hatten, erklärten wir dem Polizisten, dass diese Veranstaltung nur deshalb nicht angemeldet sei, weil sie gar nicht stattfinden würde. „Was ist dann mit den Zuschauern auf der Straße?", wollte er wissen, aber das konnten wir auch nicht erklären. Wir wollten nur noch abwarten, bis es mehr waren, dann sollte ein Transparent mit der Aufschrift „1. April" übers Seil gezogen werden. Während wir noch mit dem Polizisten verhandelten, wuchs die Menge auf der Straße. Zum Unglück hatte sich auch noch ein kleiner Unfall ereignet, ein Mopedfahrer streifte einen Zuschauer. Das verbitterte den Polizisten endgültig, er verlangte den Abbruch des Spektakels. Inzwischen war die Gemeinderatssitzung des 1. April 1955 zu Ende, sodass auch die Stadtväter, dicht gedrängt, um die Sensation mitzuerleben, auf der Straße standen. Wir zogen also unser Transparent übers Seil und hörten, wie es auf der Straße zu kochen begann. Das war eine andere Zeit, eine Zeit, in der Respektlosigkeit mit Schlägen honoriert wurde. Als wir die Bedrohlichkeit der Lage erkannten, flüchteten wir. Ich erinnere mich noch, dass wir den Weg über die Brücke nahmen, verfolgt von Beleidigten und Erniedrigten, die nach Sühne schrien. Beim Krankenhaus erreichten wir den Bauhof, und durch ein Loch im Zaun konnten wir uns vor den Verfolgern retten.

Diese Geschichte und noch einige andere Begebenheiten erzählte der Bürgermeister, um meine Person zu charakterisieren, einen Menschen, wie er sagte, der immer schon die Konfrontation suchte und sich verwegen ins Abenteuer stürzte. Schließlich wies er noch darauf hin, dass ich mit meiner Arbeit das Kulturleben der Stadt geprägt hätte und dass es hoch an der Zeit wäre, sich im Namen der Bürger für all das zu bedanken. Ich verbeugte mich verschämt und war froh, nichts mehr sagen zu müssen. Nach dem Festakt wurde ich mit all den anderen zum Fototermin gebeten. Später standen wir dann einer Ehrengarde der Andreas-Hofer-Schützen gegenüber, die zwei präzise Ehrensalven in die Luft feuerten, die nur von einem jaulenden Hund und einem weinenden Kind ganz offensichtlich missverstanden wurden.


## Im Banne des Voodoo


In den Jahren meiner Jugend träumte ich oft von Afrika. Allein der Name dieses Kontinents versetzte mich in eine Stimmung, in der sich alle erdenklichen Klischees aneinander reihten: Vorstellungen aus der Kindheit, die genauso beschönigend wie falsch waren. Afrika war der Kontinent der Tiere, der schwarzen Menschen, die friedlich unter Palmen saßen, es war aber auch das Land der Magie und der Geheimnisse. Später, wir schrieben das Jahr 1964, erinnerte ich mich der Kindheitsträume, als unser Schiff auf offenem Meer vor Lomé seine Anker warf, und die Beiboote ausliefen, um Passagiere und Fracht abzuholen. So hatte ich mir mein Traumland vorgestellt.

Nach den Zollformalitäten, die ein französischer Kolonialbeamter durchführte, durften wir uns vierundzwanzig Stunden in der Stadt aufhalten. So lange brauchte man, um das Schiff zu löschen. Wie die Passagiere, so wurde auch die Ware mit Kränen von Bord gebracht, man lud sie in Boote, die auf offener See so schaukelten, dass mehrfach ganze Ladungen, weil sie ihr Ziel verfehlten, ins Wasser tauchten. In den Häfen Thema und Abidjan war das Löschen der Fracht professioneller organisiert, weshalb viele der Reisenden, wenn sie ein eigenes Auto mitführten, diese Stationen bevorzugten. Die lange Fahrt über schlechte Straßen nach Togo schien durch die immer wiederkehrenden Verluste gerechtfertigt. In Lomé vor Anker, das hieß vierundzwanzig Stunden festen Boden unter den Füßen und eine Stadt, die im besten Sinne des Wortes abenteuerlich war. Hier hatte die französische Kolonialzeit etwas geschaffen, das es in englischen Kolonien nicht gab: eine Struktur, die über Kaffeehäuser und Bars verfügte, in denen man das Flair einer unvergleichlichen Mischung von Lebensfreude und Aktionismus vorfand. Die Märkte waren voll von exotischen Waren, ein buntes Gemisch, das den Erwartungen der Reisenden entsprach. In den Höfen hinter den Restaurants sah man barbusige Mädchen beim Maniok-Stampfen, es roch nach Früchten und Schweiß, einer Mischung, an der sich die Fantasie der Reisenden entzündete. In den Nachtclubs wurde bis in den Morgen getanzt, die Gesellschaft badete in einem Lebensgefühl, das alles versprach und alles hielt.

Die Schiffsbesatzung „versumpfte" im Seemannsheim, die Mitreisenden in den Night Clubs, nur ich folgte den Trommelklängen, die in der Ferne zu vernehmen waren. Durch dunkle Gassen irrte ich den Geräuschen nach. Gesang war zu vernehmen und das rhythmische Klatschen der Frauen, die sich mit den flachen Händen auf die nackte Brust schlugen. Diese eigenartige Perkussionsform stammt aus der Zeit der Sklaverei, in der man den Afrikanern das Schlagen der Trommeln untersagte. In einem Gehöft traf ich dann auf eine Gesellschaft, die tanzend und singend die Götter pries. Ich war in eine Voodoo-Zeremonie geraten, ohne sie erkannt zu haben. Man bot mir Platz und Schnaps an, doch was mich damals mehr als aller Zauber interessierte, waren die Musik, der Tanz und der Rhythmus, der mich in helle Aufregung versetzte. Ich war an die Wurzeln des Jazz gelangt. Fasziniert versuchte, ich die Musik mitzudenken, doch ich stellte fest, dass sie anderen Gesetzen folgte als die unsere. Es gab keine Einteilung in vier, acht oder sechzehn Takte, sie beschrieb einen Kreis, der keinen Anfang und kein Ende hatte, und wer als Sänger oder Trommler dazukam, der musste den Kreis betreten und sich mit dem Kollektiv weiter und weiter in eine endlose Spirale begeben. Die Monotonie des Unendlichen ist das Geheimnis der Trance. Sich innerhalb einer Ordnung zu bewegen, die kein Extemporieren zulässt und die dem Oberflächlichen den Eintritt verwehrt. Hier verschwammen die Grenzen des Bewusstseins, die Menschen machten ihre Körper zu Instrumenten, sie brachten sich ein, weit über jedes Maß, das wir in Europa kannten. Die Szene verschmolz zu einem Ganzen, die Individuen zerflossen im Geist des Kollektivs, das nur eines wollte, eins sein mit den Göttern und Ahnen, mit den Kräften ihrer metaphysischen Existenz. Ohne es zu verstehen, fühlte ich den Unterschied, der uns von den Afrikanern trennte, ein Unterschied, der zeigte, was sie noch können und wir verlernt haben. In dieser Nacht wusste ich, dass ich nach Lomé zurückkehren würde, egal, wie viele Jahre es dauern würde.

Mit der Entdeckung des Voodoo erhielt meine Arbeit eine neue Dimension. Damals angesehene Zeitschriften wie „GEO" oder der „Stern" veröffentlichten meine Berichte, und solange ein Interesse an diesem Thema bestand, wollte ich es erforschen. Die Gebundenheit meiner Arbeit an den Voodoo war schon nach kurzer Zeit zweitrangig, ich wollte seine Phänomene kennen lernen, auch auf das Risiko hin, dass meine Geschichten in der schnelllebigen Branche bald an Aktualität verlieren würden. Voodoo interessierte mich derart, dass ich ihn losgelöst von meiner Arbeit untersuchen wollte. Dabei geriet ich oft in den Verdacht, ich könnte mich selbst in diese Kultkreise einbringen, man glaubte mir nicht, dass ich immer ein Außenstehender geblieben war, den die Phänomene ohne das Bedürfnis, sie zu verinnerlichen, faszinierten. Ich war getrieben von der Vorstellung, dass ich einer der Letzten sein könnte, die Derartiges erleben, denn es war die Zeit, in der die Traditionen verblassten, in der sich christliche und islamische Kirchen einer großen Akzeptanz erfreuten. Voodoo schien in seinem Anliegen veraltet zu sein, ein Relikt aus einer Zeit, in der man noch an die Zauberkraft der Worte und der Magie glaubte. Die Menschheit war im Aufbruch, die ersten Amerikaner landeten am Mond, und es war mir völlig unverständlich, dass sich vor der Kulisse dieses weltweiten Fortschritts eine Religion bewahren konnte, die rückwärts gewandt den überlieferten Traditionen gerecht werden wollte. Ich konnte mir auch nicht vorstellen, dass die christliche Kirche zur Jahrtausendwende noch ein einziges Mitglied haben würde. Die Zeit war im Umbruch, man erwartete eine Revolution, vergleichbar der durch das Internet, eine Zeitenwende, die im Ideologischen und im Technischen ihren Niederschlag finden würde. Natürlich habe ich geirrt, nicht mehr und nicht weniger als alle anderen, die die großen Entwicklungen, wie den Zusammenbruch des Kommunismus, nicht vorhergesehen haben. Ich konnte auch nicht vorhersehen, dass die Geheimnisse des Voodoo einmal freimütig an Touristen verraten werden würden, aber auch nicht, dass sich diese geheime Macht einer ständig zunehmenden Anhängerschaft bedienen würde können, die selbst in den kommunistischen Ländern Einfluss auf das gesellschaftliche Leben nahm. Der Voodoo begann sich zu emanzipieren, er kam aus den Fetischhäusern auf die Straße, er zeigte sich selbstbewusst und stolz, wenn die Herbalisten, Priester und *Babalawos*, die *Voodoossis, Mamissis* und die Scharlatane in feierlichen Gewändern zu den Zeremonien eilten. Ich erinnere mich der schönen Mädchen, die schwitzend mit nacktem Busen schwere Getreidesäcke zum „Grand Marche" brachten. Sie trugen weiße Lendentücher und ein Halsband, das aus einem einzigen Grashalm geflochten war. Sie schaukelten ihre Reize und Lasten quer durch die Stadt, sie waren stets Ziel meiner Begierde, denn ein Bild von ihnen war nicht nur eine sinnliche Botschaft, es war auch Dokument einer Kultur, deren Zugrundegehen unter dem Druck von Missionierung und fremden Zivilisationen unaufhaltsam schien. An diesem Beispiel habe ich erfahren, dass Evolutionen nicht geradlinig verlaufen. Sie bewegen sich in Mäandern und gehen auch in die Vergangenheit zurück, wenn die Gesetze der Kausalität es wollen. Im Voodoo manifestierte sich eine kollektive Rückbesinnung, die, als man sie erkannte, für die Unterdrückten und Entwurzelten zur Grundlage einer neuen afrikanischen Identität wurde. In den nächtlichen Ritualen verwandelten sich die Medien in Geister, Götter und Tiere, auch in Maschinen und Fahrzeuge, in alles, was im weitesten Sinne lebendig war. Die Besessenen schienen losgelöst von ihren Körpern eine göttliche Freiheit zu genießen, ein Freisein von der Schwere der irdischen Existenz, von den Plagen der Krankheiten und Schmerzen, von den Sorgen und Nöten, die nirgendwo häufiger zu finden waren als hier. Den gequälten Körper zu verlassen, um in die göttliche Trance einzutauchen, das ist für den Voodoo-Gläubigen ein Akt der Befreiung. Allein das Wissen um diese Möglichkeit lässt die Menschen ihr Schicksal ertragen.

Während die asiatischen Religionen den Tod als Ziel vor Augen haben, weil nur er die Mühsal des Weltendaseins besiegt und nur er als Ort des Friedens und der Freiheit empfunden wird, glaubt der Voodoo-Anhänger an die große Reise, die ihn nach dem Tode erwartet, eine Reise, die ihn hin zu den Göttern führt, immer näher, bis er selbst vergöttlicht. Auch die Wiedergeburt ist ein Aspekt seiner Vorausschau. Über ihre Möglichkeit wird nicht diskutiert, sie ist beweisbar durch die vielen Wiedergeborenen, die sich als solche zu erkennen geben. Kinder, die mit dem Wissen erfahrener Priester geboren werden, Säuglinge, die durch Muttermale oder Narben verraten, wer durch sie reinkarnierte. Eine Geschichte mag das veranschaulichen:

„Eine Yorubafrau aus Oshogbo gebar in ununterbrochener Folge Kinder, die sehr früh starben. Nach Auffassung ihres Orakelpriesters wurden sie geschickt, um die Frau zu quälen. Ein böser Geist wurde als Verursacher erkannt. Als das siebente Kind zur Welt kam, war dessen Schwäche gleich ersichtlich, es war wieder ein Säugling, den die Geister geschickt hatten. Die Frau war so erschrocken und verzweifelt, dass sie das ungeliebte Kind mit solcher Wucht gegen die Wand schleuderte, dass sein Schädel platzte. Nach reinigenden Zeremonien glaubte man im Dorf, dass dadurch der Kreislauf des Bösen unterbrochen war. Als sie bald darauf wieder schwanger wurde, gebar sie einen Knaben, an dessen Kopf die Verletzungen zu sehen waren, die zum Tod seines vorhergehenden Bruders geführt hatten. Dasselbe Kind wurde zum achten Male durch dieselbe Mutter wiedergeboren."

Im Voodoo durchdringen sich die Religionen, nicht nur die christliche mit der animistischen, auch der Islam und der Hinduismus sind fragmentarisch zu erkennen. Der Voodoo wurde in der dunkelsten Stunde afrikanischer Geschichte geboren, es war die Zeit der Sklaverei, in der das Individuum keinen Schutz und Wert besaß. Hunderttausende wurden über den Ozean verschifft, Menschen, die man in den Sklavenburgen Elminas oder Cape Coasts gefangen hielt. Nur die Frauen, die von den Gefängniswärtern oder den portugiesischen Soldaten geschwängert wurden, durften bis zur Niederkunft in ihrer Heimat bleiben. Noch hunderte Jahre später fällt auf, dass die hellhäutigen Einwohner dieser Regionen die Nachkommen von Europäern und Sklavenmüttern sind. Die Deportierten wurden bei ihrer Ankunft in der Karibik oder in Brasilien von christlichen Missionaren getauft. Sie wurden zu Katholiken gemacht, weil man glaubte, dass sie dadurch die Leiden eines Sklavenlebens besser ertragen konnten. Die christliche Passion, die den gequälten Körper als Eintrittskarte in den Himmel verkauft, war den Afrikanern aber fremd. So vermischten sie die katholischen Heiligen mit den Göttern ihrer afrikanischen Heimat und kreierten damit den afro-amerikanischen Synkretismus, der unter dem Namen Voodoo in seinen afrikanischen Schoß zurückkehrte.

Lomé war, als ich es zum ersten Mal sah, ein großes Dorf, dessen lebendiges Zentrum zwischen der Kathedrale und dem Hotel du Golfe, einem der ältesten Gastbetriebe der Stadt, lag. Obwohl es sich sehr schnell verändert hat, sind einige Ortsteile, so auch die Innenstadt, durch all die Jahre gleich geblieben. Die Häuser sind einstöckig, die Straßen von Händlern bevölkert, und rund um den „Grand Marche" herrscht ein farbenfrohes Getümmel, das den Träumen meiner Jugend zu entspringen scheint. Entfernter vom Landesteg und der City liegt der Ortsteil Be, ein ehemaliges Dorf, das mit der Stadt zusammengewachsen ist. Hierhin zogen die ersten Missionare und berichteten nach ihrer Rückkehr, dass sie, begleitet von Soldaten, gegen den Widerstand der „Ewe-Neger" am Ortseingang deren Fetische zerstört hatten. Um der Heldentat Nachdruck zu verleihen, pflanzten sie eine Muttergottes-Statue an die Stelle, als Zeichen des Triumphes, den das Gute über das Böse errungen hatte. Am Rückweg wurden sie mit Schmutz beworfen, was am darauf folgenden Tage eine Strafexpedition der Kolonialmächte zur Folge hatte. Als der Berliner Ethnologe H. Seidel im „Globus" 1903 die „Götzenbilder" beschrieb und mit Zeichnungen belegte, schienen diese die gleichen zu sein, die wir fast hundert Jahre später an den heiligen Plätzen fanden. Wenn man solchermaßen in die Vergangenheit schaut, wird einem bewusst, dass die Evolution hier in kleineren Schritten erfolgte, als wir es in Europa gewohnt sind. Die Beschaulichkeit des Lebens, das sich an anderen Geschwindigkeiten orientiert, springt auf den Reisenden über und lässt ihn an der Richtigkeit des eigenen Weges zweifeln.

Be ist das Zentrum der Zauberei geblieben. Der Voodoo hat dieses Viertel vereinnahmt, der Klang seiner Trommeln liegt wie das Zirpen der Zikaden in der Luft. Die weißen Fahnen über den Häusern signalisieren die Präsenz von *mami wata,* der Göttin der Lagunen, Flüsse und Meere. Die Fülle dieser Kultur hat mich erstaunt, aber auch ihre Ärmlichkeit. Hier ist Fülle nicht der Ausdruck von Wohlstand, sie ist nur Zeugnis dafür, dass nichts verworfen wird, was irgendeinem Gebrauch zugeführt werden kann. Nirgendwo habe ich Gebetshäuser oder Tempel gesehen, die so schmuck- und anspruchslos waren wie die der Voodoo-Gläubigen. Eine Flasche als Göttersitz, ein Tierkadaver als Träger magischer Kräfte, eine rohe Holzpuppe als Ahnenfigur. Der Europäer ist versucht, die Kraft des Glaubens mit der seiner materiellen Hervorbringungen in ein Verhältnis zu setzen. Über welche Kraft kann ein Gott verfügen, der in einer Konservendose wohnt und sich mit einem Altar begnügt, der aus wertlosen Dingen besteht? Vor dem Hintergrund einer christlichen Weltsicht, deren Barock- und Gold-Katholizismus seinen Gott mit Reichtümern überhäuft, erscheint jeder Voodoo-Tempel wie eine Abstellkammer. Die Ästhetik ist, im Vergleich zu den Kultfiguren älterer Perioden, verloren gegangen, und nicht nur sie, sondern auch die hierarchische Position. Der Voodoo war nie die Religion der Herrschenden, er war und ist die Religion der Unterdrückten. Im Voodoo verwirklichten sich die Sklaven und die Bettler, unter seinen Anhängern war keiner der Notabeln. Die Armut der Menschen ist auch jene der Götter. Nicht die Götter haben die Menschen nach ihrem Bild geschaffen, sondern die Menschen die Götter nach dem ihren. Das findet in den Voodoo-Tempeln Afrikas seinen sichtbaren Niederschlag.

Auf einer meiner frühen Reisen begann ich, mein Voodoo-Tagebuch zu schreiben. Es enthielt die Aufzeichnungen des Erlebten, die Erinnerungen an die Begegnung mit fremden Welten. Ich war in diesen Jahren von den Informationen abhängig, die mir einige Priester und Heiler anvertrauten. Oft widersprachen sich diese, und es stellte sich schnell heraus, dass die individuellen Ausprägungen der Kultkreise unterschiedlichste Interpretationen der Kulte zuließen. Das erschwerte meine Arbeit, aber es belebte sie auch, denn es zeigten sich stets neue Aspekte, die allegorisch einen Zustand beschrieben, der aus dem Chaos seine Wahrheiten schöpfte.

Es gehört zu den Merkwürdigkeiten des Erinnerns, dass sich selektive Prozesse verselbstständigen und den längst vergangenen Gegebenheiten Tendenzen aufzwingen. In meinem Fall mag es wohl so gewesen sein, dass alle Erinnerungen, die Afrika betrafen, in einem milden romantischen Licht erschienen. Auch die erlebten Voodoo-Zeremonien, die Opferhandlungen und Initiationen verloren trotz ihrer Grausamkeit den Schrecken, denn es war nicht mein Schmerz, der da gelitten wurde, und auch nicht mein Blut, das zu Ehren der Götter floss. Wie sehr mochte den Kindern die Angst im Nacken gesessen haben, als man sie zur Beschneidung führte oder ihnen mit Scherben und Rasierklingen die Skarifikationen des Stammes beibrachte? Das alles sah ich aus der Distanz des Berichterstatters, dem Leitsatz folgend, dass ich nicht das Recht hatte, mich im Rahmen fremder Kulturen zu Wort zu melden. Meine Meinung wäre genauso fehl am

Platze gewesen wie die eines Moslems, der den Messwein in christlichen Kirchen abschaffen wollte. Dennoch regte sich Widerstand in mir, wenn ich dem langsamen Sterben der Tiere zusah und die Gläubigen beobachtete, denen unmenschliche Opfer abverlangt wurden. Am schlimmsten aber regte sich mein Widerstand, wenn die Religion zum Mittel der Erpressung wurde, zur Macht, die Unterdrückung und Ausbeutung ermöglichte. Immer waren die Priesterklassen die Privilegierten, stets geriet das Fußvolk der Gläubigen in die Opferrolle. In diesem Punkt gleichen sich alle Religionen der Welt, genauer gesagt, deren Verwalter. Wenn ich dennoch diesen Voodoo-Priestern mit Sympathie begegnet bin, dann wohl deshalb, weil meine Gesprächspartner nicht an der Spitze der hierarchischen Stufenleiter standen. Sie waren das Mittelmaß, das mich interessierte, weil es mehr Einblick verschaffte als die schillerndste Figur an der Spitze. So war es schon damals, als ich in Albert Schweitzers Umfeld die Geheimgesellschaft der *bwiti* kennen lernte, die das automatische Schreiben lange vor Artho erfunden hatten. Aber auch die Begebenheiten im heiligen Wald von Lomé kamen mir immer wieder in den Sinn.

Alles was ich vor dreißig Jahren niederschrieb, hat auch heute noch Gültigkeit. Personen und Schauplätze haben sich verändert, aber in seinem Wesen ist der Voodoo über all die Jahre gleich geblieben.

Ein Anruf unterbrach meine nostalgische Nachlese, das Reisebüro hatte meinen Flug nach Lomé bestätigt, ich würde im Juni nach Afrika fliegen, um Spuren zu suchen, die mich zu meinem Sohn führen sollten, aber auch, um ein letztes Mal die Straße des Voodoo zu gehen, an der die Tempel und Fetischhäuser liegen, die ich vor langer Zeit entdeckte. Ich würde versuchen, die alten Eindrücke mit den neuen zu vergleichen, in der Hoffnung, dass die Abweichungen das Bild der Evolution erkennen lassen. Ich nahm die alten Manuskripte zur Hand und verlor mich in einem Text, der vom heiligen Wald und seinem König berichtet.

„Es ist schwül in dem kleinen Zimmer, in dem Aholu lebt und arbeitet. Auf der Nähmaschine steht eine Petroleumlampe, auf der Sitzbank liegen einige Bündel von Stoffen, die von seinen Kunden deponiert wurden. Aholu ist Schneider, und er freut sich, dass ich das Hemd trage, das er vor einigen Wochen für mich gemacht hat. Sein Name ist der Name eines wichtigen Gottes. Er hat Gott und Namen erhalten, obwohl seine Familie einer anderen Tradition angehört, der des heiligen Waldes. Seine Eltern haben, als er noch ein Säugling war, seine Überempfindlichkeit gegen warmes Wasser bemerkt und *Afan*, das Orakel, um Rat gefragt. *Afan* hat verlangt, dass das Kind dem Gott Aholu zu weihen sei und dessen Namen tragen soll.

Ich habe mein kleines Tonbandgerät auf die Nähmaschine gelegt, denn Aholu wollte heute sein Versprechen einlösen, mir etwas über den heiligen Wald zu erzählen. Er lehnt sich bedeutungsvoll in seinen Stuhl und sagt: ‚Das Wichtigste, was du wissen musst, ist der Name des Gottes, der im heiligen Wald herrscht. Es ist Togbe Gnigblin, Herrscher über alle Fetische. Er stammt ursprünglich nicht aus Lomé. Während eines Krieges vor unendlich langer Zeit kam er aus dem Dorf Adja in Dahomey. Auch hier war er nur einige Jahre, aber niemand kann sagen, von wo er gekommen ist, bevor er in Adja war.‘ Aholu schmunzelt, als sei ihm etwas Komisches eingefallen. Dann sagt er mit der Geste des Lehrers, der seinen Schüler überfordert hat: ‚Eigentlich ist unser Gott weiblich, und demzufolge müsste er Tagbe heißen. Aber der Name Togbe hat sich eingebürgert, sodass niemand mehr darüber nachdenkt. Das Symbol des Gottes ist ein Stein, obwohl Togbe die Gestalt eines Panthers hat. Er selbst wählt die Könige im heiligen Wald. Es gibt drei Könige, die nacheinander die Herrschaft antreten müssen. Der erste heißt Agboli, der zweite Togbo und der dritte Abaga. Wenn Abaga tot ist, heißt der folgende König wieder Agboli. Die Regierungsperiode eines Königs dauert drei Jahre. Wenn diese Zeit vorbei ist, stirbt er. Togbe Gnigblin erscheint in der Gestalt eines Panthers und frisst den König.‘ Ich bin sehr erstaunt über die Geschichte und unterbreche Aholus Erzählung. Wie frisst er ihn? Mit Haut und Haaren? Verschwindet er oder findet man seinen zerfetzten Leichnam?

Aholu lächelt geduldig. ‚Natürlich nicht so, wie du dir das vorstellst. Er frisst ihn nur symbolisch, seine Leiche bleibt dabei unversehrt und wird von den Gläubigen bestattet.‘ Ich unterbreche ihn wieder. Stirbt dann der König tatsächlich alle drei Jahre, oder ist das eine Überlieferung aus vergangener Zeit? ‚Er stirbt auch heute noch, wenn seine drei Jahre vorbei sind. Nur der jetzige König Togbo kann nicht sterben, weil er etwas falsch gemacht hat. Dadurch ist er jetzt seit fünf Jahren an der Macht. Das ist eine Strafe für ihn. Wenn er eines Tages sterben wird, ruft man alle Gläubigen zusammen, und es werden den Frauen im heiligen Walde Schnitte im Gesicht beigebracht, Skarifikationen, die genau erkennen lassen, in welcher Epoche sie dem heiligen Wald angehört haben. Die Gottesdienerinnen dürfen nicht länger als drei Jahre im Wald bleiben, dann sollten sie in ein profanes Leben überwechseln.

Der König kommt immer aus Togoville. Dort wird er gewählt und geht dann in den heiligen Wald nach Lomé. Da Gott selbst den König wählt, hat dieser keine Möglichkeit, die Berufung abzulehnen. Es wäre auch sinnlos davonzulaufen, denn Togbe Gnigblin würde ihn zurückholen, egal, wo er sich befindet. Ich selbst würde auch gern ins Ausland reisen, aber es ist mir verboten. Wenn ich dennoch ginge, würde ich unterwegs zugrunde gehen.‘ Während Aholu spricht, bringen seine Söhne Cola für uns. Er hat sie zu seinem Bruder geschickt, der vor kurzem eine Bar an der Lagune eröffnet hatte. Aholu erinnert mich daran, dass ich mit seiner alten Mutter, als ich zum ersten Mal da war, getanzt habe. Auf meine Frage, warum die Frauen im heiligen Wald nackt sind, antwortet er: ‚Das verlangt Gott von ihnen. Der König darf nicht nackt sein, aber alle, die zu ihm kommen, müssen es. Du musstest dich auch ausziehen, als du deine Fotos machtest. Unlängst war ein Forscher hier, der zum König wollte, er kam aber nicht bis zu ihm, weil er sich nicht ausziehen wollte.‘

Aholu biegt sich vor Lachen, und seine Augen glänzen, als freue er sich über einen Sieg, der da errungen wurde. Ich mache ihn auf den Skandal aufmerksam, den europäische Touristen verursacht haben, weil sie am Strand des ‚Tropicana‘ nackt gebadet haben. ‚Das ist ganz klar! Touristen haben keine Macht. Hier im heiligen Wald ist die Nacktheit ein uraltes Gesetz, und jeder weiß das. Auch die Regierung. Man weiß auch, dass Togbe Gnigblin stärker ist als die Regierung, und niemand würde es wagen, seine Ruhe zu stören.‘

Später erfahre ich, dass der heilige Wald nur hundertfünfzig Gläubige zählt, eine winzige Zahl. Ich wundere mich, mit welcher Sicherheit Aholu seinen Standpunkt vertritt.

Geschichten wie diese ließen Erinnerungen lebendig werden, Erinnerungen an eine Zeit, in der ich keine Sorgen kannte. Die Querelen des Tages verflogen wie das kurze Aufleuchten eines Streichholzes. Das Leben war mir immer gelungen, ich hätte mit niemandem getauscht. Doch die erfüllte Vergangenheit vermochte mich nicht mit einer Gegenwart zu versöhnen, in der sich ein Unglück an das andere reihte. Wenn ich meinen Schreibtisch verließ, verließ ich auch die Geborgenheit, die tief in der Vergangenheit ankerte. Dort ortete ich ein Urvertrauen, das der Erfahrung entsprang, dass ich jeder auch noch so verfahrenen Situation unbeschadet entkommen konnte. Aus dieser Zeit kehrte ich in eine Gegenwart zurück, die immer von denselben Sorgen gezeichnet war. Es waren die Sorgen um mein Kind, von dem ich nicht wusste, wo es sich aufhielt. Mit ihm war seine Mutter verloren gegangen, so schien es, wenngleich ich das Spiel durchschaute, das mit Drohungen und Sanktionen mein Verhalten zu bestrafen versuchte. Die Summe unerfüllter Forderungen gab dazu den Ausschlag.

Wir schrieben den 9. Mai 2000, drei Wochen nach meiner Rückkehr aus Asien. Es war eine stille Zeit, viel zu still um sich daran zu erfreuen. Noch immer gab es keine Nachricht über den Verbleib meines Sohnes. Lethargie breitete sich lähmend über meine Visionen, Pläne und Aktivitäten schienen zu erlöschen. Ich tröstete mich mit der Vorstellung, dass keine Nachricht besser sei als eine schlechte. Was ich vermisste, war nicht nur Armand, es war auch die Gewissheit, dass er lebte, nicht nur in einem biologischen Sinne, sondern in einem ideellen, indem sich seine Kinderträume verwirklichten, mit all ihren Facetten. Ich dachte so intensiv an ihn, dass mir nur eine selbst auferlegte Disziplin Pausen verschaffen konnte. Es war ein Kampf gegen mich selbst, ein Kampf, in dem die Vernunft und der Überlebenswille gegen die Fakten meiner Existenz und den Verlust meines Sohnes zu Felde zogen. Ich zwang mich immer wieder, mir andere Bilder ins Gedächtnis zu rufen, Bilder, die für Momente oder Stunden stärker waren als die Erinnerung an ihn.

Ich hatte zehn Wochen Zeit gehabt, über eine Zukunftsstrategie nachzudenken. Zehn Wochen, die ich nutzen wollte, um ein böses Schicksal abzuwenden, ihm eine andere Richtung zu geben. Es waren zehn verlorene Wochen, denn das Schweigen Adjos und das Fehlen jeglicher Information lähmten alles. Ich konnte nicht darangehen, meine Probleme zu lösen, denn ich wusste nicht, wo ich die Verschwundenen suchen sollte. Auch die innere Ruhe schien verloren, solange die Begleitumstände sich nicht änderten. Ich war zum Warten verdammt, zum Warten auf eine Botschaft, an die ich mich klammern konnte.

In dieser Phase zerstörerischen Nichtstuns erreichte mich ein Anruf ihrer Schwester Viviane. Er war auf den Beantworter gesprochen und beinhaltete in kurzen Worten eine Telefonnummer, es war die ihrer Eltern in Lomé, unter der ich sie erreichen konnte. Auf einen Schlag schienen die vergangenen Bemühungen hinfällig. Ich hatte die Postverwaltung mit der Aufdeckung aller Nummern beauftragt, die von ihr im Monat der Abreise angerufen wurden. Ich hoffte, dadurch die Spur ihrer Reise rekonstruieren zu können. Nun lag die Nummer vor mir, mit der ich die Verbindung herstellen konnte.

Ich setze mich einige Minuten, um die Atemfrequenz zu beruhigen. Dann wählte ich, und am anderen Ende meldete sich, nicht unfreundlich, Adjo. Bevor ich sie noch zu Wort kommen ließ, fragte ich nach Armand. Er sei hier. Ich hörte ihn im Hintergrund und fühlte, wie eine unbeschreibliche Last von meiner Seele wich. Armand war in Lomé, und Adjo hatte offensichtlich den Weg zurück zu ihren Eltern gefunden.

## Erinnerungen an Europa

Wie immer, wenn ich mit meinem Verleger Engelbert Perlinger irgendwohin reise, waren wir in Eile. Unser Flug von München nach Hamburg war längst ausgerufen, als wir uns noch mit überhöhter Geschwindigkeit am Zubringer befanden. Als wir den Flughafen erreichten, war klar, dass das Flugzeug bereits gestartet sein musste. Perlinger war ein schneller Autofahrer, manche, die mit ihm reisten, fürchteten seine Angewohnheit, sich an die Mitfahrer im hinteren Teil des Wagens zu wenden, während der Mercedes seinen

Weg alleine nahm. Er wirkte oft unkonzentriert, ist aber nie verunglückt. Vor dem Hauptportal des Flughafens trat er energisch auf die Bremse: „Vielleicht hat der Flieger Verspätung." Er sprang aus dem Wagen, der mit dem Kühler im Eingang stand, und mahnte mich zur Eile. Die Tür blieb offen, damit der Abschleppdienst nicht zusätzliche Probleme bekam. Dann rannten wir zum Gate und trafen eine Hostess, die uns bestätigte, dass die Passagiere längst eingestiegen waren. Durch energisches Reklamieren erreichte Perlinger, dass sie doch noch zum Telefon griff. Kurz darauf kam ein kleines Auto und führte uns zum Flugzeug. Die Gangway wurde nochmals angedockt, die Tür öffnete sich, wir waren dabei.

Am Weg nach Hamburg redeten wir über den Plan, zehntausend Weihnachtsbäume zu verschenken, solche, die in Blumentöpfen standen und nach dem Fest im Garten einen Platz finden konnten. Diese Idee war nur durch seinen Supermarkt zu finanzieren, den er kurz vorher eröffnet hatte. Er rechnete mir vor, wie viel die Weihnachtswerbung kostete, und es schien geradezu billig, was er mit den Bäumen aussheckte. Nach einiger Zeit kam das Gespräch auf mich. Er war der Meinung, dass ich nicht nur Vorträge halten, sondern auch einen Fotoband produzieren sollte, das wäre in finanzieller Hinsicht vernünftig. Ich versuchte, ihm, dem Lebensmittelkaufmann, zu erklären, wie schwer es sei, für ein derart teures Projekt einen Verlag zu finden. Im selben Jahr waren Leni Riefenstahls „Die Nuba von Kau" erschienen, und vom List Verlag kam auf eine meiner Anfragen unverblümt die Antwort, man wolle diesen großen Erfolg nicht durch ein ähnlich gelagertes Projekt gefährden. Frau Riefenstahl würde es ihren Partnern übel nehmen.

Ich war der Meinung, dass die Produktion des Buches nichts bewirken könnte, wenn kein Vertrieb dahinterstehen würde. Unser Gespräch kreiste um das Verlagswesen, bis wir schließlich in Hamburg beim Verkäufer der Weihnachtsbäume den Vertrag zum Abschluss brachten. Zurück in München wollten wir uns an die Polizei wenden, um die Strafe zu bezahlen und das Auto abzuholen. Beim Verlassen des Gebäudes traute ich meinen Augen nicht: Der Wagen stand noch immer in der Eingangstür, so wie Perlinger ihn dort stehen gelassen hatte. Der Verstoß war so eklatant, dass man ihn für unmöglich hielt. Das hatte die Gesetzeshüter offensichtlich bewogen, nichts zu unternehmen.

Es war Engelberts Angewohnheit, sich von allen möglichen Leuten beraten zu lassen, um dann das Gegenteil dessen zu tun, was empfohlen wurde. Er suchte seine Berater meist in Dilettantenkreisen, sodass auch niemand beleidigt war. Mein Freund Rudolf Kreuzer und ich gehörten ebenfalls zu diesen Beratern, und weil wir ihn davon abbringen wollten, meinetwegen einen Verlag und einen Vertrieb zu gründen, tat er es schließlich.

In der Zentrale seiner Supermärkte – es waren inzwischen vier geworden – etablierte sich der Perlinger Verlag. Nun wurde es ernst, das erste Buch sollte erscheinen, wir fixierten Termine und vergaben Aufträge; es war eine aufregende Zeit, weil das erste Buch eben etwas Besonderes ist. Die Texte waren geschrieben und die Fotos ausgewählt, ich erstellte das Layout, und Kreuzer zeichnete die Skizzen, die einige Themen zu begleiten hatten. Der Titel ergab sich durch Zufall. Im Vorübergehen erzählte ich meinem Bekannten, dem Nahostkorrespondenten Hans Benedikt, dass ich ein Buch über Afrika machen wolle, über jene Menschen, die noch im Sinne ihrer autochthonen Traditionen lebten. „Die letzten Afrikaner", erwiderte er. Genau das war der Titel, den ich suchte. Anschließend übersiedelte ich für drei Wochen nach Wels und kontrollierte die Farben während des Druckes. Es war ein aufregendes Schauspiel, zu sehen, wie die Papierstapel wuchsen und allmählich ganze Säle füllten. Schon in der ersten Auflage legte sich Perlinger auf die stolze Zahl von fünfundzwanzigtausend fest, eine Höhe, die obligatorische Auflagen weit überstieg. Nachdem der Buchbinder die ersten Vorausexemplare geliefert hatte, war die Freude groß. Feierliche Präsentationen folgten, und Perlinger sah schon die großen Erfolge auf der Frankfurter Buchmesse. Doch bis dahin erwies sich der Weg als steinig.

Eine Woche vor dem Ereignis gestand er, dass er vergessen hatte, einen Stand zu reservieren. Ein schneller Anruf war desillusionierend. Es sei üblich, Messestände schon „Jahre vorher" zu bestellen. In einer schnell einberufenen Krisensitzung erklärte Engelbert, wir würden dennoch nach Frankfurt reisen, es werde sich eine Lösung finden.

Am Tage vor der Eröffnung erschienen wir am Messegelände. Das Auto voll bepackt mit Büchern, Plakaten und Werbematerial für den bis dahin unbekannten Verlag. Ich werde die Gesichter der Direktoren nie vergessen, als Perlinger eintrat und einen Stand begehrte. Fassungsloses Kopfschütteln durch alle Instanzen. Wir verließen die ungastliche Stätte und schlenderten durch die Hallen. Im Getümmel von tausenden Ausstellern waren wir die Einzigen, die nichts zu tun hatten. Dann machte Engelbert eine Entdeckung. Der Stand von Salvador war nicht belegt. Er eilte zurück ins Organisationsbüro und erhielt die Option auf diesen Platz, falls die Aussteller nicht bis zur Eröffnung erscheinen würden. Für ihn war alles klar, wir hatten uns an die Arbeit zu machen. Zuerst bestellte er eine mehrerer Sprachen mächtige Sekretärin. Dann das Mobiliar, einen Telefonanschluss und die Beleuchtung, er hatte den Stand schon ausgestattet, bevor wir noch eine verbindliche Zusage hatten. Als diese kam, waren wir zum ersten Mal auf der größten Buchmesse der Welt vertreten, und es war berauschend. Die Besucher und Verleger standen dicht gedrängt und blätterten in dem einzigen Buch, das dieser Verlag anzubieten hatte. Unser Erfolg konnte sich sehen lassen. Innerhalb von fünf Tagen wurden Lizenzverträge mit vier ausländischen Partnern abgeschlossen, es wurde ein Vertrieb gefunden, „Die letzten Afrikaner" schienen für die kommenden Jahre gesichert zu sein. Mit diesem Auftritt erhöhte sich die Auflage vorerst auf achtzigtausend Exemplare, die in sechs Sprachen erscheinen sollten. Dieser Erfolg befreite mich von vielen Zwängen, wenngleich Bestellung noch nicht Bezahlung bedeutete.

Zurück in Tirol wurde geplant und organisiert, und Perlinger beauftragte mich spontan, ein zweites Buch in Angriff zu nehmen, „Voodoo, Afrikas geheime Macht". Einen Monat später organisierte ich in Afrika neben dem touristischen auch einen anderen Markt, es war der der Banken und Ministerien, die mein Buch orderten, um es zu verschenken. Auch Togos Staatspräsident bezog zweihundert Exemplare und überreichte mir später in Anerkennung einer vermeintlich schwer zu erbringenden Leistung ein Album mit den Erstausgaben togoischer Briefmarken. Von da an verdichtete sich das Netz meiner Kontakte, und es schien so, als stünde einer ununterbrochen fortschreitenden Arbeit nichts mehr im Wege. Im Haus meines Freundes Esposito verkehrte Kofi Annan, der damals ein hoher Beamter mit Kontakten in Amerika war. Auch er attestierte dem Druckwerk eine große Zukunft. In diesen Jahren traf ich ihn öfter, wir saßen in Accras Restaurants, und die Gespräche drehten sich um die Probleme Afrikas. Später, als seine Berufung zum UNO-Generalsekretär erfolgte, verlor ich ihn aus den Augen.

Gemeinsam mit Engelbert Perlinger reiste ich nach Togo und Ghana, es schien, als hätte das Buch, in dem Francis Nkrumah das Vorwort geschrieben hatte, nur Freunde. In Nigeria sprach ich mit Susanne Wenger, sie war einverstanden, dass ich mit ihr ein weiteres Buch plante, und die Vorarbeiten begannen noch während dieser Reise. Es war eine turbulente Zeit voll Optimismus und Zukunftsglaube, und doch waren auch diese Jahre unterbrochen von großen Enttäuschungen, die stets auf euphorische Phasen folgten. So mussten wir erkennen, dass Perlingers Verlagspolitik zu sorglos war. Er vertraute jedermann und berief sich dabei auf sein eigenes Schicksal, das ihn vom Lehrling zum Millionär aufsteigen ließ, weil er im entscheidenden Moment einen Partner fand, der ihm etwas Geld für die geplante erste Expansion lieh. Der Betrag war so lächerlich, dass man keinen Gebrauchtwagen dafür bekommen hätte. Für den Start einer der ungewöhnlichsten österreichischen Karrieren hat es dennoch gereicht, nun wollte er auch anderen eine Chance geben. Aber seine Menschenkenntnis reichte offenbar nicht aus. Erst war es ein nigerianischer Kinderbuchautor, den er verlegte und dem er achttausend meiner Bücher lieferte. Osahon gab an, über einen Vertrieb zu verfügen, und Perlinger glaubte es. Wenn er für seine Leichtgläubigkeit kritisiert wurde, argumentierte er mit seinem Erfolg, und deshalb verstummte zunehmend die Kritik an seinen Aktionen, auch wenn sie längst als falsch erkannt wurden. Schlimmer noch als Osahon traf ihn der Hochstapler N'diae, ein Senegalese, der vorgab, der Präsident der afrikanischen Notariatskammer zu sein. Er ließ dem Perlinger Verlag einen Millionenauftrag zukommen, die Produktion eines umfangreichen Druckwerkes, das nie bezahlt wurde. Selbst die Frachtkosten musste Perlinger übernehmen, die Bücher mussten fristgerecht in Abidjan sein.

Dieser dubiose Auftrag hatte eine kleine positive Perspektive. Eines Tages erreichte uns eine Einladung des Staatschefs Buoni von der Elfenbeinküste. Wir durften zwei Erste-Klasse-Tickets entgegennehmen und als Ehrengäste an seinem Parteitag in Abidjan teilnehmen. Wir bezogen im Hotel Ivoire eine Suite und verbrachten die Vormittage im Kongresszentrum, in dem tagelang über die inneren Angelegenheiten des Staates diskutiert wurde. Oft auch in der Sprache der Baule oder anderer Völker, sodass wir nur wenig von alldem verstanden. Diese Einladung hatte N'diae vermittelt, er hatte offensichtlich dem Staatspräsidenten unter Vorspiegelung falscher Tatsachen erzählt, dass wir große Förderer Afrikas seien und möglicherweise auch für die Elfenbeinküste etwas zu tun gedachten. So wurden wir auch vorgestellt und angesprochen. Es war das Eröffnungsjahr der Kathedrale in Jamasukru, eines Bauwerks, das nur einen Meter kleiner ist als der Petersdom in Rom. Ich erinnerte mich, dass sich der Papst zierte, die Eröffnungszeremonie zu halten, weil dieses Bauwerk in direkter Konkurrenz zu jenem im Vatikan stand. Bei unseren Besichtigungstouren wusste Perlinger noch nicht, dass er das Geld niemals erhalten würde, und machte sich über den Cheflektor der Welser Druckerei lustig, der sich angesichts dieses „Geschäftes" so erregte, dass er später die Firma verließ.

Die verlorenen Millionen schienen Perlinger nicht sonderlich zu beeindrucken. Der Wert seiner Firma wurde inzwischen auf fast eine Milliarde Schilling geschätzt, er expandierte weiter, war Marktführer im damals neu aufkeimenden Biobereich. Seine Restaurantkette, seine Tischlerei, seine Import- und Exportunternehmen wuchsen zu einem Firmengeflecht, das kaum durchschaubar unglaubliche Ausmaße annahm. Er kaufte Firmen und verkaufte andere, galt als genialer Verhandler und Stratege. Der Verlag verkraftete verschiedenste Pleiten, sodass Engelbert Perlinger für neue Taten motiviert war.

Bald ereignete sich etwas Unerwartetes. Das Studium der Autobiographie eines Yogi hatte Perlinger so in seinen Bann gezogen, dass er mehr und mehr Interesse für esoterische Themen und Religionen entwickelte. In diesem Zusammenhang fiel mein Vorschlag, über die Geistheiler auf den Philippinen ein weiteres Buch zu verlegen, natürlich auf fruchtbaren Boden, und wir reisten gemeinsam, um die Behandlungen zu beobachten. Auf einer dieser Reisen begleitete uns, wie schon nach Afrika, der Tiroler Naturheiler Hans Neuner. Auch er sollte sein Buch bekommen.

Meine Dialoge mit Engelbert wurden bald immer einseitiger. Seine Interessen polarisierten sich derart auf religiöse Fragen, dass daneben kaum mehr Platz für etwas anderes war. In der Folge erfasste diese Strömung den Verlag, der sich von da an mit esoterischer Literatur zu befassen begann. Nachdem das Voodo-Buch erfolgreich in mehreren Sprachen verkauft wurde und mein Band über Susanne Wenger Zustimmung fand, wurde 1982 meine umfangreiche Studie über die „Geistheiler auf den Philippinen" verlegt. Nach dieser Veröffentlichung spürte ich, dass ideologische Weichen unsere Wege trennten. Je mehr sich Perlinger in die Lehren von Yogananda vertiefte, umso mehr verlor er das Interesse an seiner kommerziellen Existenz. Prokuristen und Geschäftsführer, Brüder und Partner begannen, das Unternehmen zu leiten, und lange bevor die nahende Katastrophe eintrat, wusste ich, dass sie unabwendbar war. Eines Abends wollte ich ihm deshalb einen Brief schreiben. Die Idee war absurd, weil ich ihn täglich sah, doch in gewisser Hinsicht scheiterte ich an ihm wie an Adjo. Der Dialog, die Worte des Freundes, erreichten ihn nicht mehr. In seinem Bekanntenkreis tauchten Fremde auf, Vertreter von Sekten und Kirchen, seine alten Freunde sahen machtlos, wie er sich weiter und weiter in eine ihnen fremde Welt begab. In dieser Situation hatten seine Konkurrenten ein leichtes Spiel, sie intervenierten unermüdlich bei Banken und Lieferanten, bis diese große, von unglaublichen Ereignissen begleitete Firma den Konkurs anmeldete.

Der Verlag war schon lange vorher in Turbulenzen geraten. An einem Sommerabend besuchte mich Perlinger und verkündete nach einigen Höflichkeiten, dass der Verlag nicht mehr zu retten sei. Als er gegangen war, nahm ich einen Bleistift zur Hand und rechnete aus, wie viele meiner Bücher noch gelagert waren, und wie viele noch nicht bezahlt. Es wurde mir klar, dass ich gerade den Gegenwert einer Wohnung verloren hatte. Dennoch fühlte ich keine Bitterkeit. Es war eine große Zeit, in der ich die Grundlage für alles, was mein weiteres Leben ausmachte, geschaffen hatte.

Nach dem Zusammenbruch des Perlinger Verlages gelangten meine Bücher in die Wühltruhen der Großmärkte. Es war schwerer, als ich angenommen hatte, einen anderen Verlag zu finden, der künftig mit mir arbeiten wollte. Ich publizierte von nun an auf verschiedenen Ebenen, denn ich hatte gelernt, dass es gefährlich war, auf einem einzigen Bein zu stehen. In den Jahren zwischen 1980 und 1990 wandte ich mich der künstlerischen Fotografie zu, einem brotlosen, aber schönem Gewerbe. Ausstellungen in Museen und Galerien beschäftigten mich, und daneben entstanden Bücher wie die schon angesprochenen „Die Medizin der schwarzen Götter" und „Architektur und Mythos", das aber erst in den Neunzigerjahren verlegt wurde.

Inzwischen gelangten die Früchte meiner Veröffentlichungen zur Reife, und ich wurde häufig eingeladen, mich an größeren Produktionen, Ausstellungen und Fernsehprojekten zu beteiligen. Meine Auseinandersetzung mit der Fotografie führte auch zu der Einladung, einen Lehrauftrag an der Innsbrucker Technischen Universität zu übernehmen. Diese Arbeit tat ich zehn Jahre lang mit schwindender Begeisterung, weil ich einsehen musste, dass es mir nicht gelang, mehr als eine Ahnung dessen zu vermitteln, was mich beschäftigte. Die Fotografie war für mich mehr als eine Methode, Erinnerungen festzuhalten oder Dokumente zu erstellen. Sie war eine Faszination, die mich derart erfasste, dass es schwer war, die Welt nicht nur zweidimensional aus der Perspektive meiner Hasselblad zu sehen. Zunehmend empfand ich die Welt als Motiv, ich dachte und sah meine Umgebung in Ausschnitten, die, gut oder schlecht komponiert, das Gesehene zu Bildern werden ließ. Dazu kam der kritische Aspekt dessen, was ein Foto von einem Schnappschuss unterscheidet. Wie immer drehte sich mein Denken auch in diesem Zusammenhang um die Qualität, die dieses Medium erreichen konnte.

Zeitgleich bildete sich eine österreichische Avantgarde, die auf einer alten Tradition aufbaute. Sie leitete ihre Konzepte von denen des Wiener Aktionismus her. Ich lernte die Exponenten dieser Schule kennen, doch es schien mir absurd, sich als Avantgarde auf eine Tradition zu berufen, die längst Geschichte war. Daran scheiterte Österreichs progressive Fotografie, die als eine der wenigen Disziplinen keinen Fortschritt erkennen ließ. Ihre Exponenten begnügen sich bis heute mit einer gegenseitigen Nabelschau, die nicht ausreicht, um Erinnernswertes zu schaffen. Die Bedeutendsten von ihnen sind bis heute in einem überregionalen Rahmen unbekannt.

In den vielen Jahren meiner Tätigkeit als Lehrbeauftragter analysierte ich mit meinen Studenten immer wieder, was die großen Fotografen dieser Welt von den viel kleineren der österreichischen Avantgarde unterschied. Es war der Glaube der Kleinen, dass Fotografie aus Ideen zu bestehen habe, die auf Technik oder Handwerk verzichten können. Es waren die Konzepte, die die Galerien beherrschten, die Bilder waren meist von kläglicher Unterordnung. Vielleicht war ich schon zu alt, um dieser Auffassung das Wort zu reden. Ich orientierte mich lieber an den großen Klassikern als an den Revolutionären, deren Arbeiten nur selten über die Phase des Experiments hinausreichten. Mit der Verbreitung der digitalen Bildaufbereitung ereignete sich abermals ein Quantensprung, dessen Chancen und Grenzen erst erkannt werden müssen.

## Der Lichtblick

Während ich mich an die Vergangenheit zu erinnern versuchte, forderte die Gegenwart ihren Tribut. Europa hatte mich wieder vereinnahmt, und das Schreiben fiel mir hier schwerer als unterwegs, weil Banalitäten zu monströser Größe anschwollen und meine ganze Aufmerksamkeit in Beschlag nahmen. Ämter und Redaktionen, Institute und Privatpersonen, Wichtigtuer und alte Freunde füllten mit ihren Ansinnen meinen Terminkalender. Doch all diese Irritationen verloren durch ein kurzes Läuten am späten Abend ihre Bedeutung.

Ein Anruf aus Cagnes brachte mich in eine andere Wirklichkeit zurück. Adjo wollte mich sprechen. Sie sei in Frankreich, sie brauche Geld. „Wo ist Armand?", wollte ich wissen, und bevor sie noch ihre Geschichte, „er sei in Afrika geblieben", beenden konnte, vernahm ich seine Stimme im Hintergrund. Er war also in Europa. Ich fühlte, wie eine große Last von mir abfiel, und nahm alles, was noch an Gemeinheiten gesagt wurde, nicht mehr ernst. Das Gespräch ging ohne konkretes Resultat zu Ende, nachdem sie nicht sagen wollte, wo sie war, und mir desgleichen auch nicht gestatten wollte, Armand zu sehen. Trotz der Eiseskälte am anderen Ende der Leitung war ich erleichtert, und um Mitternacht kam ein weiterer Anruf. Es war Viviane, ihre Schwester, die berichtete, dass Armand, seit er vernommen hatte, dass ich am Telefon war, nicht mehr aufgehört hatte zu weinen. Sie bat mich, nach Cagnes zu kommen.

Ich nahm die nächstmögliche Maschine über München und war am übernächsten Tag zur Stelle. Alle meine schlimmen Befürchtungen hatten sich nicht bewahrheitet. Armand lief fröhlich lachend auf mich zu und klammerte sich für Stunden wortlos an mich. Viviane war distanziert freundlich, nur Adjo gefiel sich in der Rolle der Rächerin, die sie im Hotel noch einmal voll ausspielte. Alles Geld, das ich anbieten konnte, war zu wenig, nicht genug, um das Privileg zu erkaufen, meinen Sohn künftig sehen zu dürfen. Sie ließ mich ihre Großartigkeit und Macht spüren, sie war es, die Forderungen zu stellen hatte. Während sie mit Viviane Besorgungen machte, spielte ich mit Armand in meinem Hotelzimmer, wir waren so glücklich, dass wir schließlich am helllichten Tage einschliefen. Erst die Ankunft der Mutter brachte die Realität zurück, und nun folgten, nachdem Armand mit seiner Tante gegangen war, die üblichen dramatischen Szenen. Selbstmord in der Dusche, Weinkrämpfe auf der Terrasse und schließlich der „endgültige" Abschied, der unter Beschimpfungen nochmals die Anschuldigung in den Raum stellte, dass ich dieses zerstörte Leben und die nun folgenden Konsequenzen zu verantworten hatte.

Das alles regte mich nicht mehr wirklich auf. Lag es an der zu hohen Auflage, die diesem Programm die Spitze brach, oder war ich schon zu abgebrüht, um die Drohungen zu fürchten – was auch immer der Grund gewesen war, am kommenden Morgen, einem etwas windigen, aber schönen Maitag, saß ich im Freien bei Kaffee und Croissants und hörte glücklich Armands schnelle Schritte im Kies.

Die beiden folgenden Tage waren harmonisch, soweit dieses plumpe Adjektiv den Zustand eines vor Aufregung vibrierenden Menschen zu beschreiben vermag. Wir zogen durch die Stadt, fuhren mit dem Mietauto in umliegende Dörfer, besuchten das „Musée d'Art" in Cagnes, und ich fotografierte Armand so exzessiv, als müssten die Fotos zum späteren Beweis dienen, dass ich meinen Sohn wiedergefunden hatte. Beim Gang durchs Palmenhaus gestand Armand, dass er wieder nach Europa zurück wollte. Mein Argument, er sei ja schon in Europa, wollte er nicht gelten lassen. Ins kalte Europa wolle er, dort, wo er zu Hause sei. Es war sehr schwer für mich, eine ausgewogene Erklärung zu finden, warum er nicht nach Hause durfte. Ich wollte keine Schuldzuweisungen aufkommen lassen und begründete den Zustand mit meiner Krankheit und vielem mehr, das nicht direkt gelogen war, aber doch einen Teil der Wahrheit verschwieg. Ich hatte deutsche Videokassetten mitgebracht, neue Geschichten von Janosch und den Teletubbies, auch einen Rekorder, denn ich wusste, dass das französische System mit dem deutschen nicht korrespondiert. Ein ganzer Sack voll Süßigkeiten erregte das Gemüt seiner Mutter. Doch dieser Tag war nicht wie jeder andere, und so stopfte ich ihm Bonbons in den Mund, so viele er eben essen wollte.

Als er Österreich verlassen hatte, sprach er deutsch, nur mit seiner Mutter französisch. Nun sprach er auch mit mir französisch, und ich bemerkte, dass er die deutsche Sprache zu vergessen begann.

Die drei Tage waren schnell vorbei, und ich musste schweren Herzens Abschied nehmen. Eine strenge Arbeitswoche lag vor mir, und zusätzlich die Reise nach Afrika, die ich gebucht hatte, um Armand zu suchen. Nun verharmloste sich das Reiseziel zunehmend, und ich wollte den Aufenthalt nutzen, um Einkäufe zu tätigen und an meinem Text weiterzuschreiben. Die Familie Adjos würde ich nicht sehen, denn sie hatte mir nachdrücklich ein diesbezügliches Verbot mit auf den Weg gegeben. Da ich annehmen musste, dass man ohnehin nicht erfreut über mein Auftauchen sein würde, strich ich diesen Punkt von meinem Programm. Alle anderen Verbote beschloss ich zu ignorieren, Adjo war nicht mehr in der Position, Einfluss auf meine Entscheidungen zu nehmen.

Vor meiner Abreise nach Afrika erreichte mich ein weiterer Anruf. Sie habe in Frankreich nach Arbeit gesucht, doch es schien wie in Österreich zu sein, man wollte ihr keine Papiere zugestehen. Der Besuch einer Schule war auch problematisch, denn mit den verfügbaren Mitteln waren die Grundkosten, nicht aber die Miete, die Schule und der sonstige Lebensaufwand gesichert. Sie werde Armand an Viviane übergeben und selbst irgendwohin ziehen, wo man sie haben wolle. Diese vage Ankündigung war nicht mehr als eine jener Unklarheiten, mit denen ich seit ihrem Auszug lebte.

Zwei Tage vor meiner Afrikareise musste ich noch eine fast vergessene Verpflichtung erfüllen. Ich hatte zugesagt, beim internationalen Hyrtl-Symposium in Mödling einen kurzen Vortrag zu halten. Adjo wusste das und wollte mich noch verpflichten, bei der französischen Botschaft in Wien wegen ihrer Arbeitserlaubnis in Frankreich vorstellig zu werden. Ich war in ihren Augen zum Erfüllungsgehilfen ihrer Wünsche und zum Objekt der Ausbeutung geworden, Zugeständnisse ihrerseits standen nicht zur Diskussion.

# Neue Perspektiven

Togo, das Land, in dem so vieles begonnen und auch geendet hatte, versprach eine Quelle der Inspiration zu werden. Ich hatte mir vorgenommen, die alten Orte der Kraft, aber auch die der Ohnmacht zu besuchen, um vergleichend zu analysieren, was fünfundzwanzig oder dreißig Jahre einer Evolution (vielleicht auch einer Regression) bewirkt hatten.

Da mich das Taxi schon um drei Uhr zum Flughafen bringen sollte, erwog ich, die Nacht in der „Eremitage" zu verbringen, um direkt, ohne erneutes Aufstehen, die Reise anzutreten. Der Abend versprach kurzweilig zu werden. Zwei Frauen, die ich seit Jahrzehnten kannte, luden mich an ihren Tisch, die eine vom Schicksal hart geprüft, die andere mit beiden Füßen am Boden stehend; sie hatte sich den Risiken des Lebens durch frühe Heirat und eine unerschütterliche katholische Moral entzogen. Die Unterhaltung plätscherte dahin, nur unterbrochen von Komplimenten, die sich die Frauen gegenseitig in kurzen Intervallen machten. Es war vom guten Aussehen, von glückerfülltem Leuchten die Rede, und mit jedem Glas Wein vollzog sich eine innere Prachtentfaltung, neben der ich klein und hässlich wirkte. Derart verblasst, entschloss ich mich zu gehen, umso mehr, als eine anstrengende Reise bevorstand.

Ich erreichte meine Wohnung und stellte fest, dass ein Schüttelfrost in mir aufkeimte. Er war so unerwartet hereingebrochen, dass ich Mühe hatte, aufzusperren. Ich erreichte noch das Bett und ließ mich, bekleidet wie ich war, hineinfallen, hastig alle Decken, Leintücher und Polster über mir auftürmend. Zusammengezogen wie ein Embryo gewährte ich dem Klappern meiner Zähne freien Lauf. Es dauerte lange, bis sich der Organismus beruhigte und an die Stelle der Eiseskälte der Schweiß trat. Erst in dieser Phase wurde mir bewusst, dass mich nur wenig mehr als drei Stunden von der Abreise trennten. Diese verliefen schlaflos und angespannt, voller Zweifel, ob ich sie überhaupt antreten konnte. Doch die Entscheidung wurde mir abgenommen. Zehn Minuten vor der vereinbarten Zeit klopfte der Taxifahrer an die Tür, nahm kommentarlos meinen Koffer und machte sich auf den Weg. Zerknittert und schweißgebadet folgte ich ihm. Auf der Fahrt zum Münchner Flughafen kam mir in den Sinn, dass ich schon unter schlimmeren Voraussetzungen gereist war, es war nur eine Frage der Relationen. Während der langen Wartezeit bei der Zwischenlandung in Amsterdam kauerte ich mich in einen der zahlreich aufgestellten Strandkörbe und tat so, als würde ich die Sportsendung am gegenüberliegenden Bildschirm verfolgen.

Der Weiterflug nach Lomé war beglückend. Mit meinem alten Trick, als Letzter das Flugzeug zu besteigen und zielstrebig eine leere Reihe anzupeilen, klappte es auch diesmal. So verbrachte ich liegend den Flug und kam guter Dinge in Lomé an. Mein Freund Sani war bis auf das Rollfeld vorgedrungen, er hatte kleine Scheine verteilt und so die Hürden genommen. Seine Anwesenheit war ein Glück für mich, denn ich bemerkte beim Durchsuchen der Papiere, dass ich meinen Impfpass vergessen hatte. Mit einem kleinen Schein war diese letzte Hürde schnell genommen, und wenig später, im Hotel de la Paix, war ich nun an jenem Ort, an dem meine vergleichende Betrachtung erfolgen konnte. Ich hatte jenes Haus gewählt, in dem ich vor fünfundzwanzig Jahren aus und ein gegangen war und mittels einer Abmachung meine Rechnungen nicht zu bezahlen brauchte. Ich fotografierte viele Jahre lang das Hotel und seine Attraktionen und verantwortete die Fotothek, die permanent nach Aktualisierung verlangte. In diesem Haus hat Paul Bocuse ein kulinarisches Gastspiel gegeben, Franz Josef Stauß und viele andere Prominente dieser Zeit waren Stammgäste. Natürlich kannte ich die meisten der Mitarbeiter und erinnerte mich an köstliche Geschichten, die sich dort ereigneten.

Im Hotel angekommen, machte sich eine beklemmende Dunkelheit breit. Von all den Lampen brannten nur wenige, die Empfangshalle schien düster, und die Gestalten, die in den Sesseln schliefen, wirkten nicht vertrauenserweckend. Doch dann wendete sich die Stimmung. Breit grinsend grüßten die Rezeptionisten, sie kannten noch meinen Namen, und schnell eilten andere herbei, die sich an die Jahre erinnerten, in denen ich hier Stammgast war. Dieser Empfang versöhnte mich mit vielem, und die Düsternis des Hauses hellte sich merklich auf. Während mein Gepäck ins Zimmer gebracht wurde, verabschiedete ich mich von Sani und versuchte, mein Domizil zu beziehen. Von den drei Liften funktionierte nur einer, und auch der war insofern eigenwillig, als er sich weigerte, im fünften Stock anzuhalten. Zweimal erreichte ich den sechsten, und beim dritten Versuch hielt er irgendwo in der Mitte und bewegte sich nicht mehr. Wie ein Blitz durchzuckte mich die Erinnerung an ein Ereignis, das ich vor wenigen Jahren in Kalkutta erlebt hatte. Im kleinsten Lift der Welt, dessen Grundfläche siebzig mal achtzig Zentimeter maß, verbrachte ich eine meiner unvergesslichsten Stunden. Mit drei weiteren Personen steckte der Aufzug zwischen den Stockwerken, wobei das Licht erlosch und die Ventilation ausfiel. Damals lernte ich alles, was man über Klaustrophobie wissen sollte. Doch dieses Mal hatte ich Glück. Das Licht brannte und der Ventilator lief, ich brauchte nur ein wenig Geduld, um die Hürde zu nehmen. Nach kurzer Zeit bewegte sich das Gefährt mit einem heftigen Ruck nach oben und hielt abermals im sechsten Stock. Diesmal nahm ich die Feuerstiege, die mir schon einmal das Leben gerettet hatte, als mich im Jahr der Revolution eine Horde wild gewordener Chaoten bis ins Hotel verfolgte. Über diese Feuerstiege war ich ihnen entkommen. Ich war dankbar, dass sich keiner der Rezeptionisten daran erinnerte, dass die Meute aus Ärger über mein plötzliches Verschwinden die Eingangshalle verwüstet hatte.

Im Zimmer stellte ich fest, dass irgendwann eine Renovierung stattgefunden haben musste. Die Spannteppiche, die ursprünglich über die Seitenwände bis zum Überboden reichten, waren verschwunden. An ihrer Stellen klebten geschmackvolle Tapeten, deren einziges Manko ein gewisses Maß an Schmutz war, der sich über die ganze Breite, nach oben hin nachlassend verteilte. Vorsichtig öffnete ich die Tür des Bades. Hinter der Toilette hatte die Wand einen Bauch gebildet, der wie eine reife Frucht zu platzen drohte. Das helle Licht ließ die faulenden Wände sehr unappetitlich erscheinen, angenehm überraschte hingegen die Sauberkeit des Waschbeckens, der Wanne und der Klobrille. Die wesentlichen Dinge schienen jedenfalls in Ordnung. Die Neugierde, die mich seit meiner Ankunft begleitete, ließ vergessen, dass ich krank war. Erst ein konkretes Zeichen, das sich in Form eines wiederkehrenden Schüttelfrostes meldete, rief mich ins Bett, in dem ich zwölf Stunden zwischen Schweißausbrüchen und Kälteschüben kauerte.

Der hereinbrechende Tag brachte Erleichterung. Ein zarter Sonnenstrahl streifte das Bett, er tauchte das Zimmer in ein optimistisches Rosa, das einen hoffnungsfrohen Tag zu verheißen schien. Ich lüftete vorsichtig die durchnässte Decke, prüfte, ob sich weitere Krämpfe einstellten, und erreichte mit großer Erleichterung auf Zehenspitzen das Bad. Zurück im Bett, aus dem Blickwinkel des Liegenden, wurde ich vielfältigster Erscheinungen gewahr. Was sich gestern noch als widerlicher Schmutz dargestellt hatte, entpuppte sich im Licht des nahenden Tages als vegetabile Form, die sich wuchernd über Wände und Mauern ausbreitete. Millionen dicht aneinander gereihter mikroskopisch kleiner Pilze wetteiferten mit geheimnisvollen Flechten, die in minuziösen Farbverläufen die Illusion von Höhen und Tiefen lieferten. Am Rücken liegend, begann ich die Formen zu deuten. Ich erkannte Landkarten und Gesichter, anthropomorphe Gestalten, auch solche, die in meinem Leben eine Rolle gespielt hatten. Erschreckend war nur der Umstand, dass ich sie, einmal aus den Augen verloren, nicht wiederfinden konnte. Diese seltsame Observation wirkte auf mich belehrend, hatte ich mich doch immer über die Meister der russischen Literatur lustig gemacht, weil sie über den einfallenden Lichtstrahl in ein von einer Prinzessin bewohntes Zimmer zwanzig Seiten schreiben konnten. Ich hatte bis jetzt gedacht, dass sie es nur deshalb taten, weil ihnen nichts Interessanteres einfiel. Nun war ich selbst dem Impressionismus auf den Leim gegangen, eingedenk der Tatsache allerdings, dass ich eine noch nicht diagnostizierte Krankheit in mir trug.

Der Lichtstrahl am Boden ließ mich an Iwan Sergejewitsch Turgenjew denken, in dessen Bett ich eine Nacht lang geschlafen hatte. Diese Geschichte war so ungewöhnlich, dass sie mir bis heute in allen Details in Erinnerung geblieben ist.

Es mag wohl mehr als dreißig Jahre her sein, dass sich um die Malerin Hilde Goldschmidt ein kleiner Kreis von Freunden scharte. Die aus dem englischen Exil zurückgekehrte Jüdin lebte in Kitzbühel und war zu dieser Zeit unumstritten die Grande Dame der Malerei. Sie war eine der Freundinnen Kokoschkas und während ihrer Jahre in England Mitglied künstlerischer Gesellschaften, über die sie den Zugang zu den großen Malern und Literaten ihrer Zeit fand. Sie schien mir in der geographischen und intellektuellen Enge dieses Landes wie ein geöffnetes Fenster, durch das man die Weite neuer Horizonte wahrnehmen konnte. Es war nur folgerichtig, dass ich zu ihrem Freundeskreis gehörte, umso mehr, als ich damals eine Galerie betrieb, die sich mit den modernsten Strömungen ihrer Zeit auseinander setzte. In ihrem Kitzbühler Haus, das, aus Holz gebaut, wie ein Schwalbennest an einem Hang klebte, verbrachten wir so manchen denkwürdigen Abend. Hilde Goldschmidt war eine Matrone im besten Sinn des Wortes, sie war eine Autorität, die in sich ruhte, ein bedeutender Mensch, der von sich aus wichtig war, nicht weil ihn Titel oder Ämter zierten. Diese Stellung verstand sie auch auszunützen. Alle, die zu ihren Freunden zählten, waren stets mit Aufgaben bedacht, die sie rundum verteilte. Die Geschichte mit Turgenjews Bett begann demnach in Kitzbühel, wo wir eines Tages die Bilder zu einer Ausstellung nach Baden-Baden in Deutschland verpackten. Ich hatte mich bereit erklärt, den Transport und die weitaus unangenehmeren Zollformalitäten zu übernehmen, später wollten wir uns in der Galerie treffen, um gemeinsam die Ausstellung zu gestalten. So kam es, dass ich durch zahlreiche Behinderungen erst am Abend eintraf. Die Galerie befand sich in einem vornehmen Stadtteil, innerhalb einer Anlage, zu der auch ein kleines historisches Haus gehörte, das der Schriftsteller Turgenjew temporär bewohnt hatte. Die Galerie selbst schien etwas verwahrlost zu sein, und nach näherer Betrachtung zeigte sich, dass man sie ausmalen musste. Der Inhaber, ein tölpelhaft-dicklicher Mann, schien das vorhergesehen zu haben und hatte so nebenbei einige Eimer Farbe ins Depot bringen lassen. Die Entscheidung lag nun bei Hilde, es war schließlich ihre Ausstellung, und jedermann hatte Verständnis, dass sie sie so gut wie möglich gestalten wollte. Das Problem war der nahende Zeitpunkt der Eröffnung und der Mangel an Handwerkern. Es war also klar, dass ich die Galerie ausmalen und der dickliche Herr beim Hängen der Bilder keine wirkliche Hilfe sein würde. So schickten wir ihn um Wurstsemmeln, und ich begann mit der Arbeit. Gegen drei Uhr morgens war der letzte Pinselstrich getan, Hilde und der Galerist waren vom Zuschauen so müde geworden, dass sie den Tag beenden wollten. Leider stellte sich heraus, dass man vergessen hatte, mir einen Schlafplatz zu besorgen. Das machte mich wütend, denn ich wusste, dass Hilde als Gast der Stadt im Kurhotel untergebracht war, während ich, der Diener, womöglich auf der Straße stand. Viele böse Gedanken zogen wie dunkle Wolken durch meinen Kopf, und ich spürte einen wüsten Drang, mich von dem Ärger zu befreien. Da bot mir der Zufall eine Chance. Der Galerist war unter meiner Leiter zum Stehen gekommen, er kommentierte den Platz, an dem eines der großformatigen Bilder hängen sollte. Der Farbkübel war nur mehr halb voll, doch das genügte, um mir Satisfaktion zu verschaffen. „Ungeschickt", wie ich war, blieb ich beim Heruntersteigen von der Leiter daran hängen, sodass sich der Inhalt des Kübels über die von Schweißperlen überzogene Glatze des Galeristen ergoss. Innerlich jauchzend und mit der Welt versöhnt, bedauerte ich zutiefst das Unglück. Ja, es war wirklich eines, denn der Mann hatte nur einen Anzug für die Vernissage vorbereitet und dieser war nun seinem Zweck entrissen. Ratlosigkeit stand in den Gesichtern, Hilde wollte ins Hotel, der Galerist war orientierungslos, nur eines konnte ich dem Chaos abringen: die klare Zusage, dass ich im Haus Turgenjews, das als Museum geführt wurde, übernachten dürfe. Da stand das Bett des Dichters, das man peinlichst reinstalliert hatte. Freudlos trennte sich die Gruppe, erst im Zimmer des Dichterfürsten sah ich, dass es mit zahlreichen Jugendstilobjekten ausgestattet war, die zum Bestand des Museums gehörten. Ich war zu müde, um noch irgendetwas wahrzunehmen, und entschlief mit einem inneren Lächeln, in einem Bett, dem noch der Geist des Genies anhaftete.

Es war nicht die Geisterstunde, sondern kurz vor Anbruch der Dämmerung, als mich ein spitzer Knall direkt neben meinem Kopf in die Höhe fahren ließ. Umständlich bemühte ich mich um Licht und stellte erstaunt fest, dass eine gläserne Waschschüssel, die am Nachtkästchen stand, in zwei Teile zersprungen war. Die beiden Hälften schaukelten zur Seite gekippt, blaue Reflexe tanzten am Plafond. War ich Zeuge einer okkulten Erscheinung geworden? Wollte mir der Dichter eine Botschaft zukommen lassen, oder war es dessen Zorn über den ungebetenen Gast? Viele Gedanken durchkreuzten mein Gehirn, aber nur einer war wirklich von Bedeutung. Wie konnte ich die Geschichte erklären, ohne als Lügner dazustehen? Die Lösung war einfach. Ich installierte die Schale behutsam, unterbaute sie mit Kugeln aus zerknülltem Schokoladepapier und gab ihr so ein intaktes Aussehen. Nachdem das Museum ohnehin geschlossen war, würde der Schaden erst Monate später entdeckt werden. So war es auch. Ich habe von Turgenjews Waschschüssel und dem Galeristen nie mehr etwas gehört.

Der Zimmerservice holte mich in die Realität zurück. Nachdem sich meine Gedanken wie streunende Hunde in der Vergangenheit verirrt hatten, war ich fast dankbar für ein Stück Realität. Während der Zimmerboy das Bett machte, versuchte ich ihm zu erklären, dass es zum Ärgerlichsten für einen Hotelgast gehöre, wenn er Abend für Abend die Decke mit großer Anstrengung unter der Matratze hervorziehen müsse, weil er anderenfalls in einem textilen Spannungsfeld zu liegen kam. Ich ersuchte ihn, in Zukunft die Decke einfach oben drauf zu legen, das sei für uns beide weniger Arbeit. An seinem Blick sah ich, dass ich mich nicht verständlich ausgedrückt hatte. Es gab eben Gepflogenheiten, die man in Kauf nehmen muss.

Als er den Raum verlassen hatte, überkam mich die Sehnsucht nach einem Bade. Mein Körper klebte nach der durchschwitzten Nacht, und wenn es eine Erleichterung geben konnte, dann diese. Ich entledigte mich der nassen Kleidungsstücke sehr langsam, immer auf die innere Stimme achtend, von der ich erwartete, dass sie einen weiteren Schüttelfrost wie ein Vorwarnsystem ankündigen würde. Da nichts dergleichen geschah, drehte ich die Hähne auf und ließ das Wasser in die Wanne. Während sich diese langsam füllte, versuchte ich mich zu rasieren, putzte mir die Zähne, endlich war das Bad bereit. Aber schon beim Anblick der bleiern daliegenden Wassermasse kam mir eine schreckliche Ahnung: Das Wasser war kalt. Ich drehte am blauen Hahn (in solchen Ländern kommt es vor, dass die Farben vertauscht werden), doch alles war korrekt, mit der einen Ausnahme, dass es kein heißes Wasser gab.

Nur einmal in meinem Leben hatte ich eine gleichartige Enttäuschung erlebt, das war in Ouagadougou, wo ich nach einer schier unendlichen Saharareise, rot verstaubt, einem Menschen nur mehr bedingt ähnelnd, das Hotel Central anpeilte. Ich ließ mir den Zimmerschlüssel reichen und eilte mit einem dicken Stück Melone unterm Arm in den ersten Stock. Ich empfand solche Eile, dass ich vergaß, die Tür hinter mir zu schließen. Das alles war jetzt zweitrangig, fast selbstquälerisch stand ich vor der Dusche, zerschnitt die Melone und aß so ungestüm, dass ihr rötlicher Saft über meinen Körper rann und dunkle Streifen in den roten Staub setzte. Ich sah mich selbst im Spiegel und geriet ins Lachen ob meiner erbärmlichen Erscheinung. Um das Szenario weiter anzuheizen, drückte ich mir eine ganze Tube Shampoo in die Haare, verrieb sie genüsslich und dann, ja, dann ging ich unter die Dusche. Mit kurzem Ruck drehte ich den Hahn herum, und vernahm nichts weiter als ein armseliges Zischen, das mir zu verstehen gab, dass in diesem Rohr anstelle des Wassers Luft war. Ich konnte es nicht fassen. Ich drehte nach allen Seiten, riss an dem Hahn und erntete für meine Ungeduld einen Pfropfen grünlichen Schleims, der aggressiv aus der Leitung schoss. Ich musste den Rezeptionisten verständigen, er würde wissen, wie das Problem zu lösen sei. Aber wie sollte ich in diesem Zustand verfahren? Ich konnte das Zimmer nicht verlassen, ohne mich abzuwaschen, es war eine untragbare Situation. Die Hilfe kam schließlich vom Nachbarraum. Ein junges Pärchen, das mit demselben Problem kämpfte, machte den Notstand publik. Nach weniger als einer halben Stunde gelangte eine Prozession Wassereimer tragender Jünglinge in das Stockwerk und verteilte diese gerecht. Ich werde es nie vergessen, ich saß, aus Angst, das Wasser zu verlieren, im Brausebecken und ließ mir das köstliche Nass über Kopf und Körper rinnen. Damals habe ich begriffen, was es heißt, in einem Biotop ohne Wasser zu leben.

Während meine Gedanken über die Sahara eilten, griff ich immer wieder unter den schäumenden Strahl, allein – das Wasser im Hotel de la Paix blieb kalt. Enttäuschungen sind das Resultat von falschen Erwartungen und diese das Ergebnis von Erfahrungen, die überall zutreffen würden, nur hier nicht. Afrika ist eben anders.

So reinigte ich mich für die kommenden Tage wie eine Katze und vertraute den ständig sich wiederholenden Jubelmeldungen, in zwei Stunden würde warmes Wasser eintreffen. Am dritten Tage war es dann so weit, das warme Wasser quoll dampfend aus allen Hähnen. Als die Wanne gestrichen voll war, wurde mir ein weiteres Problem bewusst: Es war genau dieselbe Situation, in der ich nach meiner Herzoperation, schon wieder zu Hause, kollabiert war. Ich hatte Grippe, mein Körper war von der Operation geschwächt, und als ich umfiel, hatte ich es Adjo zu verdanken, dass sie, einem Reflex folgend, mich auffing. Ich wäre sonst ins Wasser gefallen und ertrunken. Die Geschichte war plötzlich so gegenwärtig, dass ich Angst bekam, allein in die Wanne zu steigen. Ich suchte nach einer Lösung. Alles, was mir einfiel, war unbrauchbar. Ich konnte doch nicht den Rezeptionisten bitten, sich ins Bad zu stellen, um auf mich aufzupassen. Oder hätte ich dem Zimmerboy Geld anbieten sollen, damit er, bis ich gebadet hatte, im Zimmer sitzen blieb, um gelegentlich mit unverfänglichen Fragen zu prüfen, ob ich noch zu antworten in der Lage war? Nein, all das kam nicht in Frage. Ich reinigte mich also notdürftig und versuchte, gemächlichen Schrittes das Hotel zu verlassen, um mich am Pool in den Schatten zu legen. Hier fand ich die Lösung, es gab nur einen Menschentyp, dem dieser Auftrag zuzumuten war: eine Prostituierte. Nachdem sich meine Familie ohnehin aufgelöst hatte und ich keine Rücksichten mehr zu nehmen brauchte, begann ich herumzuspähen und zu rätseln, wer von all den Damen die Hure war. Ich war mir meiner Sache sicher, weil ich wusste, dass die Mädchen des Hotels schon damals stillschweigend eine Art Journaldienst aufrechterhielten, um ein uneingeschränktes Service zu bieten. Es dauerte keine fünf Minuten, da hatte sie sich „geoutet". Strahlend kam sie auf mich zu, setzte sich neben die Liege und fragte lächelnd die üblichen Banalitäten. Sie mochte etwa fünfundzwanzig gewesen sein, ein fröhlicher Typ, mit dem man die Sache besprechen konnte. Es war keine Peinlichkeit zu bemerken, ich erklärte mein Problem, sie nickte verständig, und als ich zusagte, sie wie ein Freier zu entlohnen, grinste sie übers ganze Gesicht. Dann schritten wir zur Tat. Es dauerte einige Minuten, bis die Wanne voll war, inzwischen schenkte ich zwei Gläser ein und ließ es mir gefallen, dass sie mir Schuhe und Socken auszog. Als die Geräusche, die vom abfließenden Wasser verursacht wurden, das Überlaufen der Wanne anzeigten, ließ ich mich genüsslich ins warme Nass gleiten. Jacqueline saß geduldig am Toilettendeckel und ließ kein Auge von mir. Ich nutzte die Gelegenheit zu einem langen Bade, wohl wissend, dass sich eine Konstellation wie diese nicht immer ergeben würde.

Mit dieser Aktion hatte ich die Prostituierten auf mich aufmerksam gemacht. Das gefiel mir deshalb nicht, weil sie sich nun alle ermutigt fühlten, mich auf kumpelhafte

Weise ins Gespräch zu ziehen. Es war ermüdend, diesem Ansturm sexueller Belästigung zu entgehen, also machte ich dem Spuk am kommenden Tag ein Ende und erklärte mich für homosexuell.

Es folgte eine schöne Zeit, in der mir auch das heruntergekommene Hotel immer sympathischer wurde. Ich erfuhr, dass es zum Verkaufe stand und dass ich einer der Letzten sei, der vor der Übernahme und der Renovierung noch als Gast aufgenommen wurde. Die Düsternis des ersten Tages war gewichen, die Regenwolken hatten sich verzogen, und ich konnte nun feststellen, dass es noch einige feudale Allüren gab, die sich aus der guten Zeit herübergerettet hatten. So bemerkte ich mit Genugtuung, dass die Milch zum Kaffee vorgewärmt serviert wurde. Die Art, wie die Ober bedienten, war vom Feinsten. Weit nach vorne gebeugt reichten sie die Speisen mit der Rechten, während die Linke, zur Faust geballt, am Gesäß ruhte. Wenn sie mit dem Gast sprachen, beugten sie sich tief herunter, um zu vermeiden, dass sie dem Sitzenden auf den Kopf sahen. Das war die Schule des Dir. George Brown, eines Freundes, der wie ein König hier angekommen war und wie ein Dieb verjagt wurde. Interne Machtkämpfe, so hieß es, hätten zu Beschuldigungen geführt, er sei zu großzügig mit dem Kapital der Gesellschaft verfahren. Da war etwas Wahres daran; wenn Franz Josef Strauß zu Gast weilte und das Staatsoberhaupt im „grand soleil" zu speisen pflegte, dann war es durchaus üblich, dass bayrische Schuhplattler samt der Kapelle eingeflogen wurden. Das waren allerdings die sympathischeren Veranstaltungen. In anderen Zusammenhängen habe ich weit Schlimmeres erlebt. Einmal lud das Hotel de la Paix zum Weißwurstwettessen, man hatte eigens zu diesem Anlass eine Tribüne in den Swimmingpool gebaut, auf der die Reihe der Kandidaten, für alle sichtbar, Aufstellung beziehen konnte. Nachdem ein zünftiger „Haxnschmeißer" intoniert und ein „Bayrischer Neger" vorgestellt wurde (ein Afrikaner, der in München das Jodeln erlernte), fiel der Startschuss. Achtundzwanzig Personen, darunter ein Deutscher, würgten schmatzend Unmengen von Weißwürsten in sich hinein, nur von Bierkaskaden unterbrochen, damit die Gleitfähigkeit der Kehlen gesichert blieb. Es dauerte keine fünf Minuten, da übergab sich der Erste laut brüllend in den Swimmingpool. Ihm folgten in kuzen Abständen die anderen, nur der Sieger konnte die Würste bis zur Preisverleihung „halten". Zwei Kisten „Altmünchen" und ein T-Shirt mit dem Aufdruck „Dieser wunderschöne Körper wurde vom Altmünchner Bier geformt" waren der angemessene Preis für diese Leistung.

Während die bayrische Kapelle den Erzherzog-Johann-Jodler intonierte, beobachtete ich mehr als dreihundert Menschen, die sich über die Mauer beugten, um das Spektakel mitzuerleben. Keiner von ihnen hatte zu Abend gegessen. Sie waren in der Hoffnung gekommen, dass einer doch nicht alle Würste schaffen würde und diese vielleicht den Weg unters Volk fänden. So war es auch. Um ein Uhr nachts warfen die Boys das alte

Brot und die angenagten, inzwischen erkalteten Fleischwaren über die Mauer. Das war vor mehr als zwanzig Jahren.

Von meinem Frühstückstisch aus konnte ich diese Mauer sehen. Die Bäume, die dahinter standen, waren zu Krüppeln geschnitten, der von hier aus sichtbare Beckenrand trug eine fettig glänzende Schicht aus Schmutz und Sonnenöl. Die ehemals blauen Mosaiksteine waren so abgetreten, dass sie grau erschienen und die Strohdächer der Pajotten waren rundum verfault.

Die Tage in Togo gingen besonders schnell vorüber, weil ich durch meine Erkrankung schon den ersten Teil der Zeit verbraucht hatte, ohne irgendetwas geleistet zu haben. Mühsam schleppte ich mich morgens zum Frühstück, zählte meine Tabletten und erging mich in bedeutungslosen Beobachtungen. Jetzt, wo es mir täglich besser ging, musste ich daran denken, meine Besuche zu absolvieren, ein Auto zu mieten und mir zu überlegen, wie ich die bereits erstandenen Antiquitäten, die ein Bekannter aus Nigeria gebracht hatte, verpacken und verschicken sollte. Langsam zog der Alltag ein und mit ihm die üblichen Ärgernisse. Eines davon wiederholte sich in sturer Regelmäßigkeit. Es war mir unangenehm, wenn die Händler bis ins Hotel kamen. So versuchte ich auf jeder meiner Reisen, meinen Aufenthaltsort geheim zu halten, ihn sogar unverhofft zu wechseln. Doch das „Buschtelefon" schaffte es immer, meine Undercover-Aktionen zu lüften, so auch diesmal. Mehr als fünfzehn Personen, von denen jeder etwas „Wichtiges" mit mir zu besprechen hatte, gaben sich die Klinke in die Hand. Demonstrativ verweigerte ich jedweden Kontakt, ich sträubte mich sogar, die mitgebrachten Objekte anzuschauen. So wurden die Tage im Hotel unerträglich und die Nächte auch.

Als ich an einem Sonntagabend auf der Terrasse beim Essen saß, war wie üblich das Restaurant sehr schlecht besucht. Außer mir hatten sich nur zwei Männer hierher verirrt. Einer setzte sich direkt mir gegenüber, der andere blieb im Halbdunkel der unbeleuchteten Pajotte. Jedes Mal, wenn ich aufblickte, nickte mir mein Vis-a-vis, ein schwarzer Jüngling, freundlich zu. Ich erwiderte den Gruß, war aber verwirrt, weil er beim nächsten Aufblicken erneut grüßte. Der Mann sah mir so direkt ins Gesicht und lächelte dabei so verbindlich, dass ich annehmen musste, er kannte mich oder wollte etwas von mir. Nach einigen Minuten nahm er sein Glas und kam auf mich zu. Er war schon dabei, sich an meinen Tisch zu setzen, da dämmerte mir etwas Furchtbares. Die Mädchen hatten wohl weitererzählt, dass ich vorgab, homosexuell zu sein, und hatten dadurch den jungen Mann auf mich aufmerksam gemacht. Es gibt nur wenige Lügen, die nicht irgendwann zum Bumerang werden.

In den nächsten Tagen gestaltete ich ein dichtes Programm. Ich mietete einen Wagen, kaufte fehlende Kleinigkeiten und rechnete die Maße der Kisten aus, die ich für den

Transport der Ankäufe brauchte. Ich zeichnete Listen und Pläne, besorgte Filme und Papier für den Printer und machte alle zwei Stunden den Versuch, nach Österreich zu telefonieren. Abidjan habe die Leitung gesperrt, das war alles, was ich während der ersten acht Tage meines Aufenthaltes in Erfahrung bringen konnte. Alice, die alte Schweizerin, die in Avepozo einen Campingclub eröffnet hatte, meinte, dass alles immer schlechter geworden sei, jetzt aber eine Situation eintreten würde, die Unvorhersehbares bewirken könne. Die Militärs, die Staatsangestellten und viele Berufszweige hätten wie schon so oft seit Monaten kein Gehalt mehr bekommen. Das Maß sei voll, die Leute wollten nicht mehr. Ich erinnerte mich an den vergangenen Abend, ich war vors Hotel auf die Straße getreten, und schon waren mir zwei Angestellte nachgelaufen, ich solle wieder hereinkommen, an der Straße sei es zu gefährlich. Was war aus dem Land geworden, in dem früher die Flaneure von Lokal zu Lokal durch die Stadt zogen und Betrunkene von hilfreichen Passanten geleitet wurden? Wo Kinder auf der Straße spielten und ein Übermaß an Fröhlichkeit das Bild der Stadt bestimmte? „Lomé, du Schöne, Lomé, du Kokette", das war der Text zu einem kitschigen Schlager, den man auf der Straße sang. Wo war die Schönheit und die Koketterie geblieben? Am Abend wurde ich im Hotel Palm Beach Zeuge eines Streites, in dessen Verlauf eine Prostituierte auf die Straße gesetzt wurde. Ich stand nur da und beobachtete das Schauspiel. Dann fiel mir ein kleiner Mann auf, der wie ein Frosch in der Hocke über die Straße sprang. Ich schaute den Türsteher an und fragte so nebenbei: „Finden Sie das normal?" Daraufhin drehte er sich mit traurigem Gesicht zu mir und meinte: „Die Drogen, der Krieg und die Angst haben die Menschen verrückt gemacht."

Der kommende Morgen begann mit der Feststellung, dass der letzte noch intakte Lift in meinem Hotel den Geist aufgegeben hatte. Schimpfend zogen kleine Gruppen verärgerter Gäste über die Feuerstiege, die nicht nur unbeleuchtet, sondern auch sehr heiß war. Der letzte Gast, der den Lift benützt hatte, wurde nach einer Stunde befreit. Er war ein Chaot und hatte in Panik mit den Fäusten die Tastatur bearbeitet, und die Maschine hatte sich auf ihre Art gerächt.

Mein Freund Sani war zum Frühstück gekommen und so plauderten wir im Sonnenschein des frühen Morgens bei Orangensaft und Nescafé. Sani bemerkte gleich den noblen Zug, der diesem Frühstück anhaftete. Er machte mich darauf aufmerksam, dass man uns eine Kaffeedose gegeben hatte, die halb voll war. Das war mir schon in den vergangenen Tagen aufgefallen. Üblicherweise befand sich in der Dose nur ein gestrichener Kaffeelöffel des Pulvers, den man sich mühsam am Boden zusammenkratzen musste. Die Erfahrung hat gezeigt, dass die Gäste in der Regel den zu reichlich angetragenen Kaffee mitnehmen. Eine halb volle Dose galt daher als Vertrauensbeweis, der sofort angenehm auffiel.

Sani, das erfuhr ich jetzt, hatte sich in Ghana ein Haus gekauft. Togolesen, die sich das leisten konnten, sahen darin eine Fürsorge für noch schlechtere Zeiten, die man erwartete. Wer nicht mit begierlichem Blick nach Europa schielte, der versuchte, sich einen Zweitwohnsitz in Benin oder Ghana zu ergattern. Dass es mit der Wirtschaft und den politischen Verhältnissen wieder besser werden könnte, schien im Jahre 2000 niemand zu glauben. Alice, in deren Restaurant am Abend Folklore gespielt wurde, hatte alle Illusionen verloren. Zu viele ihrer Bekannten waren gescheitert oder Opfer von Gewalt geworden. Sie selbst litt noch unter dem Schock, den ein Überfall auf ihre Gaststätte und die gnadenlose Ermordung des Wächters ausgelöst hatte.

Als die Sabena Togo auf ihre Liste setzte, eröffnete ein enthusiastisches Ehepaar ein belgisches Restaurant. Vor einem Monat hatte man den Mann, als er abends den Laden dicht machte, übel zugerichtet. Nachdem eine Pistole zweimal versagt hatte, attackierten ihn zwei Männer mit ihren Messern. Es war einer von vielen Raubüberfällen, die sich hier immer wieder ereigneten. Was sollte es für einen Sinn machen, sich in einem Lande niederzulassen, in dem die einfachsten Bedürfnisse nicht gesichert waren? Sani nickte wissend. „Das gilt für uns alle, ob wir Schwarze oder Weiße sind. Das ist nicht ein Krieg der Rassen, das ist eine Endzeit, in der die Karten neu gemischt werden. Dass es bei diesem Spiel nur Verlierer geben kann, daran mag keiner denken."

Für mich war das Hotel de la Paix mehr als eine heruntergekommene Absteige, zu viele Erinnerungen haften daran. Sani hatte sich längst verabschiedet, da kam mir eine Geschichte in den Sinn, die hier begonnen hatte. Es mochte wohl fünfundzwanzig Jahre her sein, ich hatte in diesen Jahren als Stammgast den Bungalow Nr. 6 belegt, als mich George Brown, der Direktor, mit einem merkwürdigen Ansinnen weckte. Man hatte der Tochter des Ehepaares März aus Rosenheim Geld gestohlen. Ich arbeitete gerade an meiner Voodoo-Dokumentation, und es war bekannt, dass ich die meisten der wichtigen Priester kannte. Er schlug vor, die zwanzig Männer und Frauen, die als Verdächtige in Frage kamen, dem Gottesgericht vorzuführen. Ich hatte gerade in dieser Woche in zwei solchen Gerichten gearbeitet, sodass ich über den Hergang und das Prozedere Bescheid wusste. Diese traditionellen Institutionen wurden oft bei Streitfällen oder Diebstählen angerufen. Man erwartete von ihnen eine hohe Aufklärungsrate, wenn die Justiz versagte. Das Prinzip ist einfach, die Verdächtigen werden einer Prüfung unterzogen, und der Schuldige verrät sich meist durch Nervosität, die bis hin zum völligen Versagen führen kann, wenn er gegen den Willen der Götter eine Handlung durchsetzen soll. Der Lügner wird meist erkannt.

George Brown hatte einen Bus zur Verfügung gestellt, und so fuhr ich mit den zwanzig Verdächtigen zum Gottesgericht. Es war eine aggressive Stimmung unter ihnen,

## VI. Kulturkontakt Afrika – Europa: Freundschaften, Bücher und eine Sammlung im Entstehen

1 (vordere Seite) Im heiligen Wald bei Susanne Wenger in Oshogbo. Die Trommeln wurden herbeigeschafft, um die Anrufung der Götter zu ermöglichen.

2 Auf einem Theaterplatz können die Besucher die Mysterienspiele auf dem Schoß von Götterfiguren sitzend miterleben. – Susanne Wenger und Gert Chesi bei den Vorbereitungen zu einer fotografischen Arbeit, die unter dem Titel „Ein Leben mit den Göttern" im Perlinger Verlag publiziert wurde.

3  Susanne Wenger vor dem Ogboni-Schrein. Sie hat im Laufe von vielen Jahren die verfallenen Tempel wieder aufgebaut. Daß diese mehr ihre als die Handschrift der afrikanischen Künstler trugen, wurde ihr später vorgeworfen. Die Alternative wäre allerdings ein unwiederbringliches Verschwinden der Ritualplätze und Bauten gewesen.

4 (nächste Seite)  In der nigerianischen Stadt Oshogbo begegnet man an Festtagen den Priestern der Yoruba. Im Umfeld von Susanne Wenger haben sich die Kulte bis heute lebendig erhalten.

5/6 Von allen Samm-
lungsstücken, die Chesi
nach Europa brachte,
widersetzten sich am
hartnäckigsten die
ghanesischen Särge in
Figurenform. Tage
vergingen, bis ihre
Verschiffung möglich
wurde. Heute sind sie
Prunkstücke des
Museums im Schwazer
„Haus der Völker".

7 Im Freundeskreis. In der Mitte Susanne Wenger, links der Verleger und Kaufmann Engelbert Perlinger.

8 Seine Urindiagnosen waren berühmt. Hans Neuner, der Tiroler „Wunderdoktor", begleitete Gert Chesi auf einigen seiner Reisen. Im Kulturvergleich wollte man die unterschiedlichen Methoden der Heiler untersuchen.

9 Berauscht von den Dimensionen, dokumentierte Gert Chesi die Drucklegung seines ersten Buches. Der Bildband „Die letzten Afrikaner" erschien in sechs Sprachen und erreichte die Rekordauflage von 108.000 Exemplaren.

10 (nächste Seite) Der Österreicher Dr. Hans Schmidt in seiner besten Zeit. Als Primar und leitender Arzt der Universitätsklinik von Lomé hat er sich große Verdienste erworben. Das Bild zeigt ihn mit seiner Frau Debora (rechts) und Afi, seiner Haushälterin.

denn es galt als unehrenhaft, auf diese Weise vor den Richter gestellt zu werden. Im Haus des Magiers wurden dann die Spielregeln verlautbart. Jeder Verdächtige wurde mit einem Strick, den er um den Hals trug, mit der Nuss einer Dumpalme verbunden. Diese wurde unter Anrufungen und dem Beisein von Ahnengeistern und Göttern in einem engen Loch vergraben. Nachdem der Beschuldigte seine Unschuld beteuert hatte, sollte er mit einem Ruck die Nuss aus dem lockeren Sand ziehen. Das Szenario war von Fackeln erhellt, Trommler riefen mit ihren Rhythmen die Geister, und der Priester vergoss literweise Sodaby, einen Palmschnaps, der bevorzugt bei Voodoo-Ritualen Verwendung findet. Je länger die Anrufungen dauerten, umso mehr Zuschauer gesellten sich in den Raum. Als schließlich der letzte Kandidat erfolgreich seinen Strick aus dem Sand zog, applaudierten hundert Schaulustige, die der Verhandlung beigewohnt hatten. Der ganze Auftritt war insofern eine Blamage, als er keinerlei Ergebnis brachte. Etwas ratlos kam der Richter zu mir und erklärte, dass es in solchen Fällen üblich sei, eine Gegenprobe zu unternehmen. Es könnte durchaus sein, dass nichts gestohlen worden war, und eine haltlose Beschuldigung zwanzig Verdächtige in falschem Licht erscheinen ließ. Ich sollte im Namen der Bestohlenen dieselbe Zeremonie wie die Beschuldigten durchlaufen. Alle Augen waren auf mich gerichtet, es war also selbstverständlich, dass ich mich der Probe zu unterwerfen hatte. Ich kniete wie alle anderen im Sand, ein dünnes Seil, an dem die Palmnuss hing, um den Hals gewickelt. Nun musste ich mich zu Boden bücken, während die Frucht einen halben Meter tief in das Loch, das man mit lockerem Sand füllte, platziert wurde. Nur wenige Zentimeter mit dem Gesicht über der Öffnung sprach ich die Formel, die die Unschuld der durch mich vertretenen Person beweisen sollte. Dann wurde ich aufgefordert, die Nuss aus dem Sand zu ziehen. Ich hatte mir vorgenommen, mit großer Kraft an dem Seil zu reißen, damit der Unschuldsbeweis eindrucksvoll erfolgte, nicht zögerlich oder verhalten, sodass man vielleicht im Nachhinein noch in Beweisnotstand geraten würde. Der Richter klopfte mir auf die Schulter, und ich riss mit großer Kraft an dem Seil, das sich keinen Millimeter bewegte. Es war unglaublich, aber ich war als Einziger nicht in der Lage, die Prüfung zu bestehen. Der Jubel unter den Verdächtigen war groß. Sie waren zu Unrecht beschuldigt worden, das stand jetzt fest, und so mancher, der zuvor von faulem Zauber sprach, war jetzt von der Unbestechlichkeit des Urteils überzeugt. Für George Brown war das Ergebnis peinlich. Er hatte sich durch diesen Vorstoß eine weitere Untersuchung durch die Polizei verwirkt, weil er die Methode, die er selbst zur Wahrheitsfindung vorgeschlagen hatte, nicht im Nachhinein anzweifeln konnte.

Am Abend hatte sich die Geschichte unter den Hotelgästen herumgesprochen, und ich musste immer wieder die Striemen zeigen, die ich mir beim ungestümen Reißen am Halse zugezogen hatte. Fräulein März hörte von ihren achthundert Mark jedenfalls nichts mehr, es sei denn, man wertete eine kleine, mehr als ein Jahr später auftauchende Kolportage als einen Hinweis darauf. Ein Voodoo-Priester machte mir damals das Angebot zu einer Gegenverhandlung, denn er sei davon in Kenntnis gesetzt worden, dass die Urteile betrügerisch verlaufen seien. Einer der Beschuldigten sei schon Stunden vor der Zeremonie beim Richter erschienen und habe diesem Geld geboten. Es konnte also davon ausgegangen werden, dass das Urteil gekauft war. Natürlich wollte jeder wissen, warum ich die Nuss nicht aus dem Sand ziehen konnte, aber das wusste ich selbst nicht. Ich gehe davon aus, dass das Gottesgericht wie der Lügendetektor den Beschuldigten veranlasst, sich selbst zu verraten. Das Wissen um seine Schuld lähmt ihn, er kann die Nuss nicht mehr bewegen. Warum ich es nicht konnte, bleibt rätselhaft, doch die Tricks der Taschenspieler sind Legion, und gegen ein angemessenes Schmiergeld hätte man vielleicht auch diesen entzaubern können.

## Die Begegnung

Auf meinem Weg zum Markt machte ich den Umweg über das Gottesgericht. Nach fünfundzwanzig Jahren war es noch immer an derselben Stelle, genauso verkommen und düster wie damals. Einige hundert Meter weiter sah ich Adjos Bruder auf der Straße. Ich war irritiert. Ihn zu ignorieren verbot der Anstand, ihn mitzunehmen würde Verwirrung schaffen. Bevor ich mich noch entscheiden konnte, hatte er mich entdeckt und winkte aufgeregt. Ich erfuhr, dass Adjos Mutter am Markt beim Einkaufen sei, und so warteten wir auf ihre Rückkehr. Der Empfang war herzlich, obwohl alle von der Misere wussten. In einem ausführlichen Gespräch, zu dem ich sie in mein Hotel lud, zeigte sich, dass die Familie nicht über die Hintergründe der Flucht Adjos informiert war. Adjo hatte auch ihre Mutter und die Brüder im Unklaren gelassen. Sie geriet offensichtlich in einen unlösbaren Argumentationsnotstand, der sie veranlasst hatte, ohne Informationen zu hinterlassen, zu verschwinden. Sie mochte sich in einer schweren Krise befunden haben, in der sie nicht weit vom Elternhaus Logis bezog, ohne ein Mitglied ihrer Familie in ihre Geheimnisse einzuweihen. Ihr Verhalten wurde weder verstanden noch gebilligt. Ich wurde ins Haus ihrer Eltern gebeten, und es schien kein Zweifel daran zu bestehen, dass man mich weiterhin wie ein Familienmitglied zu behandeln gedachte.

Erleichtert über das positive Gespräch, verbrachte ich den Abend vor dem Café Bruxelles bei einem opulenten Mahl. Man hatte in Ermangelung eines Gastgartens Stühle und Tische am Gehsteig platziert, auch ein Fernsehgerät, zu laut eingestellt, war zur Animation der Gäste installiert worden. Dieser schmale Streifen der Gastlichkeit war deshalb angenehm, weil man der stets übersteuerten Klimaanlage im Café entging und zudem das Treiben auf der Straße beobachten konnte. Die Attraktion des Lokals war das hausgemachte Eis, das viele junge Kunden der Oberschicht anlockte. Für jemanden wie mich, der sich aller Sorgen ledig einer kontinuierlichen Genesung erfreuen durfte, war dieser Platz auf der Straße wie ein vorgeschobener Horchposten, der die Befindlichkeit einer bestimmten Gesellschaft widerspiegelte.

Das Stoßgeschäft war schon vorbei, da kamen einige verkommene Gestalten auf das Lokal zu. Ich war der einzige Gast, und so steuerten sie geradewegs zu meinem Tisch, um sich als Gruppe von Musikanten bekannt zu machen. Sie packten ihre Trommeln und das Balaphon aus und begannen, recht harmlose Reggaemusik zu intonieren. Meine zu großzügige Spende veranlasste sie zu bleiben. Nun folgte das eigentliche Programm, nicht jenes, das man für ein paar Münzen vortrug. Es war schon eigenartig, dass gerade der Behinderte, der eine angenehme Stimme besaß, auch der Tänzer war. Seine lose am Körper baumelnden Beine wurden zu gestalterischen Elementen seiner Performance. Erst sprang er seitlich in die Krücke, drehte sich auf dieser verharrend wie ein Kreisel und klatschte schließlich, als die Zentrifugalkraft nachließ, auf den Boden, nicht ohne den Fall mit einer „Schere" aufzufangen. Mit weit gespreizten Beinen saß er auf der Straße und zog sich geschickt an der Krücke empor, bis sein Unterleib schwerelos zu pendeln begann, während seine dünnen Beine kraftlos Kreise in den Staub zogen. Die beiden rot gekleideten Wächter, die sich vor dem Lokal um die Autos kümmerten, applaudierten. Ich nickte anerkennend mit dem Kopf und war der Meinung, dass diese Nummer mit meiner Spende abgegolten sei. Das war sie auch. Die Gruppe war zu einer Zugabe bereit, in deren Verlauf zu Gesang und Trommelrhythmen der Tänzer einen in Benzin getränkten Baumwollfetzen entzündete. Diesen ließ er mehrfach zischend im Mund verschwinden. Dann öffnete er seine Hose und tauchte die Fackel in sie, sodass lodernde Flammen, dort wo man das Geschlecht vermutete, aus ihr hervorschlugen.

Ich habe schon hunderte solcher Vorführungen gesehen, doch immer wieder war ich erstaunt über die exhibitionistischen Anteile, die durchs Publikum stets mit schreiender Begeisterung quittiert wurden. Wieder zu mir gewandt, erklärte der Lead-Sänger, man wolle nun aus eigenem Repertoire vortragen. Eigentlich wollte ich längst gehen, doch der Anlass ließ es als geraten erscheinen, auch noch diese Zugabe abzuwarten, zumal der Abend ohnehin mit offenem Ende konzipiert war. Diese letzte Nummer vor dem Weitermarsch der Gruppe war ergreifend. Sie sangen von der Misere Afrikas, von der Korruption ihrer Politiker, und dass Aids nicht gut sei für die Togolesen. Diese musikalische Anklage war so angelegt, dass Passagen aus Kirchenliedern wie Refrains den Vortrag unterbrachen. Die Botschaft der Gruppe war nicht nur hart, sie war auch mutig, in einem Lande, in dem wegen viel geringerer Aussagen Menschen im Gefängnis sitzen.

Zurück im Hotel sah ich strahlende Gesichter hinter der Rezeption. „Hat jemand einen Preis gewonnen?", meinte ich scherzend. Ja, es war so etwas Ähnliches. Das ganze Hotel freute sich mit seinen Gästen über die Tatsache, dass der Lift wieder funktionierte. Ich drückte auf den fünften, um im sechsten Stock zu landen. Was war dieser eine Stock nach unten gegen die neun nach oben. Ja, es waren nicht fünf, wie man annehmen sollte, sondern neun. Die ersten beiden, Rezeption und Speisesaal, waren Doppelstockwerke, und der Lift begann erst zu zählen, als er diese hinter sich hatte.

Im Zimmer schrieb ich an meinem Text weiter, als mich ein Stromausfall in gehörige Aufregung versetzte. Vor zwei Tagen hatte derselbe Vorfall den Absturz meines Computers zur Folge gehabt, und als das Licht wiederkam, waren viereinhalb unwiederbringliche Seiten verloren. Als ich das erkannte, packte mich das Entsetzen. Es gibt nichts Schlimmeres für mich, als dieselbe Arbeit zweimal zu tun. Noch schlimmer aber ist es, die erste nachempfinden zu müssen, denn wie im Computer, so waren auch in meinem Hirn manche Passagen unwiederbringlich gelöscht. Diesmal allerdings hatte ich Glück. Die Batterie überbrückte den Stromausfall, sodass nichts verloren ging. Der Vorfall rief mir sogar eine Textstelle in Erinnerung, die ich in der Nacherzählung vergessen hatte. Sie handelte von dem Abend im Golden Crown Restaurant, das ich schon vor zwanzig Jahren immer wieder mit meinem Freund Hans Schmidt besucht hatte. Rong Rong Xi, der Besitzer dieses ältesten China-Restaurants in Lomé, erinnerte sich der vielen Nächte, die wir dort bei lackierter Ente und Reiswein verbracht hatten. Im Laufe des Gesprächs, in dem ich von meinem Besuch in seiner Geburtsstadt Shanghai erzählte, stellte ich fest, dass er viele der Neuerungen, von denen ich beeindruckt war, noch nicht gesehen hatte. Er war, seit er vor vierundzwanzig Jahren nach Afrika kam, nicht mehr in seiner Heimat gewesen. Beim Zahlen erinnerte ich mich der Gepflogenheit, den Kellnern das Trinkgeld in die Tasche zu stecken. Sie selbst hatten das unter dem Vorwand erbeten, dass es sonst von Rong Rong Xis Frau einbehalten würde. Ich zögerte also mit der Bezahlung, bemerkte aber keinen Hinweis und nahm den konventionellen Weg. Zum Abschied schenkte mir der Wirt einen Kalender, der mich daran erinnerte, dass wir das Jahr des Drachen schrieben. Es sei ein starkes Jahr, ein Jahr des Glücks, wie der Drache im Besonderen ein Glückstier sei. Es war mir klar, dass das nur für Chinesen zutreffen würde, die auch im vergangenen Jahr, dem des Hasen, von positiven Entwicklungen zu berichten wussten. Meine Bemerkung, dass mir der Drache kein Glück gebracht hatte, überging er mit der Feststellung, dass dieses Jahr noch nicht zu Ende sei und eine überschnelle Prognose in die Irre führe. Übrigens, das kommende Jahr sei das der Schlange, da sei Vorsicht geboten.

In dieser Nacht flog ich zurück nach Europa. Voll Ungeduld erwartete ich ein weiteres Treffen mit Armand, den ich kurz zuvor noch ans Telefon rief. Es kam kein richtiges Gespräch zustande, er hatte Mühe mit der deutschen Sprache. So schnell er sie erlernt hatte, so schnell war er im Begriff, sie zu vergessen.

Nach weiteren Ehrungen, die ich für meine Arbeit am Museum entgegennehmen durfte, unternahm ich einen neuen Versuch, Armand zu besuchen. In Frankreich aber eskalierten Adjos Aggressionen derart, dass ich noch am selben Tage zurückreiste. Die Begegnung mit meinem Sohn reichte kaum aus, ihn zu umarmen. In derselben Nacht begann ich, um mich zu zerstreuen, Erinnerungen an Indien niederzuschreiben.

## *Indien*

Wir schrieben das Jahr 1968, als Woodstock die Jugend in Atem hielt. Ich war zu alt, um mich dafür zu begeistern, zu sehr an den Jazz gebunden, als dass die Protagonisten dieser Lebensform mir etwas bedeutet hätten. In diesen Jahren war ich als Mitarbeiter einer großen deutschen Illustrierten hinter dem Müll her, den diese Bewegung hinterlassen hatte. Indien war mein Ziel, um über Goa zu berichten, das Mekka der Rauschgiftsüchtigen und ihrer Trafikanten. Ich durchquerte dieses große Land, von Madurai kommend, mit dem Zug und mietete in Colangute ein kleines Strandhaus, das zum Ausgangspunkt meiner Recherchen wurde. In diesem paradiesischen Biotop schien die Zeit ihre Bedeutung verloren zu haben, die Tage und Wochen zogen in zäher Monotonie vorbei, nur unterbrochen von Katastrophen, die sich regelmäßig ereigneten.

Eines Tages, es war schon spät am Abend und über den Hütten lag der Geruch von Marihuana, spazierte ich die Dorfstraße entlang und sah vor den Häusern Fernsehgeräte und hunderte Menschen, die in ausufernden Gruppen davor Platz bezogen hatten. Es war Mitternacht oder später, als man den Weltmeisterschaftskampf Muhammed Ali gegen Joe Frazier aus dem Kongo übertrug. Der dramatische Kampf endete mit der Niederlage des bis dahin Unbesiegten. Doch diese Nacht brachte noch eine weitere Niederlage, zwei junge Deutsche starben an einer Überdosis Heroin, das sie mit ihrem letzten Geld erstanden hatten.

Die Tage in Goa waren erschreckend. Junge Tramper aus allen Ländern der Welt waren angereist, um eine vermeintliche Freiheit zu finden, die sie tiefer und tiefer in die Abhängigkeit führte. Der Tod eines Österreichers wurde beklagt. Er hatte mit Freunden eine Party gefeiert, bei der Methylalkohol für die Zubereitung einer Bowle verwendet wurde. Vier waren gestorben, einige erblindet. Die lokale Presse berichtete täglich über derartige Ereignisse. Hier hatte sich der Geist von Woodstock von seiner finstersten Seite gezeigt, und wenn ich diese Bewegung aus der Distanz von über dreißig Jahren sehe, so bleibt der Vorwurf, dass Marshall McLuhan, Allen Ginsberg und die Gurus dieser Zeit die Gefahr des Rauschgifts nicht erkannten. Sie waren Idealisten, deren Ideen faszinierten, aber vielen zum Verhängnis wurden.

Indien hat die Hippies nicht nur angezogen, es hat auch unter ihnen gelitten. Viele tausend Gestrandete blieben zurück, hilflos ihrer Sucht ergeben, eine unerträgliche Belastung für die Bewohner von Goa. Die einfachen Fischer und Bauern konnten sich nicht gegen ein Heer von Fremden behaupten, das sich rücksichtslos über ihre Traditionen hinwegsetzte. Zu Dutzenden flanierten die Europäer nackt am Strand und verunsicherten die Fischer, die den strengen hinduistischen Moralgesetzen folgten. Viele von ihnen erkrankten oder begannen zu betteln, nachdem sie ihre Flugtickets versetzt hatten. Es waren immer wieder die Armen der Region, die sie aufnahmen und am Leben hielten. Das taten sie unbedankt und zum Preis einer jahrzehntelangen, permanenten Belästigung. Wer um zu betteln in ein armes Land geht, der handelt unmoralisch.

Als ich Goa verließ, erwachte ich aus einer Illusion, die mich glauben ließ, dass alle jungen Europäer, die hierher gekommen waren, um von den Zwängen einer bürgerlichen Konsumgesellschaft frei zu sein, so dachten wie ich. Die Generation der Hippies war vom Nimbus umgeben, kritisch, intellektuell und weltoffen zu sein. Was ich in Goa erlebte, war stumpfe Monotonie, Interesselosigkeit und Ignoranz. Es war ein Teil ihres Wesens, sich der Kritik zu entziehen, teilnahmslos zu sein am Schicksal anderer und am eigenen, obwohl sie als Kollektiv auftraten, das ihnen Kraft gab und sie in der Richtigkeit ihres Tuns bestärkte. Jemand wie ich, schon einige Jahre älter als der Durchschnitt, mit klar definierten Interessen und Standpunkten, war ihnen suspekt. Wie sich Betrunkene gegen die Anwesenheit von Nüchternen sträuben, so sträubten sie sich gegen mich. So war es auch in Goa. Argwohn und Misstrauen begleiteten mich, obwohl ich in vielen Belangen wie sie fühlte und, bei aller Kritik, ihnen doch mit Sympathie begegnete. Sie ließen mich spüren, dass ich keiner von ihnen war. Die Solidarität innerhalb der Gruppe war stark, wenngleich sie im Ernstfall nichts zu bewirken vermochte. Das Kollektiv gab den Einzelnen Rückhalt, aber es zeigte sich hilflos, wenn eines der Individuen Schiffbruch erlitt. Keiner von ihnen konnte sich über ein gewisses Maß an Solidarität hinaus auf die anderen stützen. Auch sie waren Rechtlose in einem riesigen Land, in dem sie niemand wollte.

Das Indien der Hippies deprimierte mich. Eines aber hatte diese Reise bewirkt, nämlich den Entschluss wiederzukehren. In den folgenden Jahren entdeckte ich Ceylon und

Bali, ich wandelte auf den Spuren des Hinduismus und seiner Monumente, die den asiatischen Kontinent wie ein Sternenhimmel überziehen. Dass ich stets gereist war, um zu arbeiten, hatte sich als Vorteil erwiesen. Ich kam nie in Versuchung, mich in den Sand zu legen und zu schlafen, ich war voll Begeisterung hinter neuen Entdeckungen her, und vor dem Hintergrund dieser Faszination lernte ich allmählich die Zusammenhänge sozio-kultureller Evolutionen verstehen, die sich als Mutationen ein und derselben Quelle über den Globus spannen. Nach dieser Fahrt beschloss ich, mich der Kultur zuzuwenden, der Sensationsjournalismus wurde mir suspekt.

Als ich nach München in die Redaktion zurückkehrte, stellte ich fest, dass der größte Teil der mitgebrachten Filme verdorben war. Es war wie ein schicksalhaftes Zeichen, das mir den Weg in eine weniger hektische, aber um vieles interessantere Zukunft wies.

Viele Jahre später, es war eine der letzten Reisen, die ich nach Indien unternommen hatte, landete ich nachts in Kalkutta. Zwischen Wolkentürmen, aus denen im Sekundentakt ganze Bündel von Blitzen in den Himmel fuhren, zog die Boing der Indian Air ihre Schleifen. Ein blanker Kabelstrang unter meinem Sitz und ein randalierender Mann waren unangenehme Begleiter, bis das Gefährt endlich im Gewittersturm vor dem Flughafen zum Stehen kam. Eine lange Taxifahrt auf der Suche nach einem Hotel und die üblichen überhöhten Forderungen waren die Begleitmusik dieser ersten Nacht.

Am Morgen versöhnten mich strahlender Sonnenschein und die Erwartung, im Nationalmuseum die bedeutendsten Steinplastiken zu sehen, die eine dreitausendjährige Geschichte hervorgebracht hatte. Mein Hotel lag nur einige Minuten von einem Park entfernt, in dem heilige Ratten von gläubigen Hindus gefüttert wurden. Einige Kilometer weiter befand sich der berühmte Kali-Tempel, in dem sich eine gewisse Aufdringlichkeit fordernder Mönche breit gemacht hatte. Sie vermarkteten ihre Religion unter dem Aspekt der Selbstlosigkeit, es käme den Armen zu Gute. Das Heiligtum war unscheinbar klein, in der Mitte zweier sich treffender Gänge gelegen, in denen sich Gläubige drängten. Ich sah das angsterregende Gesicht Kalis mit weit aufgerissenem Maul, das Konterfei einer Göttin, für die man noch heute Menschenopfer bringt. Ein vorgelagertes Becken von der Größe eines Schwimmbades war knöcheltief mit Blut gefüllt. An einer Schlachtbank standen drei Männer, die in ununterbrochener Folge Ziegen schlachteten, die von Helfern über den Beckenrand gereicht wurden. Opfertiere, die – nachdem man ihnen den Kopf abgeschlagen hatte – im Blut der anderen starben. Die Bilder dieses Tempels haben sich in meine Erinnerung gegraben, stellvertretend für vieles, das mir bis heute an Indien fremd geblieben ist. Ich war immer bemüht, andere Kulturen zu begreifen, aber ich habe sie nur kennen gelernt. Sie offenbarten sich zu ausufernd, zu unverständlich in ihren Konsequenzen, zu unmenschlich in ihren Mythen.

Indien ist die Quelle der Religiosität, aber auch die Quelle all dessen, was Religionen so fragwürdig macht. Die Geschichte des Hinduismus hat mich stets irritiert. Schon am Beginn steht Ausgrenzung und Rassismus. Es waren die Arier, die vom Nordwesten her nach Indien kamen. Ihr Glauben beruhte auf den heiligen Texten der Veden, wobei viele lokale Ausprägungen in Form von Naturgöttern und Geistern einbezogen wurden. Sie schufen das System der Kasten, denn sie fühlten sich als Hellhäutige überlegen und berufen, die dunkelhäutigen Ureinwohner, die sie als Barbaren bezeichneten, zu unterdrücken. Mit einem religiös verbrämten Gesellschaftssystem delegierten sie die Verantwortung an die Götter. Alle Lebenskraft kommt aus dem Brahman, einem kosmischen, die Welt umspannenden Raum. Ihm entstammen auch die drei Hauptgötter, Brahma, Vishnu und Shiva. Die Mythen, die sie begleiten, sind so gewalttätig, dass es mir immer unverständlich blieb, wie sich vor ihrem Hintergrund ein Charakter wie Gandhi entfalten konnte. Es muss wohl doch eine klare Demarkation zwischen mythischer Fiktion und gelebter Existenz geben, eine, die ausschließt, dass der Vorbildcharakter der Protagonisten, seien es jene von Religionen oder von Filmen, in der Realität Platz greift.

Während meine frühen Indienreisen dem Land und den Menschen galten, standen die späteren unter dem Eindruck der Religionen, unter deren Einfluss großartige Kunstwerke entstanden. Über die Skulpturen und Bilder erschloss sich der Mythos, der mich als Poesie und Kunst beeindruckte. Die Geschichten rund um Götter und Geister hörten sich wie Kriminalromane an, gewalttätiger als diese, weil die Götter den Menschen in allem, auch an Grausamkeit, überlegen sind.

Vishnu – so erzählt es die Geschichte – kam, nachdem er lange unterwegs gewesen war, nach Hause. Vor seinem Anwesen bemerkte er einen jungen Mann, den er für seinen Rivalen hielt. Ohne lange zu fragen, machte er seinem Ärger Luft und schlug ihm den Kopf ab. Entsetzt klärte ihn seine Gattin auf, dass er seinen eigenen Sohn enthauptet hatte. Vishnu zeigte Reue und befahl, man möge dem ersten Tier, das sich dem Hause näherte, den Kopf abschlagen und diesen auf den Körper seines Sohnes setzen. So geschah es, dass das erste Lebewesen, dessen man habhaft wurde, ein Elefant war. Vishnu köpfte ihn und setzte seinen Schädel dem Sohn Ganesh auf, der von da an mit ihm weiterlebte.

Die Grausamkeiten der indischen Mythen tun ihrer literarischen Dimension keinen Abbruch. Hesse bezeichnete das Ramayana-Epos mit seinen 24.000 Doppelversen als eines der bedeutendsten und umfangreichsten Schriftwerke der Literaturgeschichte. Wer die Ausstrahlung des Mahabharata bis nach Bali, wo es im Ketchak seine Entsprechung findet, verfolgt hat, der kann sich dem Zauber indischer Literatur nur schwer entziehen. Dem Zweifler und Ketzer freilich wird Vishnus zehnte Reinkarnation in Erinnerung gerufen, in der er als Weltenzerstörer auftritt. Auch Shiva zeigt sich gewalttätig und destruktiv, alles zum Nutzen des Todes, der die Reinkarnation ermöglicht und durch sie den Aufstieg ins Nirvana.

Die Mythen des Hinduismus schienen mir nicht mehr oder weniger brutal als jene des Christentums. Verständlich werden ihre Tendenzen erst, wenn man sie vor dem Hintergrund ihrer dreitausendjährigen Geschichte betrachtet, die zu einer Zeit begann, in der auch die Begabtesten nicht ahnen konnten, in welch dramatischer Geschwindigkeit sich die menschliche Evolution, und in ihrem Gefolge die Erkenntnisse der Naturwissenschaften, vollziehen würden. Eine dieser Zeitenwenden lag ein halbes Jahrtausend vor Christus. Während Plato in Europa und Buddha in Indien das Weltbild veränderten, war es der Denker Konfuzius, der inmitten einer blühenden chinesischen Kultur die Menschen in seinen Bann zog. Diese Zeitenwende hat sich vermutlich auf die ganze Menschheit bezogen, denn auch südlich der Sahara erblühten Kulturen, wie die der Nok oder der Tellem, die bis heute unerforscht und unverstanden blieben.

Als Buddha begann, seine Lehre zu verbreiten, zeigte diese, obwohl sie eine Abspaltung des Hinduismus war, humane Züge. Die Mythen aber waren wie die anderer Lehren, grausam und phantasmagorisch, sodass sie wie die der Griechen weniger in ihrer Vorbildhaftigkeit als in ihrer poetischen Qualität beeindruckten.

## Geistheiler

Meine Reisen auf die Philippinen waren zweckgebunden. Nachdem sich meine ersten drei Bildbände gut verkauft hatten, drängte mein Verleger nach einem neuen Buch. Die Geistheiler auf den Philippinen waren im Gespräch, und nirgendwo in Europa konnte man zu diesem Thema seriöse Literatur finden. Hans Nägeli, der Parapsychologe aus der Schweiz, hatte ein kleines Büchlein geschrieben, in dem er recht unkritisch die Funktionsweisen der Wunder darstellte. Er und viele andere hatten Interesse an der Existenz des Paranormalen, und das führte dazu, dass jede Erzählung, soweit sie das Vorhandensein von Übernatürlichem bestätigte, für wahr gehalten wurde. Umgekehrt aber galt jeder Zweifel an dessen Existenz als eine Form der Blasphemie, bezogen doch die meisten der Berichte ihre Beweiskraft aus dem Erlebten und einem theoretischen Unterbau katholisch-okkultistischer Theorien.

Mit der Idee, über die Geistheiler ein Buch zu schreiben, rannte ich bei Engelbert Perlinger offene Türen ein. Selbst ein Suchender und fasziniert von einer Heilkraft, die dem Göttlichen zugeschrieben wurde, sah er sich in seinen Vorstellungen bestätigt. Auch Hans Neuner, unser Freund und Heiler, war von dem Projekt fasziniert. So durfte ich auf die Unterstützung des Verlegers hoffen, der die vielen Monate, die ich auf den Philippinen verbrachte, dann auch bezahlte.

Im Umgang mit den Heilern und jenen, die ihre Jünger waren, erging es mir wie mit den Hippies in Goa. Sie begegneten mir misstrauisch, weil sie es nicht gewohnt waren, dass jemand Fragen stellte, Behauptungen anzweifelte oder gar überprüfte. Trotz meiner zwiespältigen Lage gelang es mir schnell, in Baguio, einer schönen Kleinstadt auf der Insel Luzon, Fuß zu fassen.

Nachdem ich einige Hotels der Stadt bezogen und wieder verlassen hatte, fand ich schließlich Unterkunft in der Mountain Lodge, einem traditionellen Holzhaus, das von der sympathischen Camir und ihrem Mann geführt wurde. In einem Föhrenwald außerhalb des Zentrums gelegen, war es ein ruhiger, romantischer Platz, geeignet, Texte zu schreiben und Informationen auszuwerten. Hier lernte ich auch eine Studentin kennen, die es mir leicht machte, selektiv zu arbeiten. Sie kannte viele Heiler und Patienten aus einer Zeit, in der sie als Ferialpraktikantin in einem Hotel gearbeitet hatte.

Die späten Siebzigerjahre waren gezeichnet von einem tiefen Misstrauen, das viele Patienten der europäischen Medizin entgegenbrachten. Die Ärzte galten als arrogant und überbezahlt, die „Götter in Weiß" wurden zu Feindbildern einer Gesellschaftsschicht, die sich ausgenutzt und verraten wähnte, von einer Medizin, die sich schmalspurig entlang der Ratio bewegte. Das naturwissenschaftliche Weltbild wurde angezweifelt, die Esoterik gewann an Terrain, weil sie offen war für neue Formen der Wahrheitsfindung. So kam es, dass immer mehr Unzufriedene die Hilfe asiatischer Heiler suchten.

Meine erste Begegnung mit einer Patientin erfolgte zufällig. Sie war die Besitzerin eines Restaurants und gerade zurück von einer Reise, auf der sie die Dienste eines Heilers in Anspruch genommen hatte. Ihr Problem war an sich unbedeutend, doch was sie erzählte, machte mich neugierig. Hunderte Europäer waren ihr begegnet, Schwerkranke mit Krebs und Infarkten, Gelähmte und solche, die von der Schulmedizin aufgegeben wurden. Was mich verblüffte, war der Umstand, dass viele dieser Kranken aus meiner unmittelbaren Nachbarschaft stammten, Tiroler, deren traditionelle Lebensweise nicht mit solchen Entschlüssen zu vereinbaren war. Wenn ich an einen Patienten dachte, der auszog, um einen Schamanen zu finden, dann sah ich vor meinem inneren Auge einen Alternativen, einen Tramper oder Intellektuellen. Niemals hätte ich gedacht, dass es Bauern aus Bergdörfern oder Angestellte aus Kleinstädten waren, die zu hunderten die Flugzeuge nach Manila bestiegen. Wer hatte sie auf die Idee gebracht, eine derartige Reise zu unternehmen? Woher nahmen sie den Mut, sich einem Asiaten auszuliefern, dessen Kompetenz nicht zu überprüfen war? In einigen Gesprächen, die ich führte, zeichnete sich das Bild von Menschen ab, die mit ihren Leiden allein gelassen wurden, denen die Zuwendung der Ärzte und der Freunde fehlte, Menschen, denen man nichts über die Funktionsweisen der Apparate, an die sie angeschlossen waren, erzählt hatte. Es lag im Geiste dieser Zeit, dass der Patient noch nicht als mündig galt, er wurde angelogen und vertröstet, wie ein Kind behandelt, das sich kommentarlos unterzuordnen hat. Von den Philippinen hörten sie, dass es dort Heiler gäbe, die sich für sie Zeit nehmen, ihre Erzählungen geduldig anhören und schließlich vor dem Hintergrund einer kulturüberschreitenden Gläubigkeit das Gute beschwören würden. Altes schamanistisches Wissen, gepaart mit christlicher Mystik, das war die Mischung, aus der die Hoffnung keimte.

Um es vorwegzunehmen: Meine Auseinandersetzung mit den Geistheilern und den sie begleitenden Phänomenen war in jeder Hinsicht zwiespältig. Einerseits war ich selbst in einem Umfeld aufgewachsen, das der Ratio verpflichtet war, andererseits fehlte mir der religiöse Hintergrund, vor dem sich die Phänomene üblicherweise ereignen. Ich war also gezwungen, mich mit einem Thema auseinander zu setzen, das sich mir nur teilweise erschloss. Alles, was im Bereich des Glaubens lag, hatte ich zu akzeptieren, als die subjektive Wahrheit der anderen, die als Heiler oder deren Patienten im inneren Kreis metaphysischer Aktivitäten standen. Der Vorwurf meiner späteren Leser, ich hätte die Phänomene nur von außen gesehen, blieb mir genauso wenig erspart wie jener meiner Kritiker, ich würde dem Aberglauben Vorschub leisten. In diesen Jahren habe ich viele neue Freunde gewonnen, aber auch alte verloren, die Ärzte oder Wissenschaftler waren und jeglicher Kritik an ihrem naturwissenschaftlichen Weltbild mit Aggression begegneten. Auch die Öffentlichkeit bestand aus zwei rivalisierenden Lagern. Die Puristen auf der einen Seite, die Anhänger alternativer Methoden auf der anderen. Eine Harmonie zwischen den Lagern war nicht herzustellen.

Der ORF gehörte mit seinem „Club zwei" zu den ersten Sendern, die mit einer Talk-Show Millionen vor die Fernsehschirme lockten. Hier ging es um Konfrontationen und um das Aufeinanderprallen sich widersprechender Ansichten. Am Höhepunkt einer inzwischen zur Hysterie gesteigerten Debatte wurde ich zu einem Streitgespräch geladen. Die Kontrahenten waren Gerichtsmediziner, Psychologen, Ärzte und Physiker, die Patienten, Heilern und Augenzeugen gegenüberstanden. Man versuchte mit Hilfe eines Zauberers „blutige Operationen" nachzustellen und erklärte alles, was nachahmbar war, zum Schwindel. Die Auseinandersetzung gedieh bis zum Streit, es gab keine Annäherungen der Standpunkte und keine Erkenntnis. Auch bei einem Dialogkongress, zu dem die Ärzteschaft nach Salzburg lud, standen sich die Lager unversöhnlich gegenüber, wenngleich die Härte früherer Diskussionen einer vorsichtigen Toleranz gewichen war. Die Schulmediziner gestanden einigen der bis dahin als Aberglauben verpönten Praktiken insofern Wirkung zu, als sie ihrer Ansicht nach die Selbstheilungskräfte des Körpers zu

aktivieren im Stande waren. Das galt besonders für die Homöopathie, die Reflexzonen-
massagen und die Akupunktur.

Mit meinen Auftritten und Vorträgen verärgerte ich die Ärzteschaft. Die Anfeindun-
gen waren so massiv, dass sie in anonymen Drohungen gipfelten. Hoimar von Ditfurth
geißelte mich im deutschen Nachrichtenmagazin „Der Spiegel" und genierte sich nicht,
seine Attacken mit meinen Fotos zu illustrieren. Er selbst war sieben Tage in Manila
gewesen und hatte von dort kein brauchbares Material mitgebracht. Es folgten Prozesse
um Urheberrechte und Streitereien um die Grundsätze des Heilens. Die deutsche Ge-
richtsmedizinerin Frau Oeppen tourte durch die Medienlandschaft, um alternative Heilmethoden anzuprangern. Ein Schweizer Gerichtsmediziner schrieb: „Chesi spricht mit
dem Zungenschlag des Okkultisten." Zum Glück behielt ich in allen Streitfragen Recht.

Kritik und Zustimmung begleiteten mich auf meinen Vortragsreisen, wobei ich die
Schulterklopfer mehr fürchtete als meine Gegner. Nach den Vorträgen blieben stets Zuschauer im Saal, weil sie weiterdiskutieren wollten oder Fragen zu stellen hatten. Einer
von ihnen klopfte mir nach einem der überlaufenen Vorträge im Bregenzer Festspielhaus
auf die Schulter und gratulierte mir mit der Feststellung, er sei auch ein Spiritist. Als alle
anderen gegangen waren, entdeckte ich am Ausgang einen alten Mann mit weißem Bart.
Er sei Straßenkehrer in Bregenz, doch sein eigentliches Interesse gelte den Wunderhei-
lern. Später im Restaurant, die Küche war schon geschlossen, begann er bei Würstchen
und Kartoffelsalat von seiner Berufung zu erzählen. Jeden Sonntag begleite er einen Bus,
der nach Norditalien fuhr, um die schlafende Ambroasin zu besuchen. In einer kleinen italienischen Ortschaft liege seit Jahren eine Frau im Koma. Ihr wurde nachgesagt, dass sie
aus ihrem „Schlaf" heraus Wunder vollbringen konnte. Die Bittsteller nahmen am Bett-
rand Aufstellung, und nachdem gebetet worden war, käme es vor, dass die Schlafende
Ambroasin ihre Hand erhebe, um die Besucher zu segnen. Viele von ihnen seien daraufhin genesen.

Im zwanglosen Gespräch eröffnete sich ein Blick auf eine Welt, die mir bis dahin verschlossen war. Der weißbärtige Straßenkehrer, der die Fahrten begleitete, war in den vielen Jahren ein Freund der Familie geworden. Sie ließen ihm gelegentlich etwas von den
Spendengeldern zukommen und weihten ihn auch in intimere Angelegenheiten ein.
Eine der zahlreichen Geschichten betraf nicht Ambroasin, sondern jene, die sie besuchten. Einige Busse kamen aus Sizilien, andere aus Mailand oder Rom. Bei der Ankunft
der Sizilianer habe er bemerkt, dass Besessene unter ihnen waren. Noch ehe der Bus seinen Parkplatz bezogen hatte, stellte er fest, dass einige nicht auf ihren Plätzen saßen, sie
schwebten an der Decke des Fahrzeuges. Entsetzt von der Entdeckung informierte er vor-
auseilend den Bruder der Schlafenden. Dieser schien solche Szenerien zu kennen und
beruhigte den Freund.

Bis zu vierhundert Kranke und Hilfesuchende sollen an manchen Tagen das Dorf bevölkert haben, und nicht alle kamen in lauterer Absicht. Als er eines Abends gebeten wurde, beim Umbetten der Schlafenden zu helfen, entdeckten er und der entsetzte Bruder einige Nadeln, die in ihrem Gesäß steckten. Zweifler hatten sich über sie gebeugt, um den Segen zu empfangen. Sie wollten prüfen, ob Ambroasin wirklich im Koma lag und rannten ihr diskret die Nadeln ins Hinterteil. „Die Menschen sind schlecht!" Nachdem ich zahlreiche Geschichten dieser Art vernommen hatte, outete sich der Straßenkehrer als Okkultist, der mir seine Dienste anbot.

Ein Ehepaar, das mich in Feldkirch nach einem Vortrag ansprach, bat um Rat. Die beiden schienen an einer grundsätzlichen Frage zu scheitern, die sich auf ihre sechsjährigen Zwillinge bezog. Beide, so glaubte der Vater, waren vom Teufel besessen. Obwohl sie schon so alt waren, hatten sie immer noch die Größe von Zweijährigen, und es schien, als würden sie sich auch geistig nicht weiterentwickeln. Es war die Überzeugung des Vaters, dass man den Teufel, der sie vereinnahmte, aushungern sollte. Man müsste ihnen das Essen verweigern, dann würde sie der Teufel freiwillig verlassen. Die Mutter hingegen meinte, dass man ihnen Essen verabreichen und einen Exorzisten zu Rate ziehen sollte. Nun sei mein Rat für ihre Entscheidung ausschlaggebend.

An diesem Abend erkannte ich, dass es kaum möglich war, solche Missverständnisse zu vermeiden. Auf dieser Vortragsreise hatte ich die Massen mobilisiert, Säle mit mehr als tausend Besuchern gefüllt und schließlich die gestellten Fragen nicht beantwortet. Es war eine Gratwanderung, deren Gefahr darin bestand, dass ich mich durch Ratschläge oder Empfehlungen selbst schuldig machte. Obwohl ich mich immer klar als ein Reporter zu erkennen gab, dessen einziges Ziel es war, über Erlebtes zu berichten, häuften sich die Fälle, in denen geglaubt wurde, dass ich selbst in irgendeiner Weise ins Heiler-Handwerk involviert sei. Da nützte kein Dementi.

Eines Tages, um sechs Uhr morgens, vernahm ich Geräusche am Gang. Beim Öffnen der Wohnungstür erblickte ich zwanzig Kranke, die aus Salzburg angereist waren, weil sie gehört hatten, dass ich ihre Leiden lindern könnte. Bei einem Vortrag in Wattens erschien ein Polizist, der darauf hinwies, dass im Rahmen der Veranstaltung keine Operationen durchgeführt werden dürften. Chaos umgab mich, eine Kette von Fragwürdigkeiten, die auf meine Auseinandersetzung mit den Geheimnissen der Metaphysik folgten. Ich litt unter dieser Entwicklung so sehr, dass ich, nachdem hunderte Briefe wöchentlich unbeantwortet blieben, flüchtete. Ich unterbrach meine publizistische Tätigkeit und meine Vortragsreise, mit der ich gerade in der Schweiz Säle füllte, und begab mich auf eine Fahrt nach Bali, das, am Beginn touristischer Aktivitäten stehend, noch den Zauber des Ursprungs verstrahlte. Das war das Ende einer intensiven Arbeit, deren Höhepunkte und Erlebnisse sich auf den Philippinen ereignet hatten.

Ich erinnere mich an die erste Woche in Bagio, als man das Nahen eines Wirbelsturms ankündigte. Eilig wurden in den Gärten Bäume und Pflanzen niedergebunden, Fenster vernagelt und Dächer gesichert. Dann zogen die dunklen Wolken auf, und mit ihnen Sturm und Gewitterregen. In wenigen Stunden hatte sich das Naturschauspiel so gesteigert, dass das Wasser entlang der Hotelwände in die Höhe gedrückt wurde, sodass es durch die unteren Fensterspalten wie durch Gartenschläuche ins Innere geblasen wurde. Eilig schob ich mein Bett an die gegenüberliegende Wand und wischte das Wasser über die Stiege, von der es in Bächen in die Rezeption floss. Die Fotoausrüstung verstaute ich auf dem Kasten, dem einzigen Ort im Zimmer, der nicht von den tobenden Elementen vereinnahmt war. Auf der Straße entdeckte ich zwei Männer, die sich gegen den Wind dem Eingang entgegenkämpften. In gelbe Wettermäntel gekleidet, wurden sie zum Spielball der Elemente. Sie klammerten sich an einen Zaun, wurden losgerissen und, als wären sie aus Papier, weggeblasen. Immer wieder versuchten sie den Eingang zu erreichen, bis es ihnen nach vielen Anstrengungen schließlich erschöpft und blessiert gelang.

Die Nächte nach diesem Sturm waren kalt. Ich war auf dieses Wetter nicht vorbereitet, fand jedoch im Whirlpool des Hauses einen Ort, an dem ich mich regenerieren konnte. Dieses Health-Center wurde von jungen Mädchen bedient, die dem Gast auch im Bade gefällig waren, sie wuschen ihre Klienten und massierten sie nach Verlangen. Derartiges Service tröstete über die Kälte hinweg und wurde für mich fast zur Falle. Berauscht von der Schönheit der Bedienerin und dem sprudelnden Bad verschwendete ich große Mengen von Badeextrakt, der bald den Pool mit Schaum bedeckte. Auf dem sprudelnden Wasser stieg dieser höher und höher, bis er mein Kinn erreichte. Da die Bedienerin kurz den Raum verlassen hatte, mühte ich mich den Schalter zu finden, mit dem das Gebläse verbunden war. Ich tastete vom Schaum überwuchert in ein Kästchen, in dem ich den Schalter vermutete. Hier lagen die Kabel frei, und der Strom versetzte mir einen derartigen Schlag, dass ich für Momente im Schaum versank. Ich hatte Erscheinungen. Erstarrt stabilisierte ich mich am Rand der Wanne und sah dergestalt die zarte Masseuse zurückkehren, die mich lächelnd, aber verwundert ansah und, ohne den Vorfall bemerkt zu haben, mit ihrer Massage begann.

Mit dem nachlassenden Sturm konnte ich daran denken, meine Arbeit zu beginnen. Ich hatte mir eine Liste mit zwanzig Heilern erstellt, den bekanntesten der Region. Sie wollte ich besuchen, um ihre Arbeitsmethoden, ihre Erfolge und Schwächen kennen zu lernen.

In mühevoller Kleinarbeit erschloss sich die Szene der Logurgie, die über Leben und Tod entschied. Wer diese Reise angetreten hatte, dem wurde im Heimatland nicht geholfen. Viele von ihnen, das lag in der Natur der Dinge, waren von ihren Ärzten aufgegeben worden und wollten nicht glauben, dass ihr Leben verspielt war. Einige von ihnen waren Hypochonder, doch der seltsamste Patient war ein Amerikaner, der sich nach einer vermeintlichen Spontanheilung in seinem Hotelzimmer erhängte. Er, ein junger Mann, hatte sich so sehr an die „Annehmlichkeiten" seiner Krankheit gewöhnt, dass er beim Gedanken, wieder ins normale Leben integriert zu werden, verzweifelte.

Ich verbrachte viele Stunden in den Wartezimmern der Heiler, denn ich war von der Gunst der Patienten abhängig. Es war für mich entscheidend, ob sie mir eine Fotoerlaubnis erteilten oder nicht. Die Autorität des Reverends hätte auch genügt, doch es gehört zu meinen Prinzipien, das Einvernehmen aller zu erbitten, besonders derer, die es betrifft. So vergingen die Wochen, und das Material wuchs mir über den Kopf. Ich hatte mehr als zweitausend „Operationen" beobachtet und hunderte Gespräche geführt. Ich wusste alles über die Heiler, nur nicht, ob sie Heilige oder Betrüger waren.

Eine große Pressekonferenz im Manila-Hotel sollte die Neugierde der Journalisten und Kritiker befriedigen. Ich war längst nicht mehr der Einzige, der dieses Thema entdeckt hatte. Es wurden alle Fragen beantwortet, nur die eine, um die sich alles drehte, nicht: Finden die blutigen Operationen statt oder werden sie nur vorgetäuscht? Um diese Frage wanden sich die Befragten, und selbst Placido, der zu den Prominentesten unter ihnen zählte, redete um das Thema herum, ohne eine Antwort zu geben.

Die Welt der Kranken war in Aufruhr. Man wollte die Geheimnisse hinterfragen, doch je intensiver gefragt wurde, umso schweigsamer verhielten sich die Befragten. Erst am Ende meiner zweiten Reise lüftete Arsenia de la Cruze, die Tochter des berühmten Eleuterio Therte, den Schleier, wohl wissend, dass sie mit einem Journalisten sprach, der jedes gesagte Wort auch gegen sie verwenden konnte. Ihr Vater habe diese blutige Operation erfunden. Es war im Jahre 1945, als die ersten Amerikaner ihren Stützpunkt in Baguio bezogen. Als einige von ihnen die Dienste ihres Vaters in Anspruch nehmen wollten, bemerkte dieser eine ihm bis dahin unbekannte Respektlosigkeit. Die Soldaten konnten sich nicht vorstellen, dass dieser einfache Reisbauer mit seinen schmutzigen Fingernägeln das erreichen sollte, was die amerikanische Medizin nicht schaffte. Daraufhin entschloss er sich zu einem drastischen Mittel. Er täuschte einen Eingriff vor, indem er mit bloßen Händen die Bauchdecke durchstieß und zwischen koaguliertem Blut die ersten Materialisationen in Form von Nägeln und Steinen hervorbrachte. Die Beobachter waren wie der Patient schockiert, dieser Trick hatte die Heilung zur Folge. Der Glauben des Kranken an die Kompetenz des Heilers, der Schock des Erlebten und das zu Nägeln und Steinen materialisierte Böse wandelten sein Denken derart, dass auf einer psychosomatischen Ebene selbstheilende Kräfte zu wirken begannen.

Eleuterio Therte war der Erfinder des Placebos auf den Philippinen. Ihm folgten die anderen nach. Die Hervorbringungen wurden im Laufe der Jahre bizarr, Nylonstrümpfe und Vogelnester gelangten zwischen Würmern und Gewebefetzen ans Licht. In ihrer Argumentation erklärten die Heiler, dass die Art der Materialisation nichts aussage über einen eventuellen Schwindel. Manche Europäer neigten dazu, einen hervorgezauberten Nagel zu akzeptieren, während sie einen Nylonsack für das Indiz eines Tricks hielten. Das Wesen der Krankheit manifestierte sich demzufolge im Feinstofflichen. Erst der Heiler konnte es kraft seiner Begabung in den grobstofflichen Bereich überführen und dem Patienten entreißen. Die Wunde, so erklärte man, schließe sich entlang der Heilerhand, sie sei im Nachhinein weder zu erkennen, noch zu erfühlen. Paracelsus pries schon den Heiler, der in einen Körper wie ins Wasser hineingreifen könne, um dort die materialisierte Krankheit wie einen Fisch herauszuholen. Der Körper schließe sich wie das Wasser entlang der Hand.

Versionen wie diese wurden sofort von ausländischen Kritikern und Patienten übernommen, sie verdichteten die Mysterien um die Heiler zu einem undurchschaubaren Geflecht von ständig sich erneuernden Interpretationen. Wenn ich zwanzig Jahre später, nachdem ich die Entwicklung verfolgt habe, dazu Stellung beziehen sollte, würde ich etwas Ähnliches sagen wie damals, als ich mein von Sympathie getragenes Buch veröffentlichte. Wer heilt, hat Recht, auch wenn die Methode umstritten ist. Wenn man bereit wäre, den „Schwindel" zur Methode zu erheben, hätte man das erreicht, was inzwischen in der Schulmedizin zur Selbstverständlichkeit avanciert war, das Placebo, das nur wirkt, wenn der Patient die Inhaltsstoffe nicht kennt, und noch besser wirkt, wenn sie auch dem Arzt unbekannt sind. Neue Untersuchungen bestätigen die Wirkungsweisen im psychosomatischen Bereich, und dieser betrifft, wenn man der Schulmedizin glauben darf, einen sehr wesentlichen Teil aller Erkrankungen.

Auf meiner zweiten Reise, die nur mehr drei Monate dauerte, traf ich einen jungen Tiroler Arzt, der als Reiseleiter eine Gruppe Kranke begleitete. Er hatte mit seinen Patienten im noblen „Hayat" Logis bezogen und begleitete sie von dort aus zu den Heilern. Eines Abends, wir saßen an der Bar und tauschten unsere Erfahrungen aus, kam ein Mann aufgeregt auf uns zu. Seine Frau leide unter einem Harnverhalt, sie drohe zu platzen. Für den Schulmediziner war das keine große Angelegenheit, er bot an, in die nächste Apotheke zu fahren, einen Katheter zu besorgen und das Problem zu lösen. Das wollten der Mann und dessen Frau nicht. Sie seien nicht so weit gereist, um einen westlichen Arzt zu konsultieren, sie wollten zu einem Heiler gebracht werden. Der Vorfall hatte sich schnell herumgesprochen, und bevor noch die Kranke im Rollstuhl herbeigefahren wurde, stand ein Kreis von Freunden bereit, der mit zum Heiler wollte, um die Behandlung mit Gebeten zu unterstützen. Marcello Asuigui wurde angerufen, und als sich die Gruppe vor seinem Hause einfand, war er bereits mit seiner Frau in der Kapelle, in der die Kerzen brannten und weiße Laken über den Altar hingen. Es war allerhöchste Zeit. Die

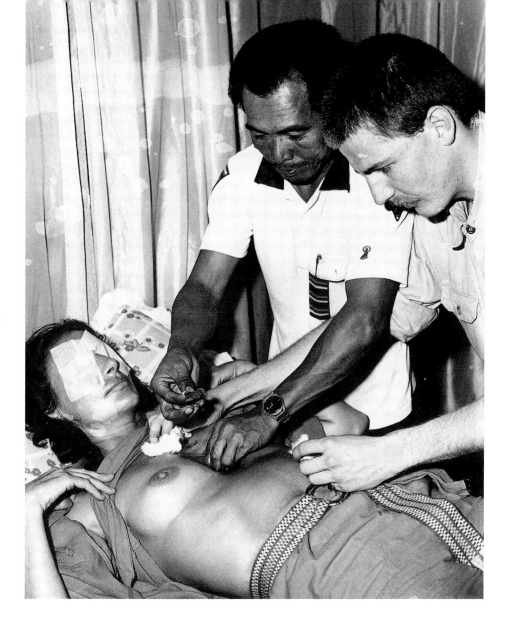

VII. Jenseits von Afrika: Wunderheiler, Sozialarbeiter und
der Zauber der Kulturen Asiens

1 Chesis Reportagen und Bücher über die philippinischen Geistheiler erregten
weltweit Interesse. Mit zugeklebten Augen erwartet die Patientin den Eingriff des
Heilers Jose Segundo. Der österreichische Mediziner Sebastian Pfaundler assistiert.

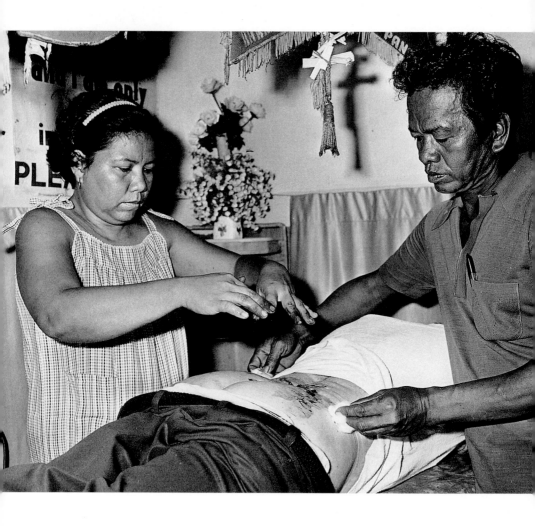

2 Rosita Agaid „bestrahlt" den Patienten mit heilender Energie. Sie galt in den siebziger Jahren als eine der schillerndsten Persönlichkeiten unter den philippinischen Geistheilern.

3/4/5 Den Heiler Etson Querots hat Chesi in Recife besucht. Der Gynäkologe, der auch einmal als Sänger auftritt, wird allabendlich vom Geist des verstorbenen Arztes Dr. Fritz vereinnahmt. Die blutigen Operationen führt Querots nicht selbst durch, es ist der Tote, der durch ihn wirkt.

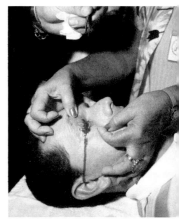
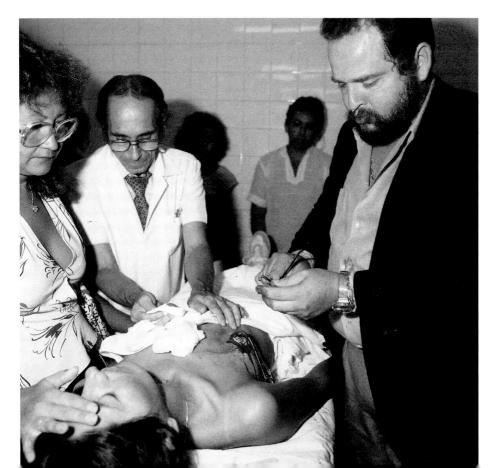

6 Frey Bernardo, der Franziskaner, führte Gert Chesi durch die Favellas und Cortissos von Sao Paulo. Er kannte das Elend der Menschen und die Ursachen dafür wie kein anderer.

7/8 Die Slums von Recife sind nicht nur die Brutstätten tödlicher Krankheiten, sie sind auch das Milieu, indem das Verbrechen zur Reife gelangt.

9  Karitative Organisationen versuchen die Straßenkinder von Rio „aufzufangen".
Das Elend wird dadurch wenigstens für wenige gelindert.


10/11 (nächste Seite)  Der Gegensatz könnte größer nicht sein: Die kultischen
Tänze auf Bali waren immer wieder Gegenstand der Betrachtungen von Gert
Chesi. Mit ihrem hinduistischen Hintergrund und den eigenwilligen regionalen
Ausprägungen gehören sie zu den schönsten Umsetzungen, die mythologische
Themen je erfahren haben.

Kranke schrie vor Schmerzen, der Harndruck dürfte die Grenze des Erträglichen erreicht haben. Behutsam legte man die Leidende auf den Altar, und während die Schlachtenbummler Kirchenlieder anstimmten, aktivierte Marcello nach tantrischen Regeln die körpereigenen Energien. Er strich betend von den Brüsten über den Unterleib, schüttelte seine Hände, um die elektrostatischen Aufladungen zu zerstreuen, und wiederholte diesen Vorgang mehrmals. Nach einigen Minuten wurden die Gesänge leiser, Ergriffenheit machte sich breit, und plötzlich umarmten sich die Begleiter weinend. Der Krampf hatte sich gelöst, der Urin rann über den Altar auf den Boden und unter die Schuhe der Fassungslosen.

„Wunder" dieser Art konnte man in Baguio täglich erleben. Sie galten als Beweis für die Existenz jener Kräfte, die immer wieder zur Diskussion standen. Die Gläubigen waren in solchen Momenten überzeugt, die Nähe Gottes zu verspüren, der den Heiler als Werkzeug benutzte, um einmal mehr seine Größe zu demonstrieren.

Immer, wenn ich Camir fragte, wer der Beste von ihnen war, wer als seriös gelten durfte, erhielt ich dieselbe, verwirrende Antwort: „Sie sind alle gleich." Dabei war sie keine Gegnerin der Methode, sie war nur der Meinung, dass die Heiler selbst nicht heilen konnten. Wenn Heilungen erfolgten, dann nur, weil der beeindruckte Patient – vielleicht auch ohne sein Dazutun – Selbstheilungsmechanismen in Gang setzte. Um das zu erreichen, brauchte er die Hilfe des Heilers. Welcher von ihnen nun der Beste sei, war deshalb nicht zu beantworten, weil es auf den Patienten ankam, wem er vertraute, von wem er zu beeindrucken war. Es konnte jeder von ihnen sein, es kam auf das Sender-Empfänger-Verhältnis an, das aufgebaut werden musste.

In den Lowlands, den Tiefebenen von Luzon, lebten einige der interessantesten Persönlichkeiten, wie David Oligani, Rosita Agaid oder Juanito Flores. Sie unterschieden sich von den Heilern Baguios durch besondere Methoden, die, sehr individuell, keinem der üblichen Schemas folgten. Flores war berühmt durch seine spirituellen Injektionen. Er, der wortkarge Reisbauer, betrat den Warteraum seiner Patienten stets in einer Art von Trance, in der er Energieströme wie kleine Blitze auf die Kranken niederfahren ließ. Ich hatte mich in die erste Reihe gestellt, um die Erfahrung seiner „Injektionen" zu machen. Während er von einem zum anderen ging, richtete er die ausgestreckten Finger seiner linken Hand gegen die Beine der Wartenden. Mit der Handkante der Rechten schlug er auf den Handrücken der Linken, und obwohl sich der Patient einen halben Meter entfernt befand, zuckte dieser unter den „Stromstößen", die er auf ihn schoss. Als er bei mir anlangte, wiederholte er diese Geste, und ich spürte ein leichtes Brennen am Oberschenkel. Ein zweiter Energiestoß hatte sogar zur Folge, dass sich ein kleiner Blutstropfen bildete, der sich auf der Hose abzuzeichnen begann. Sosehr ich auch sein Treiben beobachtete, es wurde mir bis heute nicht klar, wie er die Stiche setzen konnte. Der Sinn dieser Behandlung war es, die Kranken mit Energie zu versorgen. Er selbst verausgabte sich bei den Behandlungen sichtlich, unterbrach oft abrupt und verließ grußlos den Raum. Seine Assistentin, die sich um die Patienten kümmerte, wusste zu berichten, dass er in langen, von Meditationen begleiteten Nächten die Energien ansammle. Er funktioniere wie eine Batterie: Wenn sie erschöpft war, musste sie aufs Neue geladen werden.

Die Wälder rund um Baguio waren voll von Orten der Kraft, auf denen sich die Heiler in Vollmondnächten mit Energie versorgten. Dabei wucherten die Mythen und Erzählungen. Es sollte dort Feen und Nymphen geben, Zwerge und Geistwesen, mit denen sie kooperierten. Auch Fremde, die mitgenommen wurden, hatten diese Wesen gesehen. Ihre Existenz anzuzweifeln hätte bedeutet, den Dialog zu gefährden. So lebte ich also in einem Umfeld, in dem die seltsamsten Erscheinungen als Realität galten. Sie waren Axiome, Wahrheiten, über die man nicht diskutieren durfte.

Dasselbe galt für die Hervorbringungen Rosita Agaids. Sie agierte mit weißen Tüchern, die sie über den Rücken der Kranken legte und auf denen sie wie auf Röntgenbildern den inneren Körper und seine Befindlichkeit sehen konnte. Die anschließenden blutigen Operationen brachten seltsame Objekte ans Licht. Stofffetzen, Büroklammern und Plastikstücke, Materialisationen der jeweiligen Krankheit.

David Oligani wiederum bezeichnete sich als Exorzist. In seiner Kirche wurde nicht nur gebetet, sondern auch operiert. Er legte jedoch Wert darauf, dass zuerst der Teufel als verursachendes Prinzip ausgetrieben wurde. Von all den Heilern beeindruckte er mich am meisten, weil er kein Selbstdarsteller war und seine Mission bar jeder Eitelkeit verrichtete. Er war in seiner Ursprünglichkeit ergreifend, wenngleich seine Methoden bei westlichen Patienten nicht immer auf Gegenliebe stießen. Hexenaustreiberei und Teufelsbekämpfung, Exorzismen und Anrufungen fanden nur unter christlichen Fundamentalisten Zustimmung. Aufgeklärtere Gemüter fühlten sich bei Placido oder Alex Orbito, die mit Gebeten und Handauflegen die Behandlungen einleiteten, besser aufgehoben.

In den frühen Achtzigerjahren entwickelten sich die Philippinen zu einem Mekka der Heilerei. In Europa gab es einige Kritiker, die meinem Buch eine gewisse Mitschuld zuschrieben: „Es ermutigt die Kranken, diese Reise anzutreten.“

Als ich begann, diese Phänomene zu untersuchen, stand keine Absicht dahinter. Als Journalist wollte ich berichten, was ich erlebt hatte. Doch das gestaltete sich schwierig, denn das Thema war emotionsbeladen und widersprüchlich. Auf welche Seite man sich auch stellte, es war unvermeidlich, eine Gegnerschaft zu mobilisieren. Nachdem ich 500 Patienten interviewt und hunderte Krankengeschichten studiert hatte, zeichnete sich ein Bild ab, das für die Heiler sprach. Wenngleich viele der vermeintlich Geheilten wenige Monate später starben, so bestätigten sie doch, in diesen letzten Monaten Lebensqualität gewonnen zu haben. Manche, so wurde berichtet, starben mit einem Lächeln auf ihrem Gesicht, andere ohne Angst und Schmerzen. Was auch immer die auslösenden Mechanismen waren, die subjektive Wahrnehmung der Betroffenen entschied zwischen Erfolg und Misserfolg. In diesem Sinne haben die Geistheiler der Philippinen Tausenden geholfen. Sie fanden zu ihrem Glauben zurück, zu einer Hoffnung, die subjektiv die Tragödie des Sterbens zu einem humanen Akt machte. Mit ihnen fanden die Angehörigen einen Weg, mit Tod und Trauer umzugehen. Sie und viele Fremde begleiteten die Leidenden auf dieser Reise, sie mutierten zu Familien, die im Angesicht des Leides eine Einheit bildeten. Sie waren wie der Sterbende nicht mehr allein, sie erlebten Krankheit und Tod als Teil des Lebens und bezogen ihren Trost aus der Kraft des Kollektivs, das schweigend und verschworen Hüter der Geheimnisse war. Sie wussten etwas, das ihren europäischen Nachbarn fremd war. Sie sprachen nicht darüber, weil sie nicht annehmen konnten, dass sie verstanden wurden. Solche Konstellationen sind Quellen des Trostes, aber auch der Verschwörung, Böden, in denen sektiererische Esoterik ihre Wurzeln schlägt.

## Die Operationen des Dr. Fritz

Mein Buch über die Geistheiler hatte mich in einschlägigen Kreisen bekannt gemacht. Ich wurde überall in Europa zu Vorträgen und Ausstellungen eingeladen, das Negative dabei war, dass ich mehr und mehr zum Sprecher einer Bewegung wurde, die mir in verschiedenen Aspekten unangenehm war. Veranstalter von New-Age-Kongressen luden mich ein, und parapsychologische Gesellschaften wollten mich vereinnahmen. Mit meiner Flucht nach Bali glaubte ich den Spuk beendet zu haben, doch es dauerte noch Jahre, bis ich dieses ungeliebte Image wieder losgeworden war.

Einen Rückfall habe ich allerdings gerne in Kauf genommen, nämlich den Auftrag der damals größten deutschen Illustrierten, über Dr. Fritz zu berichten, der in Recife wirkte und inzwischen weltweit Furore machte. Dr. Fritz war eigentlich Etson Querots, ein ehemaliger Architekt, der zum Arzt wurde, weil er als Medium sonst chancenlos geblieben wäre. Im Flugzeug nach Rio studierte ich die Unterlagen, die mir mit auf den Weg gegeben worden waren. Wie es schien, wirkte vor geraumer Zeit ein deutscher Arzt in Brasilien. Er war ein begnadeter Chirurg und mit übersinnlichen Fähigkeiten ausgestattet, die es ihm erlaubten, nach seinem Tode in einem schlichten Barbesitzer, den er ungefragt als Medium nahm, zu reinkarnieren. In Träumen und Anfällen verwandelte sich der Gastwirt in Dr. Fritz und erlangte damit die Fähigkeit zu operieren. Die umstrittene Figur dieses Mediums gelangte mehr und mehr in Schwierigkeiten, mit jeder Manifestation von Dr. Fritz verschärften sich seine Probleme, bis er schließlich auf mysteriöse Weise bei einem Unfall ums Leben kam. Damit war der Spuk aber keineswegs zu Ende. Wenige Jahre später nahm sich der Geist von Dr. Fritz ein anderes Medium, Etson Querots, einen Architekturstudenten, der vor dem Examen stand. Für den jungen Akademiker war das Auftauchen des Geistes eine unerfreuliche Perspektive, doch es zeigte sich bald, dass Dr. Fritz nicht abzuwimmeln war, und so ging Etson den Weg des geringeren Widerstandes und machte aus der Not eine Tugend. Er hörte auf, Architekt zu sein, und belegte das Studium der Medizin. Über all die Jahre vermochte er es, den Geist von Dr. Fritz zu beherrschen, er folgte seinen Anweisungen und begann zu behandeln und zu operieren, aber er tat es vor dem Hintergrund seines erlernten Wissens in geordneten Bahnen. Promoviert zum Gynäkologen, eröffnete er in Recife eine Praxis und behandelte als Schulmediziner seine Patientinnen. In der Nacht jedoch trat er in einer Kapelle auf, und wenn sich nach Anrufungen und Gesängen Dr. Fritz in ihm manifestierte, vergaß er das Gelernte und operierte mit Taschenmessern und Nägeln, mit bloßen Händen und Werkzeugen, die mittelalterlichen Folterkammern zu entstammen schienen.

An einem Montagmorgen saß ich als einziger Mann im Wartesaal des Gynäkologen. Meiner Auffälligkeit wegen wurde ich vorgezogen, die Assistentin wollte wissen, woran ich litt. Als ich mein Ansinnen erklärt hatte, bekam ich einen Termin in der Kirche, die der Förderkreis von Dr. Fritz etabliert hatte. Pünktlich um neun war ich zur Stelle und war erstaunt, einen jungen Mann mit Gitarre zu sehen, der mit den Gläubigen Kirchenlieder intonierte. Das war Dr. Querots, der Gynäkologe, der sich allabendlich in Dr. Fritz verwandelte, um mit dessen Methoden Kranke zu heilen?

Die Gesänge hatten offensichtlich schon lange, bevor ich kam, begonnen. An die hundert Menschen drängten sich in den Bänken, und es war unschwer zu erkennen, dass viele von ihnen als Begleiter gekommen waren, die ihren kranken Angehörigen Mut zusprachen. Nach kurzer Zeit vollzog sich der erste Akt eines erstaunlichen Spektakels. Der singende Arzt verdrehte die Augen, er senkte seinen Kopf, um ihn in die Höhe zu reißen, die Trance war eingetreten, Dr. Fritz hatte von ihm Besitz ergriffen. Es wurde still in der Kirche. Die Gesänge verstummten, und die Gläubigen folgten dem Transformierten in ein Nebenzimmer, das spartanisch zum Operationssaal umgestaltet war. Weiß verfliese Wände, ein Glasschrank und ein Operationstisch in der Mitte des Raumes, mehr an Ausstattung war nicht zu sehen. Eine Helferin zog mich in die erste Reihe. Etson Querots hätte mich erkannt, doch nun wurde sein Körper von Dr. Fritz ferngesteuert. Dicht gedrängt standen Kranke und Gläubige hinter mir, die Hitze in dem schlecht durchlüfteten Raum war unerträglich. Ich steckte das Blitzgerät auf meine Hasselblad und richtete deren Zyklopenauge auf das Geschehen. Der Arzt war einige Schritte zurückgegangen und kam mit einer Hand voll Skalpellen, Nadeln und Scheren zurück. Bevor er noch den Operationstisch erreichte, rannte er ein kurzes Messer in den Nacken eines Mannes. Er ließ es baumelnd im Fleisch stecken und wandte sich einer Frau zu, die sich inzwischen auf den Operationstisch gelegt hatte. Zwischen Nase und Auge stach er eine lange Nadel ins Fleisch, eine andere etwas tiefer, nahe dem Tränensack. Die Patientin lag wie versteinert auf dem Tisch, sie schien so fassungslos zu sein, dass sie keine wie immer geartete Regung vernehmen ließ. Während die erschrocken dastehenden Zuschauer leise murmelten, suchte der Arzt am Boden unter dem Operationstisch nach hinuntergefallenen Instrumenten. Seine Finger waren schmutzig, als er sich erneut der Patientin zuwandte. Ich hatte unablässig fotografiert und inzwischen immer wieder die viel zu kurzen Filme gewechselt. Viele Fragen gingen mir durch den Kopf, doch eine blieb bis heute ohne Antwort. Warum starb keiner seiner Patienten an einer Sepsis? Warum hat Dr. Semmelweis die Hygiene neu definiert, wenn das alles auch so geschehen kann?

Eine andere Patientin wurde auf den Tisch gelegt. Sie hatte ihre Brüste entblößt, die Diagnose bescheinigte ihr Brustkrebs. Dr. Fritz ergriff ein Skalpell und setzte es am unteren Rand der Brustwarze an. Er stach zu, und ich sah auf der Mattscheibe meiner Kamera, wie sich das Messer sägend seinen Weg durchs blutende Fleisch bahnte. Als die Öffnung groß genug war, drang er mit zwei Fingern in sie ein. Dann geschah etwas Unerwartetes: Er wandte sich mir zu, löste meine Hand von der Kamera und führte meine Finger in die klaffende Wunde. Am Grunde sollte ich die Knoten ertasten. Die Frau, der keine Narkose verabreicht worden war, lag von Schweißperlen übersät vor mir. Ich zog meine Hand zurück und klammerte sie an den Apparat. Dr. Fritz hatte indessen mit den Fingern einen Knoten aus der Brust geschält, das sei der Tumor, die Frau sei geheilt.

Nachdem ich noch weitere zwanzig Eingriffe fotografiert hatte, fühlte ich meine Kräfte schwinden. Die Konzentration hatte nachgelassen, Übelkeit bemächtigte sich meiner. Ich fand zwischen den Zuschauern den Weg ins Freie und entschied, nicht mehr in den Behandlungsraum zurückzukehren. Langsam schlenderte ich die Straße entlang, ich hoffte, auf ein Taxi zu treffen, das mich mitnahm. Auf der anderen Straßenseite begannen zwei Hunde zu raufen. Der Größere jagte den Kleinen über die Straße, gerade in dem Moment, in dem ein Auto die Stelle passierte. Ich vernahm einen dumpfen Schlag, ein herzzerreißendes Jaulen, und schließlich sah ich, wie sich der überfahrene Hund mühte, mit zerquetschtem Hinterteil den Gehsteig zu erreichen. Ich blieb stehen, überlegte, was zu machen sei, und stellte verzweifelt fest, dass ich nichts für das Tier tun konnte. In diesem Moment kam der größere Hund über die Straße, stürzte sich erneut auf den Verletzten und brachte ihm einen tödlichen Biss bei, der das schaurige Treiben beendete. Mit weichen Knien und einem Magen, der sich seines Inhaltes entledigen wollte, erreichte ich nach einem langen Marsch das Hotel. Bevor ich zu Bett ging, steckte ich noch das Blitzgerät an das Ladegerät und wischte die Blutspritzer vom Objektiv der Kamera. Der nächste Arbeitstag sollte ohne Panne verlaufen.

Das Beobachten und Fotografieren paranormaler Vorgänge war der eine Teil meiner Aufgabe. Der andere war es, zu prüfen, was mit den Patienten geschah, wenn sie die Behandlungsräume verlassen hatten, denn im Allgemeinen waren die so genannten Spontanheilungen fragwürdig. So schnell wie die Schmerzen unter dem Eindruck der ungewöhnlichen Behandlung schwanden, so schnell kamen sie später wieder. Selbst ein Tumor, der nach der Behandlung nicht mehr zu diagnostizieren war, manifestierte sich Jahre später erneut. Wollte man also ein Bild der Geistheiler zeichnen, so war es notwendig, ihre Patienten über den aktuellen Anlass hinaus zu beobachten.

Unter all den bäuerlichen Patienten fiel mir ein Mann auf, der, sehr elegant gekleidet, nicht in den Rahmen passte. Er wurde von einem kleinen Jungen begleitet, der blass und anämisch an seiner Seite saß. Carlos Gama war Rechtsanwalt in Sao Paulo, und sein Enkel hatte eine nicht zu behandelnde Bluterkrankung. Alle Analysen, die in exklusiven Kliniken erstellt wurden, bestätigten das. Dieser Mann interessierte mich aus zwei Gründen. Einerseits sprach er englisch, zum anderen war er bereit, sich von mir in Sao Paulo begleiten zu lassen, wenn nach den Behandlungen durch Dr. Fritz weitere Untersuchungen folgten. So trafen wir uns allabendlich bei den Behandlungen, und als diese abgeschlossen waren, vereinbarten wir einen Termin in seiner Heimatstadt.

Mein Programm sah vor, noch andere Heiler zu besuchen, zudem zog es mich ins Amazonasgebiet, in dem ich weniger die Indianer als die Stadt Manaus besuchen wollte, die für mich schon immer eine magische Anziehungskraft besessen hatte. Hier lebten einst die reichen Kautschukbarone, die ganz anders mit ihrem Geld verfuhren als vergleichbare Kolonialherren in Asien oder Afrika. Sie setzten ihr Vermögen ein, um Kultur zu etablieren, sie ließen Schiffe voll portugiesischer Kunstschmiedearbeit, spanischen Keramiken und italienischen Marmors den Amazonas aufwärts schiffen, um die herrlichsten Kolonialstilbauten ihrer Zeit zu errichten. Neben den Handelshäusern und den Märkten war hier die Oper von Manaus, ein Bauwerk, das, inmitten der Urwälder Brasiliens, zum Sonderbarsten gehört, was ich je gesehen habe. Dieser in der Mitte des vorigen Jahrhunderts entstandene Bau war zur Gänze aus Materialien errichtet, die von Europa angeliefert wurden. Auch die Künstler, unter ihnen Caruso, kamen nach wochenlangen Schiffsreisen nach Manaus, um den dort lebenden Europäern einen Teil ihrer Kultur nachzuliefern. Diese Stadt nahm mich sofort gefangen, ich spürte einen Geist in ihren Mauern, der wie ein Bouquet aus vielen Kulturen komponiert war und – in krassem

Gegensatz zu den peripheren Gebieten – eine schon in die Jahre gekommene Noblesse ausstrahlte. In starkem Kontrast dazu standen die Indianerdörfer flussaufwärts. Hier verbrachte ich nur einige Tage und erkannte schnell meine Grenzen. Ich konnte mich nicht verständigen, und es war schwer, einen Übersetzer zu finden. Die portugiesische Sprache widersetzte sich meinem Gehör derart, dass ich auch den verzweifelten Versuch, nur einige Phrasen zu erlernen, aufgab.

Die Nächte in Manaus verbrachte ich an der Hotelbar oder am Friedhof. Auf meinen Rundgängen hatte ich dort kleine Feuerstellen entdeckt und Fragmente, die einmal Puppen gewesen waren. Aus Pappmaschee geformte Brüste lagen angekohlt neben einem Grab, Wachsblumen und beschriebene Zettel machten die Reste einer nächtlichen Zeremonie geheimnisvoll. Am Abend brannten die Kerzen, und nächtliche Besucher vollzogen Voodoo-Rituale, wie ich sie bis dahin nur aus Afrika und der Karibik kannte. Viele interessante Informationen blieben mir verschlossen, weil ich nicht auf derartige Begegnungen vorbereitet war. Am Heiligen Abend entschloss ich mich schließlich, ein fast leeres Flugzeug zu besteigen, um nach Bahia zu fliegen, wo ich die Bekanntschaft mit den Mambas, den Priesterinnen der Chantomole-Gesellschaften, machen wollte.

Salvador war eine herrliche Stadt, doch weil die Begegnungen mit den Priestern und Heilern nicht so offen und freundlich waren, wie ich sie aus Afrika kannte, entschloss ich mich, eine Reportage über die Altstadt zu machen, die in diesem Jahr von der UNESCO zum Weltkulturerbe erklärt worden war. So hatte der Aufenthalt einen doppelten Sinn, und das Material, das ich nach Hause brachte, war von berauschender Schönheit. Mächtige Wolkenformationen tauchten die Gassen und Bauten in tiefe Schatten, aus denen sich, wie von Spotlights erhellt, kleine Details abzeichneten. Auf einem Platz belauschte ich eine Gruppe von Musikern, die vertraute Lieder vortrugen. Ich dachte an Nana Vasconzelos und Egberto Gismonti, mit denen ich viele Stunden in freundschaftlichem Gespräch verbracht hatte. Hermeto Pascoal kam mir in den Sinn, der mehr als ein Dutzend Male in der „Eremitage" seine unfassbare Virtuosität zur Schau gestellt hatte. Hier war ich an die Wurzeln einer Musik gelangt, die für mich zum Besten gehörte, was ich mir vorstellen konnte. Beim Weggehen vernahm ich noch eine Komposition von Antonios Carlos Jobim, dann musste ich aufbrechen, um meine Maschine nach Sao Paulo zu erreichen, wo Carlos Gama meine Ankunft erwartete.

Das kleine Hotel, das ich in Sao Paulo bezog, lag in der Rua Augusta, von fragwürdigen Etablissements umgeben, im Zentrum der Stadt. Diese Lage war sehr vorteilhaft, weil sich der Franziskanerkonvent in der Nähe befand, mit dessen Leiter Frey Bernardo ich in Kontakt treten wollte. Sao Paulo galt nicht nur als die größte Stadt Brasiliens, sie war auch die gefährlichste. Nachdem ich mein Zimmer belegt hatte, brach ich auf, um die nähere Umgebung zu erkunden. Schon beim Verlassen des Hotels rannte mir der Rezeptionist hinterher und erklärte, dass man hier nicht einfach auf die Straße gehen könnte, Gewalttäter und Räuber lauerten allerorts. Diese Warnung kam zu einer Zeit, in der ich noch keine Erfahrungen mit derartigen Gefahren hatte. Togo galt immer noch als die Schweiz Afrikas, und ich war es gewohnt, zu nachtschlafender Stunde umherzuziehen. Auch in Asien zog es mich nachts durch die Straßen. Ob ich mich in Bangkoks China-Town oder in Singapur, in Djakarta oder Shanghai herumtrieb, ich fühlte mich hier wie dort geborgen. So war es nur selbstverständlich, dass ich der ängstlichen Warnung keinen Glauben schenkte und mich flanierend auf den Weg machte, Frey Bernardos Kirche zu finden. Trotz der nächtlichen Stunde und einer Wegstrecke, die ich unterschätzt hatte, gelang es mir, dieses kleine, von Hochhäusern umgebene Kirchlein ausfindig zu machen. Hier zeigte sich das Christentum von seiner bescheidenen Seite. Untergeordnet und grau, man könnte sagen demütig, präsentierte sich ein Katholizismus, dem seine unter der Last von goldenen Barockaltären begrabene Vergangenheit nicht anzusehen war. Hier herrschte der Geist der Befreiungstheologie, die abseits römischen Macht- und Imponiergehabes ihren eigenen Weg beschritten hatte.

Das Innere der Kirche war beleuchtet. Es war eine Abendandacht im Gange, deren Ende ich, in der Türe stehend, abwartete. Als die Gläubigen murmelnd ins Freie strömten, blieb der festlich gewandete Priester zurück. Es war der gesuchte Bruder Bernhard. So hieß er, als er vor Jahren aus Deutschland hierher kam, um den Konvent zu übernehmen. Unter dem feierlichen Gewand trug er Jeans und ein Sporthemd. Es war heiß an diesem Abend, und obwohl ich mich nur kurz vorstellen wollte, um einen späteren Termin zu vereinbaren, lud er mich ohne große Umstände auf die Terrasse seines Hauses ein, wo wir die halbe Nacht plaudernd verbrachten. Als ich mich schließlich verabschiedete, hatte ich einen Mann getroffen, der sich von all den anderen Kirchenfürsten und Glaubens-Exekutoren, die ich bis dahin kennen gelernt hatte, grundsätzlich unterschied. Er war nicht gekommen, um zu belehren, sondern um zu helfen. In seiner Diözese wurde wenig getauft und wenig missioniert, doch jeder, der Hilfe brauchte, durfte kommen. Eine der Einrichtungen, die ich in dieser Nacht noch kennen lernte, war das Kummertelefon. Es gab eine Nummer, unter der jedermann seelischen Beistand erbitten durfte, in der Praxis ging das aber weit darüber hinaus. Eine Frau, die überfallen worden war, rief nicht die Polizei, sondern die Kirche an. Eine andere traute sich nicht mehr nach Hause, weil dort ihr tobsüchtiger Mann hinter der Tür auf sie wartete. Ein Anrufer, der sich das Leben nehmen wollte, konnte mit Mühe beruhigt werden.

Frey Bernardo erklärte mir, dass das nur die Spitze des Eisberges sei, und er lud mich ein, am kommenden Tag die Favellas und Cortissos zu besuchen, in denen Sterbende lagen, die ohne Hoffnung einem ausweglosen Schicksal entgegensahen. So musste ich lernen, dass die Favellas von Rio eine vergleichsweise milde Version dessen waren, was man in Sao Paulo die Cortissos nannte. Diese lagen im Zentrum der Stadt. Es waren die Neubauten, die irgendwann begonnen, doch nie fertig gestellt worden waren. In ihren Kellern und Bauschächten hausten Menschen in unvorstellbaren Verhältnissen. Sie beneideten jene, die unter den Brücken einen Unterstand gefunden hatten, doch die Hierarchie der Erbärmlichkeit hatte ihnen diesen Platz zugewiesen. Sie waren Bauern und Arbeiter, die dem ärmlichen Landleben entkommen hatten wollen. Schlepper brachten sie in die Hauptstadt und versprachen Arbeit, dafür nahmen sie ihnen das letzte Geld. Krankheit und Hunger waren die Folge. Nun waren sie am Ende und zu schwach, die feuchten Keller zu verlassen, in denen sie zusammengedrängt auf faulenden Matratzen lagen. Frey Bernardo kannte die Höhlen und Spalten, aus denen sie mit erloschenen Augen die Vorübereilenden grüßten. Sie hatten aufgehört zu hoffen.

An einem der folgenden Tage fuhren wir in die Vorstädte. Durch trostlose Barackensiedlungen, an Wellblechbuden vorbei, gelangten wir auf einen Platz, auf dem Musik gespielt wurde. Inmitten der Armut feierte man ein Jahresfest. Es hatte mit Umbanda zu tun, einer Spielart des Voodoo, die man im Süden Brasiliens pflegt. Die Unterschiede zum Chantomole oder zum Macumba waren für den Fremden nicht zu erkennen. Trancekulte zum Rhythmus der Trommeln, Anrufungen und Besessenheiten, das waren die Elemente, aus denen sich diese Religiosität herleitete. Ich war in Begleitung eines katholischen Priesters hergekommen, und er hatte mir die Tür zum „Aberglauben" geöffnet. In dieser Geste lag der Unterschied zu herkömmlichen Katholiken. Frey Bernardo gewann die Herzen der Menschen, weil er kein Missionar war und nicht darauf erpicht, die „Heiden" zu bekehren. Er war ein Mensch unter Menschen und kam, um denen zu helfen, die um seine Hilfe baten. Er hatte niemandem seinen Glauben aufgezwungen, sondern ihn angeboten. Er machte keinen Unterschied zwischen denen, die darauf eingingen, und all den anderen.

Bei diesem Fest, bei dem die alten afrikanischen Götter beschworen wurden, dachte ich einmal mehr an meine Reise nach Uganda und meine Begegnung mit den Karamodjong, in deren Siedlungsgebiet zwei rivalisierende Missionare mit Blechkreuzen auf Seelenfang waren. Sie halfen unter bestimmten Voraussetzungen. Wer sich taufen ließ, durfte im Falle einer Krankheit auf Medikamente hoffen. Mit dem Kreuz, das den nackten Hirten auf der Brust hing, markierten sie ihr Revier. Nur mit einer gewissen Strenge, so erzählte einer von ihnen, könne man gegen Barbarei und Heidentum erfolgreich sein.

Es ist mir bewusst, dass dieser Vergleich unzulässig ist. Zu verschieden sind die Voraussetzungen und zu unterschiedlich ist die Geschichte, die diese Völker prägte. Brasilien hat eine lange christliche Vergangenheit, und alle Sekten, bis hin zu den großen religiösen Bewegungen, von denen Umbanda, Macumba, Chantomole oder der Vaudou ausgehen, kommen aus der Begegnung zwischen der afrikanischen und der europäischen Kultur. Phänomene wie Etson Querots und seine Patienten sind das Produkt einer Gläubigkeit, die von indianischen, afrikanischen und christlichen Elementen durchdrungen ist.

Mit meiner Ankunft bei Carlos Gama änderte sich das Bild Brasiliens. Von den Favellas war ich direkt in die Millionärsetage aufgestiegen, um zu erfahren, wie es seinem kleinen Enkel nach der Behandlung in Recive gehe. Nachdem mich die Sekretärin direkt ins Chefbüro geführt hatte, begegnete ich einem strahlenden Mann. Die Blutuntersuchung hatte ergeben, dass die Abnormitäten verschwunden waren, und wenn sich dieser Zustand stabilisierte, war der kleine Egberto gerettet.

Am Abend lud mich Carlos Gama in eines der vornehmsten Restaurants der Stadt ein. Ein Wasserfall teilte den großen Raum in zwei Hälften, wobei die eine, durch eine riesige Glasscheibe begrenzt, den Blick auf einen künstlichen, von bunten Lichtern illuminierten Urwald freigab. Vögel, die längst schlafen sollten, tummelten sich in einem wahrlich paradiesischen Biotop. Auf der anderen Seite wurde der Speisesaal durch eine Felsenwand begrenzt, um die man das Restaurant herumgebaut hatte. Ein Baum, dessen Stamm sich im geschlossenen Raum befand, schien die Decke durchstoßen zu haben. Dieses schöne Ambiente begann zu oszillieren, als die Serviererinnen, in wertvolle Seide gehüllte Asiatinnen, die Speisekarten reichten. Es war berauschend, und trotzdem konnte ich mich all dieser Schönheit nicht erfreuen. Ich verdarb auch noch Carlos, der mir inzwischen das Du angeboten hatte, den Abend, weil ich von meiner Begegnung mit Frey Bernardo und unseren Streifzügen durch die Cortissos zu erzählen begann. Zu meinem Erstaunen entwickelte sich ein Gespräch, in dessen Verlauf mich Carlos bat, ihn am kommenden Tag in die Favellas zu führen. Er, der in Sao Paulo seit fünfzig Jahren lebte, hatte diese noch nicht gesehen.

Der folgende Tag war wolkenverhangen. Leichter Nieselregen lag in der Luft, und in den Pfützen, die wie monströse Ornamente die löchrigen Straßen der Favellas durchzogen, spiegelte sich das Elend. Ich hatte zu meiner eigenen Überraschung die Stelle wiedergefunden, von der aus die Straße unter einer Bahntrasse hindurch in die Vorstadt führte. Wir fuhren langsam an den Hütten vorbei, eine Marienfigur geriet ins Blickfeld, und ich fühlte ein gewisses Unbehagen, weil ich mich nicht an sie erinnern konnte. Die Vorstadt hatte sich unter dem Wolkenhimmel verändert. Im Regen wirkte sie trauriger, und die Impression der „Happy Slums", in denen gitarrespielende Menschen anspruchslos der Musik und der Liebe frönten, war verflogen. Weit vor uns entdeckte ich ein sehr kleines, weiß gewandetes Mädchen, das mit einem übergroßen Besen die Straße kehrte.

Als wir näher kamen, zeigte sich die Gestalt in einem Festkleid, das man in Österreich zur Kommunion tragen würde. Dieses Missverhältnis zwischen dem realen Sachverhalt und dessen Erscheinungsbild irritierte mich. Ich bat Carlos anzuhalten. Vom Hintersitz zog ich meinen Fotokoffer ins Freie und versuchte gestikulierend, das Einverständnis des Kindes für ein Foto zu erhalten. Die Kleine ignorierte mich. Sie kehrte ihre Straße weiter und weiter, und während ich hinter ihr herging, drückte ich mehrmals auf den Auslöser. Ich wollte mich bedanken, doch sie erwartete keinen Dank.

Am Abend, in seinem Hause bei edlem französischen Wein, bedankte sich Carlos bei mir. Er hatte an diesem Tage mehr gelernt als in den vergangenen zwanzig Jahren.

Als ich Sao Paulo in Richtung Rio verließ, war mir klar, dass ich hier Freunde gewonnen hatte, die ich vermutlich nie mehr wiedersehen würde. Diese Reise begann mit einem Auftrag, und mit dessen Erfüllung war sie zu Ende. Fast zehn Jahre später, ich hatte die Fahrt fast vergessen, saß Bobby Watson, der große Saxophonist, in meiner Wohnung, und wir durchwühlten alte Archive, um das Cover seiner neuen Platte zu gestalten. Da war es wieder, das kleine Mädchen mit dem Besen, und im Hintergrund, ich hatte es bis dahin nicht bemerkt, ein Liebespaar und ein kleiner Junge, der dem Mädchen bei der Arbeit zusah. Dieses Bild sollte das neue Album zieren. „Love Remains" war der Titel, der dem Schnappschuss viele Jahre später Bedeutung verlieh.


In Rio traf ich durch Zufall, als hätten wir es vereinbart, meinen Freund Thomas Stövsandt. Es war der Silvestertag, die Girls von Ipanema drängten sich am Strand, und ich wollte in dieser Nacht das Fest für Jemanja fotografieren. Die Wassergöttin war als flimmernde Puppe an der Stelle aufgebaut worden, an der das Opfer stattfinden sollte. Allein der Rummel, der sich bis zum Abend hin ständig potenzierte, ließ mich befürchten, dass ich in den Menschenmassen, die den Strand bevölkerten, keine brauchbaren Aufnahmen zustande bringen würde. Zudem wurde ich ununterbrochen davor gewarnt, mit meiner Armbanduhr und den Apparaten zu flanieren, es sei zu gefährlich. Zugegeben, ich habe schon eindrucksvollere Bilder von Vaudou-Zeremonien aufgenommen, doch diesmal war das Material nur als Ergänzung gedacht, als ein kleiner Seitenblick, der meine afrikanische Perspektive verständlich machen sollte. Die Nacht verging, der Morgen brach, am Strand von Ipanema schliefen die Betrunkenen. Ich hatte meine Armbanduhr und die Apparate behalten, die Götter des Makumba waren auf meiner Seite.

In den kommenden Tagen besuchte ich noch Egberto Gismonti und andere Musiker, die Stammgäste in der „Eremitage" waren. So ging eine Reise, die ich bis heute nicht wiederholen konnte, ihrem Ende zu. Carlos Gama schrieb mir, nachdem ich ihm meine Veröffentlichungen geschickt hatte, noch mehrmals. Sein kleiner Enkel wurde als genesen von den Ärzten entlassen.

## Trauriges Afrika

Sosehr ich von Asien und Lateinamerika begeistert war, so unverbindlich blieb das dort Erlebte für mein Leben. Schicksalshaft hingegen meldete sich Afrika zu Wort, der Kontinent, dessen Kulturen und Völker Teil meines Denkens und Fühlens waren. In diesem Jahr der Rückblicke, dem Jahr des Drachen, reihte ich meine Erinnerungen aneinander, ohne Ordnung und Wertigkeit. Fast am Ende der Betrachtungen wurde mir bewusst, wie sehr Afrika mein Leben dominierte, im Guten wie im Bösen.

Zurückgekehrt in den österreichischen Alltag, war es mein afrikanischer Sohn, der mich beschäftigte. Das Verhältnis zu seiner Mutter hatte sich gebessert, sie schien ihre Krise überwunden zu haben, und das gestattete mir, Armand öfters zu sehen. Die Aufenthalte zwischen den Reisen gestalteten sich hektisch. Gerade aus Afrika zurückgekehrt, ergab sich die Notwendigkeit einer weiteren Fahrt.

Diese zweite Reise innerhalb von wenigen Wochen wurde ausgelöst durch eine unerwartete Programmänderung in meinem „Haus der Völker". Ein Freund war unvermittelt aufgetaucht, mit zwei großen Bildbänden im Gepäck und der Frage, ob ich zu diesem Thema eine Ausstellung machen wollte. Es waren Bücher von Angela Fischer, die ich seit mehr als zwanzig Jahren kannte, eine großartige Autorin, mit der ich vor langer Zeit ein gemeinsames Projekt geplant hatte. „Afrika im Schmuck" hieß das Buch, das ich als Fotograf mitgestalten sollte. Der Niedergang des Perlinger Verlages hatte das Projekt zunächst zum Scheitern gebracht, Angela Fischer fand Aufnahme bei Times and Hudson und einen anderen Fotografen. Nun zeichnete sich der Kontakt von neuem ab, wenngleich die Vorzeichen andere waren. Eine Ausstellung ihrer und Carol Beckwith' Fotos verlangte eine genaue Planung, denn der Verlag hatte Zeitlimits vorgegeben, die knapp bemessen waren.

Ich hatte es mir in den Sinn gesetzt, ihre Fotografien mit jenen Kultobjekten, Kostümen und Schmuckstücken zu ergänzen, die darauf zu sehen waren. Mit dieser Entscheidung rückte meine geplante Asienreise erneut in die Ferne, Afrika hatte wieder Vorrang.

Nach einem mühsamen Flug in einer vollends ausgebuchten Maschine saß ich am Abend wieder an der Quelle meiner Inspirationen, im Hotel de la Paix in Lomé. Während ich meinen Laptop installierte, kam mir ein Artikel in den Sinn, den ich im Flugzeug gelesen hatte. Afrika schien demzufolge der Kontinent zu sein, in dem alles das, was Asien den Fortschritt brachte, nicht funktionierte. Ganz gleich, ob es die Projekte der Weltbank oder der Entwicklungshilfe waren, Privatinitiativen oder die der Großkonzerne, in Afrika scheint alles zum Scheitern verurteilt, weil politische Systeme vorherrschen, die den Ausbeutern und Tyrannen dienen, nicht den Völkern. Nach Ansicht afrikanischer Herrscher ist es nur selbstverständlich, dass man zuerst seinen Verwandten und Freunden hilft, bevor man an die anonymen Massen denkt. Dazu gesellte sich ein gesellschaftlicher Wandel, der sich seitenverkehrt zu dem in Europa abzeichnete. Während in Europa mit dem Niedergang des Adels der „Mob" zum Volk wurde, entwickelte sich in Afrika das Volk zum Mob. Nie waren Gewaltbereitschaft, Geldgier, Betrügerei und Eitelkeit so allgegenwärtig wie in diesen Jahren. Nie waren mangelnde Solidarität und Selbstsucht so augenscheinlich. Wer wie ich das „alte Afrika" kannte, der wusste, dass es allerorts schlechter geworden war. Nicht nur für den Reisenden, der sich bedroht und betrogen fühlte, auch für die Menschen selbst, die unter dem Verlust ihrer stabilisierenden Traditionen litten. Man sollte sich nicht der Illusion hingeben, dass in früheren Zeiten der Einzelne über mehr Besitz oder Freiheiten verfügte. Afrika war schon immer das Synonym für menschliches Elend, ganz gleich unter welchen Regimen es den Völkern begegnete. Doch René Gardi, einer der frühen Reisenden, konnte auf die Frage nach der Armut antworten, sie sei eine uns unbekannte Form der Anspruchslosigkeit. Die Menschen, die arm aussahen, waren es nicht, sie lebten nur innerhalb politischer Systeme, in denen der Reichtum das Privileg der Häuptlinge und Priester war. Der Durchschnittsmensch, aus dem sich die Massen rekrutierten, war in ein kollektives Bewusstsein eingebunden, das die Gleichheit zur Lebensform erhob. So gleich wie die Menschen waren ihre Häuser, ihre Geräte und ihre gesellschaftlichen Möglichkeiten. Das Individuum begann sich erst in postkolonialer Zeit als ein selbstständig forderndes herauszubilden, einer Zeit, in der das Beispiel westlicher Zivilisation längst durch Missionare und Handelsreisende nach Afrika gelangt war. Mit dem Anspruch auf Individualität verließ der Afrikaner seine angestammten Traditionen und folgte den Lehren seiner Unterdrücker, die den Ehrgeiz, den Besitz und das Selbstbewusstsein (das nicht selten in Selbstüberschätzung mündete) predigten. Sie verschrieben sich jener horizontalen Werteskala, die sich nicht mehr am Höheren, sondern am Gleichen orientiert, um das eigene Unvermögen als ausreichende Tugend erscheinen zu lassen. Zudem bewahrheiteten sich die Behauptungen amerikanischer Indianer-Schamanen, denen zufolge es sieben Generationen bedarf, um das prägenetische Wissen der Vorfahren endgültig zu löschen. Das Wissen um die afrikanischen Götter lebte also im Unterbewusstsein der Menschen weiter, auch wenn diese längst zu anderen Bekenntnissen konvertiert waren. Von allen Völkern, die ich kenne, das polnische ausgenommen, sind die afrikanischen die „glaubenswütigsten", sie scheinen mit allem in Kontakt zu stehen, was Himmel und Hölle an metaphysischem Personal beschäftigt.

Während man im Umfeld humanistischer Gesinnung den gläubigen Menschen stets als den Besseren empfindet (seine Orientierungshilfen sind ethische und moralische Instanzen), gesteht man in Afrika, wo es scheinbar nur Gläubige gibt, dem Bösen einen Platz innerhalb der Gläubigkeit zu. Das hängt damit zusammen, dass Afrikas Götter in böse und gute geteilt werden. Das Böse ist wie im Christentum eine Realität, aber es wird nicht im selben Maße verdrängt und verurteilt, weil es allgegenwärtig durch Götter, Geister und Dämonen präsent ist. Man opfert den bösen Göttern, um sie zu besänftigen. In diesem Punkt zeigen die Afrikaner einen Realitätsbezug, der dem christlich-paulinischen Europa aufgrund der Vorstellung, dass es ein lieber Gott ist, der uns beherrscht, verloren gegangen ist. Das säkularisierte Europa hat sich von Gott emanzipiert und die früheren Herrscher, die sich als seine Stellvertreter ausgaben, gestürzt, während in Afrika die alten feudalen Strukturen mit einem gelegentlich diffusen Götterbild am Leben gehalten wurden, um im Interesse der Großverdiener und Würdenträger zu wirken, die nur so ihren Beuteinstinkt vor sich und ihren Völkern rechtfertigen konnten. Die Massen Afrikas, besonders jene, die trotz und wegen ihrer Entkräftung als ständige Bedrohung des Weltgewissens empfunden werden, haben es im Laufe ihrer Geschichte zu keiner gemeinsamen Sprache gebracht, in der sie ihre Anliegen hätten vortragen können. Während in Europa die Menschenmassen neben den Massenmenschen auch eine Massenidentität hervorgebracht haben, blieben die Menschen in Afrika auch als Masse formlos und anonym. Anders als in Europa wurden sie zum Spielball tyrannischer Willkür, ihre Entkräftung lässt sie als willenlose, nur noch von Instinkten getriebene Spezies erscheinen. Ihr Sprachrohr sind die westlichen Massenmedien, die nur mehr widerwillig und gelangweilt von den sich stets gleichenden Hungerbäuchen des Sahels berichten. Dazwischen das „gute" Afrika mit seiner Folklore, ein Afrika, das ich und andere dokumentiert haben, um es dem Vergessen zu entreißen und es denen, die die schlechte Nachricht für die Gute halten, entgegenzusetzen. Das sind die beiden Pole, um die sich alle Botschaften aus Afrika drehen: die Infibulation, die Hungertoten und die Gewalttäter auf der einen, die tanzenden Dogon, die schnitzenden Makonde und die Gedichte Senghors auf der anderen.

Die Welt wartet auf eine Wende. Doch wer soll sie einleiten? Wer soll sie finanzieren? Wer soll die Völker entwirren, die jedwede Entwicklung durch Religions- und Stammeskriege, aber mehr noch durch die Habgier ihrer Führer verhindert haben? Wer soll die Herrscher entmachten und wer soll künftig an die Stelle der Entmachteten treten? Bisher hat sich jede Vorgabe, dieses Afrika zu retten, als Trick erwiesen, der einen Tyrannen durch einen anderen ersetzt hat. Die Meister der Täuschung gaben vor, nicht gewusst zu haben, dass man statt in Werkzeuge in Waffen investierte und dass sich unter den Veranstaltern des afrikanischen Desasters Vertreter der westlichen Welt befanden, die von ihren Regierungen beauftragt worden waren, Geschäfte zu machen. Was getan wurde, geschah aus Eigennutz oder aus karitativer Einfalt, doch am Ende standen die

Moderatoren des Westens vor der Kamera und erklärten, dass es nicht unmoralisch sei, Geld zu verdienen.

Was mich in Afrika zunehmend entmutigt, ist nicht so sehr die allgegenwärtige Not, es ist deren Unbesiegbarkeit.


## Menschenschwärze


Es war ein Sonntag, an dem ich mich wie auf der letzten Reise entschloss, die Orte, mit denen sich Erinnerungen verbanden, aufzusuchen. Dabei machte ich wieder bei Alice Station. Der Stammtisch war wie immer mit Schweizern und Deutschen besetzt, unter ihnen der Kunsthändler Krieg, der wie ich in fortgeschrittenem Alter noch ein Kind gezeugt hatte und folgerichtig zwischen Bindung und Freiheit nach einem gangbaren Weg suchte. Alice berichtete von einem gewonnenen Streit, der einen Störenfried betraf, und als die Sprache auf die unvermeidlichen Widerwärtigkeiten krimineller Strömungen kam, erfuhr ich, dass die Militärpräsenz, der ich bei meinem letzten Aufenthalt gewahr wurde, Wirkung zeigte. An der Hafenstraße, die bis dahin als Falle für jeden galt, der sie nachts betrat, waren in der vorigen Woche acht Banditen erschossen worden, die man durch eine vorgetäuschte Autopanne angelockt hatte. Dieser Radikalschlag der Exekutive wurde allgemein begrüßt, waren doch Aktionen dieser Art beispielgebend und als Prophylaxe gegen die Kriminalität zu sehen. Die schöngeistigen Gespräche waren einer Art von Nachrichten gewichen, die allgemein interessierten, weil jeder in irgendeiner Weise von ihnen betroffen war.

An diesem Nachmittag wollte ich mich nicht am leidigen Lamentieren beteiligen, ich las Peter Sloterdijks „Die Verachtung der Massen" zu Ende und verabschiedete mich. Auf der Fahrt zum Hotel le Benin sah ich, wie sich das immergleiche, sonntägliche Phänomen vollzog. Wenn die Sonne am Nachmittag ihre Kraft verlor, strömten Tausende an den Strand. Junge Leute, für den Jahrmarkt der Eitelkeit herausgeputzt, als gelte es einen Wettbewerb zu gewinnen. Die Plateauschuhe der Mädchen irritierten mich hier weniger als in Bangkok, weil die meisten Afrikanerinnen sehr große Füße haben, die, wenn sie in den monströsen Schuhen stecken, nicht unharmonisch wirken. Die zarten Asiatinnen hingegen wirkten wie Krüppel, die mit orthopädischem Schuhwerk auf eine Behinderung reagieren.

Ich setzte mich auf einen Mauervorsprung und ließ die Massen der Gesalbten und

Gepuderten an mir vorüberstolzieren, so, als hätte ich für diese Veranstaltung einen Logenplatz bezogen, der mir den Rücken freihielt und meiner klaustrophobischen Grundstimmung die Angst nahm. Es war ein eigenartiger Zufall, dass ich im Begriffe war zu erleben, was ich kurz vorher gelesen hatte. In seinem Traktat zitiert Sloterdijk eine Passage aus Elias Canettis „Masse und Macht", in der es heißt:

„Eine ebenso rätselhafte wie universale Erscheinung ist die Masse, die plötzlich da ist, wo vorher nichts war. Einige wenige Leute mögen beisammengestanden haben, fünf oder zehn oder zwölf, nicht mehr. Nichts ist angekündigt, nichts erwartet worden. Plötzlich ist alles schwarz vor Menschen."

Diese Observation könnte nicht präziser die Situation beschreiben, in der ich mich befand. Nichts war angekündigt, und trotzdem formierten sich Massen zu Menschenknäueln, die dicht zusammengedrängt den Strand und alle in ihn mündenden Straßen besetzten. Es zog sie, einem geheimnisvollen Gesetz gehorchend, zusammen, so als folgten sie Lemmingen gleich einem Instinkt, von dem nicht klar war, welchem Nutzen er diente. Wo vor einer Stunde noch keiner war, war plötzlich alles schwarz vor Menschen. Diese Menschenschwärze wurde mir nun in einem doppelten Sinne bewusst, weil ich der einzige Weiße in der Masse der Schwarzen war.

Obwohl sich die Dämmerung einzustellen begann, blieb der Zustrom an Menschen ungebrochen. Kleinstküchen und Kioske nahmen ihren Betrieb auf, neben mir etablierte sich eine ambulante „Bürzel-Braterei", eine Einrichtung, die ich nirgendwo sonst auf der Welt in so exzessiver Zahl angetroffen habe. Hunderte verdienten ihren Lebensunterhalt, indem sie tausende dieser Fettansätze, die das Ende des Truthahnes bilden, in kochendem Öl zu handgroßen Leckerbissen verwandelten.

Im weiten Sandfeld, das die schäumende Brandung von der Küstenstraße trennte, zeichneten sich in der Menge Verdichtungen ab, Menschenklumpen, die sich um ein Zentrum scharten. Meine Neugierde trieb mich mitten hinein, und während ich den Eingekreisten suchte, das Besondere seiner Person ergründen wollte, stieß ich auf geradezu lächerliche Taschenspieler, die ein Endlosband zwischen zwei in den Sand gesteckten Zweigen herauszogen, obwohl ein jeweiliger Kandidat das zu verhindern suchte. Weniger konnte man nicht bieten. Weiter hinten erregte Gelächter meine Aufmerksamkeit. Drei Kostümierte, zwei Männer und eine Frau, schlugen grün bemalte Doppelglocken und machten mit Tanzschritten auf sich aufmerksam. Dann verstummte der Rhythmus und einer, dessen Gesicht mit Ocker bemalt war, wandte sich an die Menge. „Hört zu, was wir euch zu sagen haben! Ihr alle habt schon von Aids gehört, dieser schrecklichen Krankheit, die jeden von uns treffen kann. Ja, jeden! Selbst die wehrhaftesten Soldaten

## VIII. Voodoo

1 (vorige Seite)  Von den Voodoo-
Gesellschaften Togos wird die Trance
als das wesentlichste Schlüsselerlebnis
eines Gläubigen bezeichnet. Chesi hat
durch seine vielen Freunde und
Kontaktleute Zutritt zu den Ritualen.

2 (oben)  Der König des heiligen
Waldes von Lomé. Voodoossis,
Ministrantinnen, flankieren ihn.

3  Hounkpe Agbagla, der letzte Schlan-
genpriester von Togo. Jahre nach
seinem Tod steht sein Tempel noch
unversehrt in der Ortschaft Glidji.

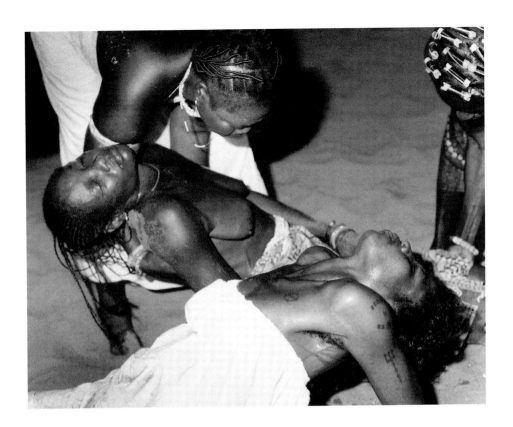

4 Die Götter reiten
ihre Medien. In den
Voodoo-Tempeln
gehören die Besessen-
heitskulte zu den
zentralen Anliegen
der Gläubigen.

5 Kaolinbemalte
Voodoossis. Sie
erwarten nach
Anrufungen den
Eintritt der Trance.

6  Joseph bezeichnet sich als Voodoo-Ingenieur. Er verdient seinen Lebensunterhalt als
Händler am Fetischmarkt von Lomé. Als Interpret hat er sich bei den Medizinmännern
der Region einen Namen gemacht.

7 Akpandja Kodjo, der Exorzist von Alegbassito. „Ich töte Menschen, was anderes kann ich nicht." Seit Chesi seinen magischen Kreis betrat und die Verletzung dieses Tabus nicht seinen Tod bewirkte, respektierte Kodjo den Tiroler als den noch größeren Zauberer.

8 Töpferin im Dorfe Aloakou am Mono-Fluß. Hier werden die Ritual-
gefäße für die Voodoo-Tempel in Togo hergestellt.

9 Agbagli Kossi war nicht nur der bedeutendste Schnitzer im Umfeld der
Voodoo-Gesellschaften in Togo, er war über mehr als dreißig Jahre Freund
und Informant von Gert Chesi. Für ein Familienfoto hat er seine weiblichen
Nachkommen zusammengerufen.

10 (übernächste Seite)  Der Schnitzer Chuchuwu gehörte zu den bedeutendsten Persönlichkeiten des nigerianischen Voodoo.

sind nicht vor ihr sicher, und die Nachtwächter, die das Vermögen der Reichen bewachen, können sich selbst nicht schützen, wenn die Krankheit zuschlägt. Inzwischen sind wir hinter der Elfenbeinküste die Nummer zwei in Westafrika. Ja, ihr habt richtig gehört. Es fehlt nicht mehr viel, und wir werden die Nummer eins sein. Wer aber, wenn alle Jungen gestorben sind, soll unser Land führen, wer soll unsere Zukunft bestimmen?" Während er in die Gesichter der dicht gedrängten Menge schaute, ergriff die Frau das Wort: "Ihr Frauen und Mädchen, ihr wisst mit allem umzugehen. Cremen, Salben, Schminke und Perücken. Ihr kennt wie niemand sonst die Anatomie des Körpers. Ihr seid aufgerufen zu verhindern, dass wir alle an dieser Krankheit zugrunde gehen." Ungläubig wurde sie von kleinen Mädchen und Buben gemustert, die sich ungestüm in die erste Reihe gedrängt hatten. Dann trat der zweite Mann hervor und zog zur allgemeinen Freude und zum Gaudium der Zuschauer eine enormes, aus Holz geschnitztes Glied hervor und ein Kondom, das noch verpackt war. "Ihr Mädchen mit euren langen Fingernägeln, passt auf, wenn ihr es herausholt." Er zeigte, wie das Papier einzureißen und das Kondom auf den *mangala* aufzusetzen ist. Dann versuchte er es abzurollen. Es ging nicht. Das Gelächter war groß, als er zu erkennen gab, dass er es falsch aufgesetzt hatte. "So geht's natürlich nicht! Das Réservoire muss nach oben schauen." Er drehte das Präservativ herum, zeigte es noch einmal der staunenden Menge und rollte es – diesmal korrekt – über den Schaft des hölzernen Penis. Alle waren zufrieden, und ein kleiner Bub, der besonders aufmerksam zugehört hatte, durfte das Demonstrationskondom behalten. Bevor er es noch aufblasen konnte, hatte sich die Menge zerstreut und anderen Attraktionen zugewandt. Die Glocken der Aufklärer hörte ich noch, als ich längst an der Uferstraße angelangt war und nach einer Münze für den selbst ernannten Wächter meines Wagens suchte.

## Grenzsituationen

Als ich meinen Pass von der ghanesischen Botschaft zurückholte, sah ich, dass sich dieser wie eine angebratene Wurstscheibe wölbte. Man war davon abgekommen, Visa zu stempeln, man leimte nun Vordrucke auf die Seiten, die dokumentensicher, wie Geldscheine strukturiert waren. Der freundliche Beamte versicherte mir, dass die Deformation, die mein Reisedokument erlitten hatte, belanglos sei im Hinblick auf seine Funktion. Nun konnte ich nach Ghana reisen, in das Land, das so viele Erinnerungen bereithielt.

An der Zollstation, die Togo und Ghana verbindet (oder trennt?), herrschte wie immer aufgeregtes Gedränge. Vermittler warteten ungeduldig auf Kundschaft, es waren Zivilisten, die einem den Pass abnahmen und sich an den Kolonnen vordrängten, um mit Formularen oder Stempelmarken zurückzukehren. Dieses schroffe Service wurde nicht immer als solches erkannt, sodass auch ich bei meinen ersten Reisen ablehnend reagierte und mich lieber selbst in die Reihe der Wartenden stellte. Wenn man nicht wusste, dass in den Pass ein Geldschein zu legen war, wurde der Ausweis – hatte man nach langem Warten den Schalter erreicht – beiseite geschoben. Man stand dann in zweiter Reihe und wurde von denen überholt, die hinter einem gereiht waren. Das konnte lange dauern. In dieser Situation meldete sich gewöhnlich der Zivilist ein zweites Mal und bot seine Dienste an. Nur die Härtesten lehnten das ab. Dieser Station folgte eine zweite, die sich mit dem Gepäck befasste, eine dritte, die die Autopapiere prüfte, eine vierte, die den Impfpass einsah und so weiter und so weiter. Das Überschreiten der Grenze in Aflao dauerte entweder zwanzig Minuten oder drei Stunden, das kam darauf an, ob man die Dienste des Zivilisten beanspruchte oder nicht. Dieser war es nämlich, der die Höhe der Schmiergelder festlegte. Niemals würde sich ein Beamter durch eine direkte Zuwendung korrumpieren lassen. Der Zivilist ist es, der die Gelder sammelt und den Reisenden taxiert, ihn seinem Erscheinungsbilde nach in Klassen teilt, die unterschiedlich hohe Summen zu entrichten haben. Der Beamte selbst ist unbestechlich, er ist korrekt und was den Zivilisten betrifft, so kennt er ihn in der Regel nicht.

Als ich noch „anständig" war – das liegt lange zurück –, habe ich mich als moralische Instanz gebärdet, die wie ein Felsen der Brandung der Korruption trotzte. In diese Zeit fiel einer meiner merkwürdigsten Transporte, den ich, von Accra kommend, nach Lomé begleitete. Es waren Särge, neun an der Zahl. Diese Särge waren nicht vergleichbar mit den schmucklosen Kisten, die man andernorts findet, sie waren künstlerisch gestaltet, zoomorph oder Gegenstände darstellend, die das Leben des Verblichenen symbolisierten. Ich sah ein großes Huhn, das man für eine Bäuerin angefertigt hatte, einen Fisch, eine Banane und einiges mehr, das für mein europäisches Bewusstsein jene Demarkation erreicht hatte, in der sich das Groteske verwirklichte. Särge ohne jede Ernsthaftigkeit, ohne die der Ehrfurcht entstammende Düsternis, Särge, die bunt bemalt den Paradiesvogel darstellen, den der Verstorbene ein Leben lang jagte. Wer die Aussicht hat, solcherart bestattet zu werden, der stirbt mit einem Lächeln auf den Lippen.

Als ich die ersten Exemplare entlang der Straße nach Teshi sah, wo sie zum Zwecke des Verkaufs in der Sonne standen, dachte ich an Ausstellungen, die man mit ihnen bestücken könnte. Ich ahnte damals noch nicht, dass ich eines Tages ein Museum betreiben würde, doch es war mir klar, dass ich sie zu erwerben hatte, einfach um sie zu besitzen.

Die Söhne des Sargtischlers Kane Quay waren erstaunt, einen Europäer als Kunden gefunden zu haben. Sie, die Erben der Sargtischlerei, vermochten sich nicht vorzustellen, wozu jemand, der offensichtlich noch Jahre vor sich hatte, einen Sarg kaufte, geschweige denn so viele. Letzten Endes waren die Brüder aber Geschäftsleute, und dieser Großauftrag brachte das Gefüge der Firma durcheinander. Man fertige nur auf Bestellung. Die Exponate an der Straße seien unverkäufliche Ansichtsexemplare, die einer späteren Klientel die Wahl des Motivs erleichtern sollten. Man wollte verständlicherweise nicht die Schaustücke verkaufen, denn das hätte einen augenblicklichen Zusammenbruch der Auftragslage mit sich gebracht. Nach langen Debatten und einer erklecklichen Anzahlung einigten wir uns darauf, dass die Särge nachgebaut und nach ihrer Fertigstellung mit den Schaustücken ausgetauscht werden würden. Als Liefertermin wurde ein Tag festgeschrieben, der zwischen Weihnachten und Silvester lag, ein Tag, an dem ich wiederkommen und meine Särge abholen sollte.

Ich hatte inzwischen meine Reise fortgesetzt, Susanne Wenger in Nigeria besucht und eine große Zahl von Fotos gemacht, die sich allesamt mit Voodoo befassten. Dann kam Weihnachten näher und mit ihm der Zweifel, ob der Kauf der Särge richtig war. Meine Unsicherheit bezog sich auf die Machbarkeit des Transports und die Höhe der Kosten. Wieder in Ghana, begab ich mich in die bekannteste Reederei und ließ mir die Kosten nennen, die ein Container mit dem Zielhafen Hamburg verursachen würde. Die Preise waren enorm, denn ich musste sie in Relation zu den Särgen sehen, außer denen ich nichts zu transportieren gedachte. Der kleinste mir zugestandene Container hatte ein Volumen von dreiunddreißig Kubikmetern, die durch die Fracht nicht zu füllen waren. Es ging also darum, möglichst viel zuzuladen, ohne beim Einkauf dieser Füllmasse viel Geld zu verlieren. In Lomé hatte ich ein Haus gemietet und zahlreiche Figuren des Schnitzers Agbagli Kossi gelagert. Tongefäße und andere nicht sehr wertvolle Objekte lagen dort schon lange, weil für sie die Luftfracht zu teuer gewesen wäre. Alles zusammen, so konstatierte ich, würde den Preis des Containers rechtfertigen. Das verbleibende Problem war die Wahl des Hafens, denn es war entscheidend, ob ich die Objekte, die ich in Togo gelagert hatte, nach Ghana oder jene von Ghana nach Togo bringen sollte. In jedem Falle war eine Grenze zu überschreiten. Ich entschloss mich, die Särge nach Lomé zu bringen, nachdem mein Freund Adamu versprochen hatte, bei der Einreise nach Togo behilflich zu sein. Um von vornherein allen Schwierigkeiten aus dem Wege zu gehen, beschaffte ich eine Ausfuhrbescheinigung des Nationalmuseums, deren Besorgung so umständlich wie sinnlos war, handelte es sich doch um neue Gegenstände, die in keinem Zusammenhang mit den Antiquitätenkäufen vergangener Reisen standen.

Dann begann die Suche nach einem Spediteur, der die Särge zur Staatsgrenze bringen sollte. Er war es auch, der sie vor der Abfahrt dem Museumsdirektor vorzuführen hatte.

Nach der Bezahlung einer kleinen Zuwendung konnte der Transport starten. Ich fuhr mit meinem Wagen voraus und erwartete den Spediteur mit seiner Ladung nach etwa vier Stunden an der Grenze. Nachdem ich schneller als er in Aflao war, nutzte ich die Zeit, um die Beamten von dem bevorstehenden Transport zu informieren. Als der Lastwagen etwas später eintraf, war ich über den bisherigen Verlauf zutiefst befriedigt. Vier Mann hatten während der ganzen Fahrt einen über die Bordwand hinausragenden Sarg festgehalten, der in Ermangelung von Seilen oder Planen sonst hinuntergefallen wäre. Auf meine erstaunte Frage, warum man ihn nicht befestigt habe, antwortete der Chauffeur, der auch der Unternehmer war, dass das Befestigungsmaterial teurer gewesen wäre als die vier Helfer. Dann begann die Besichtigung durch den Zoll.

Ich dachte, schon vorher alles erklärt zu haben, das Volumen der Fracht, ihren Grund und deren Wert. Doch nun, angesichts der Ladung, war alles ganz anders. Diese, so erfuhr ich, könne nicht an der Grenze abgefertigt werden, sie sei dem Ministerium für Außenhandel vorzuführen, ein entsprechender Zoll sei zu entrichten. Auge in Auge saß ich dem Beamten gegenüber, der geduldig in seinen Büchern blätterte und immer neue Bestimmungen, die gegen den Export der Särge sprachen, vorlas. Inzwischen wurde der Spediteur ungeduldig. Er müsse die Männer bezahlen und nach Accra zurückfahren. Ich sollte mich entscheiden, was zu tun sei. Da es in den Gesprächen mit den Beamten – ich wurde mehrfach in andere Büros geschickt, in denen die für Spezialfragen zuständigen Experten saßen – lichte Augenblicke gab, in denen sich eine Lösung abzeichnete, fasste ich den Entschluss, den Spediteur zu entlassen. Seine Helfer, die ich gesondert zu entlohnen hatte, luden die Särge ab und stellten sie vor die Zollstation.

Aflao ist das Nadelöhr zwischen Togo und dem damals verfeindeten Ghana, durch das sich täglich Tausende in beide Richtungen drängen. Meist sind es Marktfrauen mit Körben am Kopf, Schmuggler, die sich innerhalb dieses korrupten Systems Arbeitsplätze geschaffen haben, nur wenige von ihnen sind Reisende oder Touristen. Der Grenzübergang gilt zudem bis heute als der Tummelplatz von Betrügern, die von der Verunsicherung der Reisenden profitieren. Geldwechsler und Taschenspieler erleichtern die Gutgläubigen um ihre Ersparnisse, und mancherorts treten Pseudobeamte auf, die fiktive Rechnungen präsentieren. Alles in allem ist die Grenze von Aflao eine Art von Vorhölle, deren Ruf ganze Generationen von Reisenden abgehalten hat, den jeweiligen Nachbarstaat zu besuchen.

Hier war ich also gelandet, mit neun Särgen im Gepäck, die auf der Straße standen und zunehmend den Unmut der Beamten erregten. Inzwischen war es vier Uhr geworden, und der „Chef" ließ mir ausrichten, dass ich morgen wiederkommen solle, denn er schließe jetzt sein Büro. Ich machte einen letzten Versuch, ihn umzustimmen, dann musste ich einsehen, dass ich verloren hatte.

Unter der rüden Anweisung der verbleibenden Zöllner wurden die Särge in einen Bereich der Zollfreizone verfrachtet, der nicht mehr so stark von Passanten frequentiert wurde. Das Erstaunliche an der Situation war der Umstand, dass die Afrikaner, von denen ich annahm, dass sie solche Särge schon kannten und sie daher ignorieren würden, in Hundertschaften lachend und diskutierend im Kreise standen, den Verkehr behindernd und die Beamten in ihrer Routine störend. Die Särge wurde zunehmend zum Ärgernis.

Als die Dämmerung über Aflao hereinbrach, saß ich inmitten meiner Exponate und musste entscheiden, wie ich die Nacht verbringen sollte. Im Einvernehmen mit einem Zöllner, der gerade den Nachtdienst angetreten hatte und daher noch freundlich war, vereinbarte ich, einen Wächter zu engagieren, während ich mich in einem Hotel, dem einzigen der Stadt, einquartierte.

Ein großes, aber düsteres Zimmer erwartete mich. Erhellt von einer Vierzigerbirne, umgab mich ein schmuckloser Raum, der mit einer Terrasse verbunden war, von der aus sich die Hässlichkeit der Stadt offenbarte. Die unbeleuchteten Straßen waren nur durch die kleinen Petroleumlampen markiert, die auf den Ständen der Händler installiert waren. Vorbeifahrende Motorräder zogen Staubfahnen hinter sich her, und die nach oben dringenden Geräusche waren von klirrender Radiomusik durchsetzt. Nirgendwo zeigte sich ein Kaffeehaus, eine Bar oder ein Restaurant, in dem ich den Abend hätte verbringen können. Nur ein paar Schritte weiter lag Lomé mit seinem Nachtleben und seinen Lustbarkeiten, an die ich nun mit Sehnsucht dachte. Ich konnte den Lichtschein der Kneipen sehen und bildete mir ein, in nicht allzu weiter Ferne ein Haus zu erblicken, in dessen Untergeschoss das „Ricardo", Lomés berüchtigtster Treffpunkt, untergebracht war. Hier kannte man keine Sperrstunde und keine Moral, hier traf sich alles, was diese Stadt an Seltsamkeiten hervorbrachte. Wer sich entschloss, hierher zu kommen, der war meist an einer Grenze angelangt, an der bürgerliche Begriffe keine Geltung mehr hatten. Ich glaubte, den Geruch der Spießchen wahrzunehmen, den ein milder Wind über den Stacheldraht wehte, und, als sei es Zauberei, den Griff der Mädchen zwischen die Beine der Männer. Nur selten hatte es mich in dieses Lokal verschlagen, doch nun, getrennt von einer unüberwindlichen Grenze, loderte ein wildes Verlangen nach diesem Milieu in mir auf. Erst jetzt wurde mir bewusst, dass ich diese Späße, solange sie wie selbstverständlich verfügbar waren, zu wenig genutzt hatte. Einmal noch ging ich auf die Straße, um mich zu vergewissern, dass es hier nichts gab, das mich aufheitern konnte. Dann sank ich stumpf in ein Bett, in dem die Alpträume vorprogrammiert waren.

Der kommende Tag brach mit Vogelgezwitscher an, und als ich viel zu früh an der Grenze erschien, weckte ich den Wächter, der in einem der Särge geschlafen hatte. Er sei nun entbehrlich. Sein Honorar verlangte er in Fremdwährung, es bestand die Gefahr, dass seine „Cedis" bis Mittag nur mehr die Hälfte wert waren. Bald begann das Verhandeln erneut. Obwohl der Chef erst um zehn erwartet wurde, machte ich schon Stimmung beim Grenzpersonal.

Dann war es so weit. Der Chef ließ mich in sein Büro holen und erklärte mit eisiger Stimme, ich möge nach Accra zurückfahren, das Außenhandelsministerium suchen und die fehlenden Papiere beibringen. Er sagte es in einem Ton, der keinen Spielraum ließ. Es war ein kategorischer Imperativ, der so klar vorgetragen war, dass es schwer war, ihm zu widersprechen. In meiner Verzweiflung versuchte ich eine letzte Argumentationskette aufzubauen, in der ich erklärte, dass dieses Ministerium nur für Handelsware zuständig sei. Die Särge hingegen hatte ich zum Eigenbedarf erworben. „Niemand stirbt neun Mal!" Seine Augen waren eiskalt, und trotz seiner ablehnenden, ja geradezu unmenschlichen Haltung bewunderte ich ihn, denn er war eine Persönlichkeit, deren klares Argumentieren es mir unmöglich gemacht hätte, einen Bestechungsversuch zu unternehmen. Wir seien neun in der Familie. Für jeden sei ein Sarg gedacht. Es war lächerlich, mit welchen Behauptungen ich die Situation meistern wollte. Ich begann zu lügen. Henry Miller wurde daran gehindert, die englische Grenze zu überschreiten, weil er die Wahrheit sagte. Auch Herbert Rosendorfer, mit dem ich schon in meiner Jugend Bekanntschaft schloss, meinte in seiner Eigenschaft als Staatsanwalt, dass statistisch jene ein geringeres Strafmaß erwarte, die beharrlich lügen. Rückblickend musste ich einsehen, dass nur lügen soll, wer das auch kann. Mir hat es nicht geholfen, im Gegenteil, der entnervte Chef zeigte sich ungehalten und verwies mich schroff des Büros.

Einige Stunden später traf ich in Accra ein. Die Beamten des Ministeriums verließen gerade ihre Büros, um zwei Stunden zu pausieren. Dann kamen sie wieder. Nachdem ich zwei Klienten, die vor mir gekommen waren, den Vortritt überlassen musste, war endlich die Reihe an mir. Ich legte alle Papiere auf den Tisch und begehrte eine Ausfuhrgenehmigung für meine Ware. Der Beamte prüfte genau und mehrmals alle Unterlagen, dann verlangte er eine Bestätigung, dass ich mein Geld bei der Nationalbank gewechselt hatte. Ich kramte weitere Papiere hervor, eines von ihnen entlastete mich von dem Verdacht der Schwarzgeldwechslerei. Ich hatte tatsächlich eine nicht unerhebliche Summe offiziell in Birdsleys Bank gewechselt. Dass sich der Zettel noch in den Unterlagen befand, war ein Zufall, der ans Wunderbare grenzte. „Diese Bank ist nicht autorisiert." Mit eisiger Miene schob mir der Beamte das Dokument zurück, es war wertlos, auch wenn es bestätigte, dass ich Geld zum Vierfachen des Schwarzmarktwertes getauscht hatte. „Wenn Sie sich beeilen, erreichen Sie die Nationalbank noch, bevor sie schließt." Ich ließ meinen Wagen stehen und suchte hektisch nach einem der Taxis, von denen es in Accra bis heute nicht genug gibt. Ich erreichte die Bank zur rechten Zeit, wechselte, obwohl ich genug Cedis mit mir führte, für ein Viertel des Wertes und machte mich auf den Weg zurück ins Ministerium. Der Beamte hatte, was sein gutes Recht war, um vier sein Büro verlassen.

Die zweite unfreiwillige Nacht verlief wie die erste, was mich befähigte, schon früh am Morgen das Hotel zu verlassen und im Gang des Ministeriums auf den Beamten zu warten. Als er schließlich kam, ging alles schnell. Meine Sorge, die Särge könnten über Nacht gestohlen worden sein, bewahrheitete sich nicht. Der Wächter war unbestellt gekommen und hatte eine zweite Nacht schlafend in einem Sarg verbracht. Cedis, die ich nun im Überfluss bei mir trug, wollte er nicht. Der Chef hingegen ließ sich die Papiere aushändigen, und es sah aus, als hätte ich diese erste Hürde geschafft. Beim Hinausgehen glaubte ich ein freundliches Aufleuchten seiner Augen zu bemerken. Bei allem, was er mir zugemutet hatte, empfand ich doch Sympathie für ihn. Ich hatte den Eindruck, einem Unbestechlichen begegnet zu sein.

Nachdem ich Ausfuhrzölle und Spesen entrichtet hatte, stellte sich das Problem des weiteren Transports. Bis zur togoischen Grenze waren es nur einige Schritte, doch ich konnte die Särge nicht allein bis dahin schaffen. Also richtete ich einen Appell an die Herumstehenden, und bald setzte sich eine der seltsamsten Prozessionen, die diese Grenze je gesehen hatte, in Bewegung. Neun Särge auf den Köpfen Dutzender Helfer, so trafen wir in Togo ein, dessen Zöllner völlig verwirrt vorerst alle Schlagbäume herunterließen. Um die Särge in Togo einzuführen, verlangte man neben den Rechnungen und Ausfuhrpapieren ein Ursprungszeugnis, das ich in Accra zu besorgen hätte. Zudem sei meine Absicht, die Särge als Transitreisender einzuführen, durch nichts zu belegen. Ich könnte sie genauso gut in Lomé verkaufen. Außerdem könnte ich nicht nachweisen, dass ein Container bei der Maersk Line gebucht sei. Ferner müsste ein Beamter des Zollfreihafens angerufen werden, der den Transitweg begleitete.

Nach zwei Stunden des Verhandelns war ich bereit, die Särge ins Meer zu werfen. Das wurde mir untersagt, denn ich hatte sie bereits eingeführt, und bevor ich sie nicht verzollt hätte, dürfe ich nicht über sie verfügen. In diesem Moment verlor ich den Rest meines Charakters. Ich zog meine Brieftasche, deren Inhalt ich vorher manipuliert hatte, heraus, legte die verbleibenden Scheine auf den Tisch, und sagte: „Freunde, mehr hab ich nicht. Lasst uns die Angelegenheit unter uns regeln". Die Zöllner sahen sich gegenseitig an, jeder nahm einen Schein, und damit war die Affäre erledigt.

Ich habe später oft über das, was man in Europa Prinzipien nennt, nachgedacht. Die Frage, ob ich zu bestechen bereit war oder nicht, verlor an Bedeutung. Wichtiger war es, ob ich über die Grenze kommen wollte oder nicht. Als Fotograf habe ich mich jahrelang dagegen gewehrt, Leuten, die ich fotografieren wollte, Geld zu bezahlen. Ich habe erlebt, wie solches Verhalten Menschen verändert hat. Ich wollte nicht mitschuldig sein, wenn eines Tages niemand mehr in diesem Lande auch nur eine Auskunft gratis erteilte. Doch ich habe verloren. Ich wollte die Fotos machen und konnte das nur, weil ich bezahlte. Ich wollte die Särge nach Europa bringen, und das gelang nur, weil ich die Beamten bestach.

Ich bin vierzig Jahre lang durch Afrika gereist und habe Zeiten erlebt, in denen man ohne all das zurecht kam. Doch ein Illusionist ist jeder, der glaubt, dass das auch heute noch möglich wäre. So habe auch ich meinen Beitrag zum Niedergang dieses Kontinents, zur Bevölkerungsexplosion und zur Korruption geleistet. Wenn sich die Gesetze und die Menschen nicht ändern, dann muss sich die Moral ändern. Was früher als unanständig galt, ist heute Norm.

## Das Fest

Schon im Frühsommer des Millenniumsjahres häuften sich in meinem österreichischen Umfeld die Feste. Alle Klassenkameraden wurden in diesem Jahr sechzig, und jeder erinnerte sich der alten Freunde. Mehr als ein Dutzend Einladungen flatterten ins Haus, auch von Leuten, die ich seit fünfzig Jahren nicht mehr gesehen hatte. Es war nicht immer leicht, Ausreden zu finden, denn gerade der sechzigste Geburtstag wird von vielen als etwas Endgültiges gesehen, als ein Lebensalter, in dem man seine Bilanz zieht, stolz das Erreichte herzeigt und mit Gelassenheit in eine fundierte Zukunft blickt. Wer so alt geworden ist und ein Leben lang gearbeitet hat, der sieht seinen Lohn in einem Wohlstand, den er auch gerne zeigt, besonders jenen, die ihn nicht im selben Maße zu erwirtschaften vermochten. Einige von ihnen wurden sentimental, sie gedachten der Zeiten, in denen sie jünger, schöner und erfolgreicher waren, Zeiten, in denen Ehemänner noch mit Eifersucht reagierten, wenn ihren Frauen Komplimente gemacht wurden. Abschied nehmen ist für viele schwer, besonders, wenn es ein Abschied von einem Lebensalter ist, in dem man all das verkörperte, was die Besten dieser Gattung zu verkörpern im Stande waren. Lange hatten sie geglaubt, die Zeit sei an ihnen vorübergegangen. Mit fünfzig, als andere ihres Alters schon um die Frühpension ansuchten, waren sie hinter den jungen Mädchen her. Die roten Gesichter und die schwitzenden Glatzen hinderten sie nicht, der Kellnerin auf den Hintern zu klatschen, um damit anzudeuten, dass man mit ihnen noch rechnen müsse. Oft folgten Orgien der Selbstdarstellung, in denen die alten Zeiten beschworen wurden, Zeiten, in denen es keiner gewagt hätte, mit ihnen in Konkurrenz zu treten.

Wer in einer kleinen Stadt aufgewachsen ist, der gehört nicht einer bestimmten Gesellschaftsschicht an, sondern der Stadt, die aus vielen Schichten besteht. Was immer er erreicht haben mag, die Stadt holt ihn zurück auf das Mittelmaß, das seinen Kindergarten, die Schule und die Jugend bestimmte. Später erst, viel später hatten sich einige von ihnen losgesagt, um eigene Wege zu gehen, doch im Bewusstsein der anderen waren sie die Gleichen geblieben, Nachbarn, Mitschüler oder Jugendgefährten, die man schon kannte, als sie noch in den Windeln lagen. Die Intimität der Kleinstadt hat etwas Menschliches, sie hat aber auch etwas Unmenschliches, wenn einer aus der Reihe tanzt und sich weigert, in den Gesang der anderen einzustimmen. Viele meiner Bekannten hatten sich dem Kollektivgeist entzogen, einige waren in ihm aufgegangen und hatten in stiller Angepasstheit ihr Glück gefunden. Eines aber blieb den einen wie den anderen nicht erspart: sich Gedanken zu machen, was es hieß, ein Alter erreicht zu haben, in dem unsere Großväter Greise waren. Wie auch immer sie mit ihrem Problem zurechtkamen, sie hatten alle beschlossen, den sechzigsten Geburtstag so zu feiern, als wären sie auf dem Weg zum Zenit ihres Lebens.

Von all den Einladungen habe ich nur zwei wahrgenommen. Zum einen, weil ich mit den „Jubilaren" noch immer in Verbindung stand, zum anderen, weil sie sich während meiner Erkrankung mit Freundlichkeiten hervortaten. Einen dieser Geburtstage, den meines Freundes Anton Christian, hatte mir Adjo vergällt, weil sie gerade an diesem Abend einer ihrer hysterischen Anfälle produzierte, die mich fürchten ließen, dass in meiner Abwesenheit Unheil geschehen würde. So war das Jahr der Feste ein eher depressives, das nicht nur im Zeichen des Drachen, sondern auch im Zeichen meines persönlichen Scheiterns an Leib und Leben stand. Wer derart stigmatisiert zu Lustbarkeiten aufbricht, der wird nicht nur selbst enttäuscht zurückkehren, er wird auch die anderen enttäuschen, die einen geistreichen Freund erwarten und einen depressiven Ignoranten vorfinden.

Es war schlimm genug, den Festen der anderen aus dem Weg zu gehen, noch schlimmer war es, eine Ausrede dafür zu finden, dass ich mein eigenes, das allgemein erwartet wurde, nicht zu feiern bereit war. In diesem Jahr gab es nichts zu feiern. Erst wenn Armand mit dabei sein konnte, würde es wieder Feste geben, egal auf welchem Kontinent.

Unaufhaltsam rückte der August näher, und die Entscheidung, vor der gesellschaftlichen Verpflichtung zu fliehen, nahm mit der Buchung des Fluges G 565 von Amsterdam nach Lomé konkrete Formen an. In Lomé würde ich den Glückwünschen entgehen, den Termin verschlafen oder vergessen, nichts in diesem Lande würde mich als Jubilar zu erkennen geben. So vergingen die Tage, erst im Hotel, dann in einem Appartement, das ich unter Mithilfe von Adjos Mutter eingerichtet und bezogen hatte. Wir transportierten

Küchengeräte und Betten, Einrichtungsgegenstände, die von dem Haus stammten, das wir vor Jahren hier gemietet und unter dem Druck zunehmender Unsicherheit wieder aufgegeben hatten. Adjos Familie war sehr hilfsbereit. Ich benutzte deren Auto und ließ ihren Bruder Botendienste verrichten. Die Nähe zu ihnen gereichte mir zum Vorteil, besonders in den Belangen des Alltags, der von Besorgungsgängen und organisatorischem Kleinkram überladen war. Als alle Vorbereitungen getroffen waren und einem normalen Aufenthalt nichts mehr im Wege stand, beschloss ich, eine kurze Reise nach Benin zu unternehmen, in jenen Staat, aus dem die ersten Sklaven nach Amerika gebracht wurden, Menschen vom Stamme der Yoruba, die ihre Götter mitnahmen und sie dort zu neuem Leben erweckten.

Als Adjos Mutter von meiner Absicht erfuhr, äußerte sie den Wunsch mitzureisen. Das war keine große Angelegenheit, wir verabredeten uns früh am Morgen, um der größten Hitze zu entgehen, und setzten uns in Richtung Benin in Bewegung. Die Unterhaltung plätscherte belanglos dahin, erst an der Grenze wurde es spannend, denn ich hatte alle Daten meiner Reisedokumente bekannt zu geben, damit lange Formulare mit ihnen gefüllt werden konnten. Mein internationaler Führerschein war seit acht Jahren abgelaufen, doch bisher hatte das niemanden gestört. Auch diesmal passierte ich anstandslos die Grenze, Benin hatte mich wieder, das Land, in dem ich ausgeraubt, aber auch durch große Erlebnisse beschenkt worden war. Beim Abschreiben der Passdaten zeigte sich, dass der Einreisetag mit meinem Geburtsdatum übereinstimmte, ich war mir also zwischen den Staatsgrenzen meines sechzigsten Geburtstages bewusst geworden.

Die Fahrt verlief ohne jeden Höhepunkt, weniger noch, sie erreichte ein Tief, als ich Adjos Mutter in das beste mir bekannte Restaurant einlud, nur um dort festzustellen, dass es keinen Strom gab. Die Kellner bemühten sich redlich, doch die Mittagshitze stand wie eine Wand im Raum, und alle weit aufgerissenen Fenster konnten nicht verhindern, dass die Gäste unruhig zu werden begannen. Der Stromausfall hatte auch die Arbeit in der Küche verzögert, Eingefrorenes konnte nicht aufgetaut, Raffinierteres nicht zubereitet werden. So annullierten wir unsere erste Bestellung, bald darauf die zweite, schließlich begnügten wir uns mit dem, was uns der Kellner als praktikabel empfahl. Verschwitzt verließen wir nach viel zu langem Warten das Lokal. Nachdem ich auch bei meinen Händlern nicht fündig wurde, traten wir, ohne etwas erlebt, geleistet oder erworben zu haben, die Rückreise an. Vor der Grenze besuchten wir noch meinen Lieblingsplatz, das Strandhotel von Grand Bobo, dann ging es zurück nach Togo. Wieder wurden die Dokumente abgeschrieben und die Nummern verglichen. Der Beamte wurde plötzlich nachdenklich, er zeigte meinen Pass dem danebensitzenden Uniformierten, dieser verglich die Seite mit der Eintragung, dann standen beide wie ein Mann auf und riefen zur Belustigung aller: „Aujourd'hui est votre Anniversaire, bon Fet, monsieur!"

Davie hatte den Vorfall nicht mitbekommen, sie war mit den Autopapieren vorausgegangen. Als am Abend Adjo bei ihr anrief und mir sagen ließ, dass Armand ein schönes Fest wünsche, besorgte ich doch noch eine Flasche Wein und leerte diese zufrieden, mit freundlichen Gedanken im Kopf.

In dieser Nacht träumte ich nach vielen Jahren wieder, dass ich fliegen konnte. Diesem Flug, der in seiner Tragweite unvergleichlich war, ging eine Handlung voraus, die mir so klar, als hätte sie sich wirklich ereignet, in Erinnerung geblieben ist. Ich war dabei zu verreisen, doch die Abreise wurde ununterbrochen behindert. Erst kamen Bekannte ins Museum und verstrickten mich in Gespräche, dann konnte ich den Pass nicht finden, schließlich bemerkte ich, dass Sicherungen durchgebrannt waren, die das Licht in einem der Säle verlöschen ließen. Ich wollte alles ordentlich hinterlassen und sah bereits, wie die Termine durcheinander kamen, wie der Abholer ungeduldig wurde und die Befürchtung, ich könnte das Flugzeug versäumen, immer konkretere Formen annahm. Dann tauchten Mitarbeiterinnen auf, die gestritten hatten und mich zum Schiedsrichter machen wollten. Der Koffer war schon im Taxi, aber das Ticket war verschwunden. Ich rannte nervös durch die Räume, und als ich bemerkte, dass ich keine Schuhe anhatte und diese auch nicht aufzufinden waren, vollzog sich in meinem Geist eine wunderbare Wandlung. Ich erinnerte mich daran, dass ich als Kind fliegen hatte können. Ich streifte gelassen meinen Mantel von der Schulter, ich zog alles aus, was ich anhatte, kletterte auf die Mauer, die das Museum umgibt, und blickte in die Ferne. Ganz anders als in der Realität tat sich vor mir ein weites Tal auf, das im Norden von einer grün bewachsenen Bergkette gesäumt war. Ich ließ mich leicht nach vorne kippen, stieß mich ab und flog, indem ich mit den Armen wie ein Schwimmer ruderte, in das unbewohnte Tal. Entlang der Bergkette erfasste mich ein kräftiger Aufwind und trug mich leicht wie eine Feder in die Ferne. Nach geraumer Zeit verlor ich an Höhe. Ich setzte zur Landung an und fand mich in einem Garten wieder, der meinem Freund, dem Bildhauer Alois Schild, gehörte. Hier hatte ich das Gefühl, alles hinter mir gelassen zu haben, was mich und meine Seele unbeweglich und krank gemacht hatte. Es war die Illusion vom Paradies, die sich meiner bemächtigte, ein Paradies, das ich noch Tage später so plastisch in Erinnerung hatte, dass ich es zu riechen vermochte.

Am darauf folgenden Morgen bemerkte ich, dass sich meine Stimmung verändert hatte, ich war wieder an einem Punkt angelangt, an dem ich mir darüber klar werden musste, wie die Zukunft zu gestalten sei. Ich dachte wieder an sie, so als sei die Gegenwart kein Thema mehr.

Bei meiner Fahrt durch die Stadt versuchte ich mir die Standorte der Tafeln zu merken, auf denen Häuser zum Mieten oder zum Kauf angeboten wurden. Vielleicht sollte ich doch daran denken, mich hier in Afrika einzurichten, in einem Land, das nur

Sonnenschein kannte und mich freundlich aufnehmen würde? Meine Träume, ich war überzeugt davon, waren hier leichter zu verwirklichen als irgendwo sonst auf der Welt. Erst jetzt stellte ich mir die Frage, welche Träume es waren, die ich so vehement in greifbare Realität verwandeln wollte. Die Antwort war erschreckend einfach, so als existierte nur die unterste Ebene der Maslov'schen Bedürfnispyramide: die tropische Wärme, das ungezwungene Leben, die Bequemlichkeit, für alles dienstbare Geister zu finden, die geringen Kosten und schließlich die Aussicht, auch als alter Mann noch wie ein junger leben zu können, vorausgesetzt, die Gesundheit würde sich stabilisieren. Über allem aber stand die Faszination, jenen Kulturen nahe zu sein, die mich ein Leben lang beschäftigt hatten. Träume spielten in meinem Leben nie eine große Rolle. Das lag wohl daran, dass ich als Erwachsener aufgehört hatte zu träumen und mir jene, die vorgaben, Träume deuten zu können, suspekt waren. Ich gebe es zu, ich habe ein gestörtes Verhältnis zu Träumen, wenngleich durch sie die Nächte kurzweiliger und die Kaffeehausgespräche bereichert werden. Der Umstand, dass ich nun nach vielen Jahren mit einem so symbolträchtigen Traum bedacht wurde, stimmte mich nachdenklich. Ich nahm mir vor, nach meiner Rückkehr Jung und Freud zu lesen, niemand sollte sich neuen Erkenntnissen verschließen.

Wenn ich nachts in meinem Haus saß und die Tropennacht über Lomé hereinbrach, ließ ich den Tag Revue passieren und überlegte, ob irgendein Ereignis so gravierend war, dass es sich lohnte, darüber nachzudenken. In der Regel lohnt es sich nicht. Ganz gleich, wie exotisch der Ort war, an dem man sich aufhielt, es kam der Tag, an dem das Erlebte zur Routine wurde und das Besondere zum Alltag. Wo ich noch vor vierzig Jahren in Verzückung gefallen wäre, gähnte mir heute Langeweile entgegen.

Die absonderlichsten Geschichten erfuhr ich nicht mehr in den Dörfern, bei Voodoofesten und Beschneidungsriten, sondern am Stammtisch bei Alice, wo sich die seltsamsten Gestalten trafen. Einmal, als sich die „Kapazitäten" verspätet hatten, riss das intellektuelle Fußvolk die Aufmerksamkeit an sich. Peter aus Hamburg, in grüner Mechanikerkluft, berichtete über seine zahllosen Saharadurchquerungen. Als Autohändler hatte er jahrelang Gebrauchtwagen von Deutschland geholt und sie über Algerien nach Togo gebracht. Erst als der Handel erlahmte, erinnerte er sich wieder seines erlernten Berufs und begann, als Mechaniker die Fahrzeuge der Anspruchsvollen zu reparieren. Peter war viermal verheiratet, viermal in zehn Jahren, stets mit Frauen aus Togo, die ihn aber nicht davon abhalten konnten, auch eine fünfte Verbindung einzugehen. Auf die Frage, warum er nicht mehr in Deutschland leben wollte, führte er die Freiheit an, eine Freiheit, der auch ich mit einer Zeitverschiebung von fast vierzig Jahren verfallen war. Im Gespräch zeigte sich jedoch, dass Menschen, wenn sie vom Gleichen reden, noch lange nicht dasselbe meinen. Wenn er nach einem durchschwitzten Arbeitstag ein paar Bier über den Durst trank oder nach einer durchzechten Nacht im eigenen Wagen nach Hause fuhr, dann nahm ihm das niemand übel. In Deutschland hingegen wäre er den Führerschein längst losgewesen.

Ich dachte an die vergangene Nacht. Um elf Uhr hatte ich ein Lokal in der Innenstadt verlassen und mich auf den Heimweg gemacht. Eine Bekannte, die ebenfalls das Lokal verließ, bat mich, sie mitzunehmen, das Taxifahren durch die nächtliche Stadt machte ihr Angst. Ich konnte also nicht direkt, sondern nur über einen Umweg mein Haus erreichen. Ich zählte acht Militärkontrollen, bei denen sich in sturer Regelmäßigkeit das gleiche Szenario wiederholte. Zuerst wurden wir mit einer Taschenlampe an den Straßenrand dirigiert, dann angeleuchtet und nach dem Warum der Fahrt gefragt. Ob wir Waren dabei hätten, woher wir kämen, wohin wir fuhren, ob die Beifahrerin meine Frau wäre usw. Das alles in einem Ton, der mehr als höflich das dahinter verborgene Ansinnen transparent machte. Es sei Samstag, er und die Kameraden machten Dienst, es sei kalt (eine der impertinentesten Lügen), und man hätte sich gerne Kaffee gekauft. Um die Unterhaltung zu beenden, gab ich anfangs zwei französische Francs, dann nur noch einen, und als ich die letzten beiden Stationen passierte, nur noch einen halben. Ich hatte kein Kleingeld mehr. Es gehört zu den Bildern, die mich immer wieder verwirren, wenn maschinengewehrbehangene Soldaten in finsterer Nacht wie Straßenräuber auftreten, dann aber mit anbiedernder Höflichkeit lächerliche Beträge lukrieren.

Diese Geschichte erzählte ich dem Mechaniker mit dem Hinweis, dass wir etwas anderes meinten, wenn wir von Freiheit sprachen. Ich jedenfalls hätte diese Freiheit, die mich vor so langer Zeit an Afrika gebunden hatte, nirgendwo wiedergefunden. Dann gesellte sich Karlheinz Krieg, der Kunsthändler, dazu, und schon nahm das Gespräch einen anderen Lauf. Er hatte seinen Vertrauten zum Einkaufen geschickt. Dieser sei mit der bestellten Ware und einer quittierten Rechnung zurückgekehrt, doch bei genauerer Prüfung erwiesen sich die Rechnung als Fälschung und die Preise als überhöht. Mit dem zerknitterten Zettel in der Hand mutierte Krieg zu einem Häufchen Elend, es war nicht das verlorene Geld, sondern die Enttäuschung, die ihn verwelken ließ. Erst als Alice sich dazusetzte, wurde der Stammtisch zu jenem Festplatz, der er immer war.

Reden werden auf Festen und Stammtischen gehalten, und es sind hier wie dort dieselben Leute, die sich treffen. Insofern darf ein Stammtisch als Festplatz gelten. Wenn er zudem in Afrika steht, als ein Festplatz für Ausländer, deren vormals oft anmaßende Parolen denen einer bedrohten Minderheit gewichen sind. Ich habe solche Stammtische stets gemieden, weil sich an ihnen jene versammelten, die in Afrika als Fremde lebten, um mit geringen Leistungen hohe Ansprüche zu befriedigen. Dafür waren sie keineswegs dankbar. Die Gespräche wurden von Arroganz und Geringschätzung gegenüber jenen dominiert, die dieses Leben ermöglichten. Von ihnen waren nicht viele übrig geblieben, sie hatten ihre Firmen verlegt oder gesperrt, ihre Beschäftigten hatten das Land verlassen. Der unaufhaltsame Niedergang der Länder Afrikas hatte nur wenigen eine Überlebenschance geboten. Die heute noch in Togo lebenden Europäer sind Idealisten oder gescheiterte Existenzen, die den Schritt zurück in ihre Vaterländer nicht geschafft haben. Einige sind noch nicht lange genug hier, um ihren Entschluss zu bereuen. Andere aber nehmen all das in Kauf, weil sie in einer sinnlos scheinenden Verliebtheit diesem Kontinent verbunden sind. So unterschiedlich sie in diesem fremden Lande auch wirken und leben, der Stammtisch ist das Symbol, vor dem sich ihre sozio-kulturelle Einheit verwirklicht.

Stammtische sind ihrem Wesen nach politisch. Ich erinnere mich der Debatten mit sozialistisch engagierten Afrikanern. Der erste togoische Stammtisch im „Marox" war für sie ein Ort der Ausgrenzung, der Diskriminierung und des Eurozentrismus. Ein Tisch in einem öffentlichen Lokal, der einer bestimmten Gesellschaft vorbehalten war, galt als Corpus Delicti im Verfahren gegen die Ungleichheit. Dieser Stammtisch wurde 1992 demontiert, zu einem Zeitpunkt, der vermuten ließ, dass die Revolution die Demokratie stärken würde und die Menschenrechte von nun an auch für Togo Gültigkeit erlangen würden. Obwohl sich die Erwartungen nicht erfüllten, blieb der schmiedeeiserne Aschenbecher mit der Aufschrift „Stammtisch" verschwunden. Als ich den neuen Chef, den ich für einen Chinesen hielt, daraufhin ansprach, entpuppte sich dieser als Filippino, der noch nie in seinem Leben etwas so Komisches gehört hatte.


## Ein Haus in Afrika


Wenn es in Lomé Tage gibt, an denen man seinen Rückflug vorverlegen möchte, dann sind es die Sonntage. So unkonventionell dem Fremden die afrikanischen Lebensformen im Allgemeinen erscheinen mögen, am Sonntag fühlt er sich ganz zu Hause. Die Stadt ist ausgestorben, die Geschäfte und Stände, die sonst noch mitten in der Nacht ihre Waren feilbieten, sind verwaist. Sogar die Krüppel sind von den Straßen verschwunden, es scheint sich nichts an diesem Tag zu lohnen, nicht einmal das Betteln. Wäre da nicht der frühabendliche Massenauflauf am Strand, könnte man glauben, die Bevölkerung dieser Stadt wäre von den zürnenden Voodoo-Göttern verschluckt worden.

An einem dieser Sonntage vor Jahren wollte ich nach Ghana fahren, ich hatte mich bei Walter Esposito bereits ankündigen lassen. An diesem Morgen bellten die Hunde aus unerklärlichen Gründen nicht wie üblich, und ich wachte erst sehr spät auf. Natürlich hätte es noch gereicht, um nach Accra zu kommen, doch ein unbestimmtes Gefühl ließ mich den Entschluss fassen, die Seeregion abzufahren und nach einem Grundstück oder Haus Ausschau zu halten. Dieser Immobilienwahn erfasste mich auf jeder meiner Reisen und war Ausdruck einer inneren Unzufriedenheit, die eine der möglichen Lösungen in einem radikalen Standortwechsel sah. Vor einem Jahr hatte ich in Begleitung von Adjo und ihrer Mutter eine solche Fahrt gemacht, doch die hatte zu keinem Ergebnis geführt, weil beide der Meinung gewesen waren, dass die professionellen Makler allesamt Gauner wären, und sie es daher vorzogen, im eigenen Bekanntenkreis herumzufragen. Das war gelegentlich sehr mühsam. Immer wieder wurden Stationen eingelegt, viele Menschen begrüßt und nach langem Herumreden festgestellt, dass der ins Auge gefasste Grund nicht verfügbar war. Eine Ausnahme zeichnete sich allerdings ab, es war ein wunderbarer Streifen Land in Anecho, der sanft zur Lagune abfiel. Ich machte Fotos aus allen Perspektiven, und als ich den Preis erfuhr, geriet ich vollends in Ekstase. Dieses große Grundstück kostete weniger als ein Gebrauchtwagen. Wasser und Strom waren in der Nähe, allein Adjo wollte nicht in Anecho angesiedelt sein, weil hier zu viele Verwandte lebten, die sie nicht sehen wollte. Dieser für Afrikanerinnen ungewöhnliche Standpunkt war sympathisch, denn er zeigte, dass sie Rücksicht auf mich nahm und mich nicht, wie es anderen Europäern erging, in eine familiäre Hundertschaft einbinden wollte, aus der sich erfahrungsgemäß Einzelne lösen, um als Bittsteller lästig zu fallen. Natürlich war dieser Aspekt zu überdenken, doch andererseits erfüllte sich in diesem Stückchen Grund der Traum von jenem Afrika, dem ich seit meiner Jugend verfallen war.

Ich stand am Ende der langen Sandstraße, die an der Kathedrale vorbei zur Lagune führte. Dort, wo sie in geradem Winkel nach Westen bog, wurde mir die Grenze des Landes angezeigt, das ich mit dem Rest meines Geldes – das ich eigentlich für den Kauf von Antiquitäten vorgesehen hatte – zu bezahlen im Stande gewesen wäre.

Am kommenden Tag, ich konnte nicht aufhören, an das Grundstück zu denken, fuhr ich ohne etwas zu sagen zurück nach Anecho. Ich parkte mein Auto am Straßenrand und fotografierte – das Wetter war besser als am Vortag – noch einmal das Terrain. Wie immer, wenn ein Europäer in Afrika aus dem Auto steigt, strömten die Menschen von allen Seiten her und stellten indiskrete Fragen. Meine Absicht, den Grund zu erwerben, hielt ich geheim, ich sei dabei zu promenieren und mache eben einige Bilder. Da näherte sich von einem Nachbarhaus ein alter Mann. Wer hier Fotos mache, der müsse vorher fragen! In der Folge erfuhr ich, dass dieses Stück Land der alte Voodoo-Friedhof war, unter dessen dünner Erdschicht hunderte Tote lagen. Der Platz sei heilig, und man werde ihn zu schützen wissen.

Eigentlich hatte ich noch vor, den Bischof von Anecho zu grüßen, der mich nur wenige Wochen vorher in meinem Museum besucht hatte. Er war nach Tirol gekommen, um ein gespendetes Fahrzeug entgegenzunehmen, und bei dieser Gelegenheit hatte er vom „Haus der Völker" gehört. Doch angesichts der Enttäuschung über den Bauplatz fuhr ich mit düsteren Gedanken nach Lomé zurück.

Ein Jahr später war alles anders. Durch die Trennung von Adjo konnte ich wieder meinen Träumen nachjagen, ohne auf ihre Bedenken Rücksicht nehmen zu müssen. Ich besuchte also einen der Immobilienhändler und verbrachte den ganzen Tag damit, mir Grundstücke und Häuser zeigen zu lassen. Vergnügungsfahrten dieser Art ließen sich, auch wenn man schließlich nichts kaufte, durch ein kleines Honorar an den Makler rechtfertigen. In diesem Berufsstand leben viele, die noch nie in ihrem Leben eine Immobilie verkauft haben, von diesen Geldern. Das Unangenehme, das, was Adjo so erboste, war die Tatsache, dass man gelegentlich auch Objekte gezeigt bekam, die gar nicht zu verkaufen waren. Mit ihnen wertete der Händler sein Angebot auf.

Wie vor einem Jahr, so hatte ich auch diesmal ein Fleckchen Erde gefunden, das meine Phantasie beflügelte. Es war ein kleiner Palmenhain in einem Dörfchen, das zwischen der Lagune und dem Meer lag. Ein paar Kinder spielten am Sandweg, eine alte Frau zerhackte mit ihrer Machete heruntergefallene Palmblätter, und vom Strand her wehte eine Brise, die einen glauben ließ, dass man hier ohne Klimaanlage und anderen zivilisatorischen Kram auskommen könnte. Es waren über zweitausend Quadratmeter, die zum Verkaufe standen. Wie in Anecho, so war auch hier der Preis gering. Bedenklich für den Ankauf war allerdings der Umstand, dass dieses Gebiet nicht erschlossen war, es gab keinen Strom, keinen Kanal und kein Wasser. Dieser für Europäer erschreckende Umstand wird in Afrika nicht ernst genommen. Es gäbe Stromaggregate, man könne Brunnen graben, und die neuen Handys ermöglichten sogar einen Internetanschluss, weit draußen in der Wildnis, deren Himmel von keiner Überlandleitung zerkratzt ist und deren Wege von keiner Bogenlampe erhellt sind.

Ob ich nun einen Grund oder ein Haus kaufte oder auch nicht, es war der schöpferische Akt, der den Wert dieser Absicht ausmachte, ein Akt, der alle Gestaltungsmechanismen in Gang setzte, über die ich verfügte. Alle Fehler, die afrikanischen Häusern anhaften, nicht zu machen, ein Gegenhaus den architektonischen Schwachsinn entlarvend in die Landschaft zu stellen. Ein Haus, das sich nach der Vegetation orientierte und behutsam den schönsten freien Platz belegte, ohne die gewachsenen Strukturen zu zerstören. Mit Rücksicht auf alles, was vorher schon da war, Ehrfurcht vor dem Leben, auch vor dem der Palmen und Mangobäume zu haben, das war eine Art von Demut, der ich mich befleißigen konnte. Meine Gedanken schweiften weiter. Es sprach vieles dafür, das Haus sehr flach zu konzipieren. Es sollte nicht über die Palmen ragen, wie in einem Dorfe ein Haus nicht höher als die Kirche sein sollte. Der Palmenhain glich einer gotischen Kathedrale, in schmalen Streifen warf das Sonnenlicht gleißende Flecken auf den Boden, der ausnahmslos aus gelbem Sand bestand, den der Wind in kleinen Rippen verfestigt hatte. Die Gräser, die man in Afrika einzeln pflanzt und mit ungeheurem Aufwand an Pflege und Wasser am Leben hält, fehlten zur Gänze, hier war die Landschaft noch so, wie sie den ewigen Gesetzen der Natur gehorchend geschaffen wurde.

Als ich meine Pläne am Stammtisch erzählte, wollte keine Freude aufkommen. Jeder hatte eine ähnliche Geschichte parat, jeder wollte schon einmal ein Stück Land erwerben. Allein, in Afrika funktioniert auch das nicht. Vom Ausländerstatus konnte man sich als potentieller Interessent freikaufen, die Schwierigkeit lag darin, dass man den Besitzer nicht ermitteln konnte. Selbst die Eintragung ins Grundbuch war wertlos, wenn der Besitzer, oder wer sich dafür ausgab, den Platz ein zweites Mal verkaufte. Die familiären Bindungen verhinderten in Togo neunzig Prozent aller Grundverkäufe, weil man es oft mit dutzenden Besitzern zu tun hatte, die beim Auftreten eines Interessenten stets in Streit gerieten. Notare waren willige Helfer, aber auch sie können nicht prüfen, wie die Besitzverhältnisse liegen. In den meisten Regionen außerhalb der Großstadt existiert kein Kataster.


## Erkenntnisse


Nachdem ich bemerkt hatte, dass die Scheibe des Nasenfisches, die mir Davie abgeschnitten hatte, in meinem Tiefkühlfach weich und biegsam geblieben war, beschloss ich sie zu braten, obwohl mir die Sinne nach einem Huhn standen, das ich kurz vorher in der Stadt gekauft hatte.

Während ich darauf wartete, dass die Kartoffeln weich wurden, blätterte ich in dem grünen Taschenbuch, das mir Alice mitgegeben hatte. Schon die ersten Seiten schienen zu erklären, warum ich an Adjo gescheitert war. Christoph Staewen brachte es in „Kulturelle und psychologische Bedingungen der Zusammenarbeit mit Afrikanern" auf den Punkt.


„Die Mehrheit der Schwarzafrikaner wünscht sich kaum etwas sehnlicher, als sich den Reichtum und auch den Lebensstil des ‚Weißen Mannes', also des Europäers oder Nordamerikaners weißer Hautfarbe anzueignen bzw. übernehmen zu können. Dabei geht es keineswegs nur um den Erwerb oder Genuss der zahllosen bewunderten technischen Produkte der Weißen, sondern um die Übernahme des ganzen Systems der abendländischen, technischen Zivilisation. Die Sehnsucht, so zu werden und so zu leben wie der Weiße, ist unermesslich groß und führt in Afrika zu wunderlichen, oft traurigen, sehr häufig aber auch zu gefährlichen und zerstörerischen Erscheinungen.

Bei dieser Sichtweise spielt auch das traditionelle Weltbild der Schwarzafrikaner mit der Vorstellung einer gottgegebenen Lebenskraft eine Rolle, die zwar grundsätzlich allen Menschen zuteil, in weit größerem Umfang aber den Europäern als den Afrikanern zugeschrieben wird. Das beeinflusst aber nicht die feste Überzeugung der Afrikaner (sondern verstärkt sie eher noch mehr), dass es ihnen gelingen werde, ihre Wünsche zu verwirklichen. An den Angehörigen ihrer jeweils herrschenden Schicht erleben sie, dass die Erfüllung aller materiellen und anderen Wünsche in Bezug auf Lebensstil, Prestige und Einfluss prinzipiell auch Afrikanern in großem Umfang möglich ist. Ihre politische Elite beweist es – und diese scheut sich auch nicht im Mindesten, sich mit ihrem Lebensstil, ihren Reichtümern, ihrer Macht und ihren Privilegien der bewundernden Menge zur Schau zu stellen. Dass diese Demonstration afrikanischen Reichtums etwas zu tun hat mit der Anhäufung immenser Regierungsschulden, mit der Ausbeutung der Armen durch die Reichen und mit einer kaum mehr zu beschreibenden Korruption – das zu erkennen war bisher nur wenigen möglich, auch wenn die Einstellung der Völker zu ihren Regierungen kritischer zu werden beginnt.

Dass den großen Mehrheiten die Teilnahme an den ersehnten Köstlichkeiten ein Leben lang verwehrt bleibt, wird nicht auf einen Mangel an eigenen Fähigkeiten, sondern auf verderbliche magische Einflüsse zurückgeführt, denen sie sich von Seiten feindlich gesinnter Menschen ausgesetzt wähnen. Nach meiner Erfahrung ist es deshalb fruchtlos, mit Afrikanern diese instrumentellen Fragen erörtern zu wollen. Afrikaner können jede Diskussion darüber nur so verstehen, dass ihnen auch der weiße Gesprächspartner die wunderbaren Errungenschaften seiner Zivilisation vorenthalten will."

Diesen Vorwurf habe ich tatsächlich oft gehört, doch so gebildet die „Ankläger" auch waren, nur wenige vermochten der Überlegung zu folgen, dass unser Lebensstil und das, was er über Jahrhunderte an technischen Leistungen hervorgebracht hatte, organisch gewachsen waren. Die Technik ist ein integraler Faktor, ohne den die Evolution der westlichen Kultur nicht denkbar wäre. Genauso wenig wie ein Europäer seine Geschichte abstreifen kann, kann es ein Afrikaner. Es war schlimm genug, dass unsere materiellen Hervorbringungen, von deren Segen längst nicht mehr alle Europäer überzeugt sind, sich nun zum Brennpunkt afrikanischer Wünsche polarisierten. In diesem Sinne war Adjo doppelt verunsichert, weil sie mit Europäern im gleichen Dampfer saß und trotzdem viele Wünsche unerfüllt sah. Die Gesamtatmosphäre, der sie ausgesetzt war, trug nicht dazu bei, Klarheit zu schaffen, im Gegenteil, in Europa gehörte sie in mehrfacher Hinsicht zur unterdrückten Minderheit, einmal, weil sie Afrikanerin war und gegen die Gesetze eines restriktiven Staates, der ihr keine Arbeitsgenehmigung oder Einbürgerung gewähren wollte, kämpfte, zum anderen aber, weil sie sich im Sog feministischer Ideologien benachteiligt sah und ihre soziale Schwäche von mir nicht durch eine sofortige Heirat sanktioniert wurde. Das in Europa übliche Mobbing stellte sich aus ihrer Sicht überdimensioniert dar, als eine Verschwörung, die den schwarzmagischen Praktiken der Afrikaner gleichzusetzen war. Die Summe der Verunsicherungen mag zur Katastrophe geführt haben.

Ich könnte mir vorstellen, dass es eine Art von Minderheiten-Bewusstsein gibt, das sich in introvertierter, fast scheuer Zurückgezogenheit manifestiert. Es gibt aber auch das andere, das sich kämpferisch sein Ziel sucht und das sich auf dem Weg dorthin von verschiedensten Strömungen mitreißen lässt. Peter Sloterdijk sagt über das Kleinbürgertum, die Arbeiterschaft und die so genannten Minderheiten, zu denen ich auch Feministinnen zähle:

„Die politischen Gruppen sind immer zugleich Kraftfelder, in denen sich Leidenschaften der Selbstachtung formieren. Sie wollen von nun an die Geschichtsbücher füllen und als öffentliche Größen gewürdigt werden, denen der Aufschwung von der gekränkten Trägheit in die ausdrucksmächtige Subjektivität gelungen ist. Man darf bemerken, dass die aufsteigenden Gruppen der neueren Zeit nicht nur ein autobiographisches Pathos an den Tag legen; sie entwickeln auch ohne Ausnahme einen philanthropischen, genauer einen autophilanthropischen Affekt."

Wenn dieser Affekt nicht gewürdigt, bestätigt oder anerkannt wird, kommt es zu Aggressionen, Drohungen und Attacken, aber auch zu Androhungen von Selbstzerstörung, die nie verwirklicht werden, sondern immer nur Aufmerksamkeit heischen, Anklagen unterstützen und Angst verbreiten. Der Grund dieser Verzweiflung ist die Enttäuschung darüber, dass sich Illusionen nicht erfüllt haben und Forderungen nicht erhört wurden. Immer gibt es einen oder mehrere Schuldige, nie liegt die Schuld bei dem, der nun zum Opfer seiner Fehleinschätzungen wurde. In diesem Stadium war Adjo für Argumente nicht mehr zugänglich, selbst Beweise verloren angesichts der Beschuldigungen ihre Kraft. Auch wenn ihre Forderungen „sittenwidrig" waren, betraf diese Widrigkeit die Sitten der anderen, nicht die ihren.

Christoph Staewen führt ein derartiges Verhalten, das seiner Ansicht nach den allermeisten Afrikanern eigen ist, auf die zu Europäern völlig unterschiedlichen Prägungen der ersten Lebensjahre zurück. Die Kindheit ist in Afrika das Paradies. Das Kind wird schon vor seiner Geburt von vielen Menschen, die den Clan bilden, mit Freude erwartet. Das Kind gibt seiner Mutter eine neue Identität, durch die sie erst die Achtung der anderen in vollem Ausmaß erlangt. Ist das Kind geboren, dann erfreut es sich einer Aufmerksamkeit, die alles übertrifft, was europäische Säuglinge zu erwarten haben. Es hat nicht nur eine Bezugsperson, neben der Mutter sind Tanten, Geschwister und Großeltern rund um die Uhr verfügbar. Der Säugling lebt diese ersten Jahre seines Lebens in direktem Hautkontakt zu allen diesen Personen, die in ihm ein Gefühl absoluter Geborgenheit begründen. Es mangelt in diesen Jahren an nichts. Sooft er auch nach dem mütterlichen Busen greift, er wird immer Nahrung vorfinden. Am Rücken der Mutter oder anderer Personen entwickelt er eine Selbstsicherheit, die europäischen Säuglingen meist fremd ist. Afrikanische Kinder weinen in den ersten Lebensjahren fast nie. Es besteht kein Druck, das Kind sauber zu bekommen, das Biotop, in dem es aufwächst, verträgt gelegentliche „Entgleisungen". Nach jahrelangen Stillzeiten und der Erfahrung, dass seine Mutter verfügbar ist, entwickelt es ein Gefühl der Sicherheit, die dem Säugling in Europa oft fehlt. In unserer Zivilisation werden die Bedürfnisse des Kindes nicht nach seinem eigenen Rhythmus, sondern nach einem Zeitplan geregelt. Die Phasen des Getrenntseins von seiner Mutter erscheinen dem Kind viel zu lang. Trotz modernster Windeln liegt es gelegentlich im eigenen Kot oder in Feuchtigkeit. Seine einzige Waffe gegen das Unbehagen ist das Schreien, das wir sattsam kennen.

Uns Europäern scheint diese afrikanische Form der Kindheit ideal, wir bedauern, dass wir sie unseren Kindern nicht bieten können. Christoph Staewen kommt aber zu einem Schluss, der erstaunlich ist:

„Bei dieser individuellen Angst und Not, deren Ausmaß für die Eltern kaum vorstellbar ist, lernt nun aber das europäische Kind zugleich ein paar sehr wichtige Dinge, die es im Leben brauchen wird. Es lernt, Missliches zu ertragen: Hunger, Alleinsein, Nässe, vielleicht ab und zu Wundsein. Es lernt Ungewissheit hinzunehmen. Es lernt darauf zu warten, dass es Nahrung bekommt, dass sich jemand kümmert, dass es gesäubert wird. Dabei macht es eine Grunderfahrung, wie unermesslich wichtig die Zeit in unserem (europäischen) Leben ist. Und es beginnt ein Weiteres zu lernen: mit dem Angst erzeugenden Bedrohtsein, mit dem Unangenehmen irgendwie umzugehen. Es erlernt seine erste Konfliktstrategie: Es schreit. Ziemlich bald setzt das Kind diese Strategie auch gezielt ein. Das erscheint jetzt vielleicht noch nicht so wichtig, aber später wird sich zeigen, wie entscheidend eine solche Lehre für das weitere Leben sein kann."

In der Tat trennen sich hier bereits die Wege, die später so gravierende kulturelle Unterschiede ausmachen. Während das afrikanische Kind, soweit es in traditionellen Verbänden aufwächst, in späteren Jahren sein stark ausgeprägtes Selbstwertgefühl im Familienverband relativieren muss, kommt es bei jenen, die die Ebene des autochthonen Lebens verlassen haben, zu Konflikten. Wer ununterbrochen geliebt wurde, wer so wichtig war, selbst seiner Mutter eine Identität gegeben zu haben, wem alles erreichbar war und zustand, wem jeder Wunsch erfüllt wurde, der läuft Gefahr, der Passivität und Trägheit anheim zu fallen.

Wenn der junge Afrikaner in der Folge das Geforderte, von dem er glaubt, dass es ihm zustehe, nicht bekommt, dann sucht er die Schuld nicht bei sich selbst, sondern macht andere dafür verantwortlich.

Jeder, der in Afrika gelebt hat oder für einige Zeit dort unterwegs war, kennt die jungen Männer, die einem hilfreich das Werkzeug aus der Hand nehmen und sich über das kaputte Auto hermachen. Diese Helfer trauen sich alles zu, sie glauben, alles zu können, und wenn sie dann feststellen, dass ihre Arbeit zum Schaden des Objekts erfolgte, dann zucken sie mit den Achseln und verlangen dennoch eine Entlohnung. Dieses Selbstvertrauen, sich an alles heranzuwagen, ist ein fast typischer Charakterzug, der seinen Ursprung in der frühesten Kindheit nimmt. Immer führt er zur Selbstüberschätzung und in die Enttäuschung. Diese Beobachtungen sind keineswegs auf den kleinen Mechaniker oder den untergeordneten Helfer beschränkt, sie treten dort am unheilvollsten in Erscheinung, wo es um Schicksale von Menschen und Völkern geht, in der Politik. Die jüngste Geschichte zeigt eindrucksvoll, wie afrikanische Potentaten in maßloser Selbstüberschätzung zu unglaublichen Exzessen fähig waren. Ob es Idi Amin, Sékou Touré oder die tragische Figur des selbst gekrönten Kaisers Bokassa war, sie alle führten sich und ihre Völker in den Ruin, ohne am Ende Einsicht zu zeigen oder aus dem Dilemma gelernt zu haben. Sein Urvertrauen hat Bokassa aus dem Exil zurückkehren lassen, in der Gewissheit, dass sein Volk ihm zujubeln werde. Stattdessen hat man ihn verhaftet und eingesperrt.

Mitarbeiter europäischer Firmen können Lieder davon singen, wie afrikanische Gesprächspartner Eigenbeteiligungen, Bezahlungen, Vertriebssysteme und vieles mehr in Aussicht gestellt haben, ohne dass für irgendeines dieser Angebote auch nur der Ansatz einer Basis bestanden hätte. Ich selbst habe solche Entwicklungen miterlebt, als der Nigerianer Osahon achttausend meiner Bildbände beim Perlinger Verlag orderte, um sie zu vertreiben. Es stellte sich heraus, dass er allein diesen angebotenen Vertrieb und diese Firma repräsentierte. Dabei war er zum Unterschied von N'diae, von dem ich berichtet habe, kein Betrüger. Er glaubte selbst im Moment der Vereinbarung an die Machbarkeit seiner Versprechen.

Als Adjo meinen Freund, den Schweizer Kunsthändler, anrief, um ihn zu bitten, den Kauf eines Hauses in Cagnes zu finanzieren, das sie abzahlen wollte, dachte sie nicht daran, welche Kosten das Haus im Nachhinein verursachen würde, und sie vergaß auch, sich darüber Gedanken zu machen, wie sie ohne Anstellung und Arbeitserlaubnis jemals so viel Geld verdienen werde. Wenn sie mit Afrikanern zu tun hatte, war sie von großer Zurückhaltung. „Vertrauen ist gut, Kontrolle besser." Sich selbst gegenüber kannte Adjo nur Vertrauen, keinen Zweifel und keine Kontrolle. Ihr Selbstwertgefühl erreichte in ihren Forderungen Dimensionen des Größenwahns, wobei sie die Summen, die sie nannte, sich selbst nicht vorstellen konnte. Paul Parin schrieb über die Phantasien der Afrikaner:

„Eine träumerische Sehnsucht, endlich reich und glücklich zu sein, mit Prestige und Geld ausgestattet, vor Versagungen und Unglück geschützt, heftet sich an die Phantasie, unerwartet und unverdient dem Glück zu begegnen, oft in Gestalt eines mächtigen, wohlwollenden Freundes."

In einer Studie, die T. A. Lambo schon 1952 über die in Not geratenen nigerianischen Studenten in England veröffentlichte, beschrieb er schwerste, bis zur Psychose reichende Schäden, die aufgrund falscher Erwartungshaltungen entstanden waren. Die Studenten erfüllten nicht immer die intellektuellen und charakterlichen Erfordernisse, sodass ein Abbruch der Studien unausweichlich die Folge war. Durch falsche Mitteilungen an die eigene Sippe, die zusammengelegt hatte, um das Studium mit zu finanzieren, verstrickte sich der Student immer tiefer in Probleme, die seine Rückkehr nach Nigeria unmöglich machten. Sein Scheitern zugeben und den damit verbundenen Prestigeverlust in Kauf nehmen zu müssen, wäre für ihn nicht zu ertragen gewesen. Fünfundzwanzig Prozent der Betroffenen litten an einem „Brain-fag"-Syndrom, das heißt, einem gleichzeitigen physischen und intellektuellen Versagen. Bei noch schwereren Fällen, die als „Malignant anxiety" (Bösartige Angst) bezeichnet werden, traten Anfälle von Angst, Tobsucht und aggressiven Handlungen auf, die bis hin zu gefährlichen Drohungen und Mordversuchen reichten. Diese schwere Krankheit – so schreibt Lambo – kann bei Afrikanern auftreten, die von Angst überwältigt werden, oder sich als Opfer bösartiger magischer Handlungen wähnen. Wenn sich eine solche Person von bösen Kräften eingekesselt sieht, ihre Situation als ausweglos erscheint, kann diese Krankheit ausbrechen. Dazu kommt das Problem der Aggressivität, das ich trotz jahrzehntelanger Erfahrung unterschätzt hatte. Diese – so vermutet Staewen – bildet sich gegen Ende der ersten zwei oder drei Lebensjahre, wenn der uneingeschränkt paradiesische Zustand der symbiotischen Zeit beendet wird. Dies geschieht oft sehr abrupt und brutal.

Beim Lesen dieser Zeilen könnte nun der Eindruck entstehen, dass zwischen der afrikanischen und der europäischen Lebensform grundsätzliche qualitative Unterschiede bestehen. Dies zu glauben wäre völlig falsch. Im traditionellen Umfeld Afrikas würden alle diese Unterschiede ohne negative Folgen bleiben, weil die Sippe als übergeordnetes Korrektiv die Individuen lenken und kontrollieren würde. In der Geborgenheit der Großfamilie fielen die allermeisten Faktoren, die zu solchen Charakterbildern führen, nicht ins Gewicht. Die vom Kollektiv an den Einzelnen gestellte Erwartung liegt stets im Rahmen seiner Fähigkeiten. Er muss also nicht befürchten, durch sein Versagen andere zu enttäuschen. Das Prestige, das man in Afrika auch als eine Art von Würde versteht, ist so lange nicht gefährdet, solange sich der Einzelne innerhalb seines sozio-kulturellen Biotops bewegt.

Als mich Adjo verließ, war ich aufgrund der Tickets, die ich bezahlt hatte, der Meinung, sie sei nach Togo zu ihren Eltern zurückgekehrt. Diese Annahme gab mir die Sicherheit, dass für Armand gesorgt sein würde und nach einiger Zeit die Basis zu einem Gespräch gefunden werden könnte. Dass sie aber nie dort ankam, hing mit ihrem „Versagen" zusammen, das, was sie sich vorgenommen und auch angekündigt hatte, nicht erreicht zu haben. Sie lebte, wie ich später herausfinden konnte, zuerst im Nachbarstaat, dann aber in Lomé, nur wenige Kilometer von ihrem Elternhaus entfernt, zu dem sie keinen Kontakt unterhielt. Erst später begann ich diese Entwicklung zu begreifen.

Nicht ohne einen zynischen Unterton in seiner Stimme bemerkte einer meiner Freunde: „Dass das ausgerechnet dir passieren musste?" Diese Frage habe ich mir in zahllosen durchwachten Nächten oft selbst gestellt. Die Antwort, die ich fand, war von geradezu afrikanischem Optimismus geprägt. Ich erinnerte mich an die Ausnahmen, die mir bekannt waren, und eine dieser Ausnahmen, so glaubte ich, war unsere Verbindung.

Was bei einer Betrachtung wie eine Anklage klingen mag, sollte niemanden verleiten zu glauben, dass all das nicht auch unter Europäern hätte geschehen können. Ungeachtet dessen betrachtete ich es als legitim, darüber zu sprechen und zu schreiben, nicht nur als Bewältigungsstrategie für meine eigenen Probleme, sondern als Erzählung über ein Leben, das so und nicht anders verlaufen ist. Unlängst wurde ich von einem Freund gefragt, ob ich mich auf etwas Vergleichbares noch einmal einlassen würde. Ich weiß es nicht. Trotz aller schlimmen Erfahrungen verbrachten wir viele Jahre der Harmonie miteinander. Am Beginn jeder Romanze steht ja nicht die Aussicht auf deren böses Ende, sondern eine der Selbstüberschätzung entspringende Überzeugung, dass letztlich alles gut gehen werde. Ohne diesen Optimismus wäre die Menschheit in ihrer Evolution nicht einen Schritt weitergekommen. Ohne dieses Potential an Wagemut hätte sich auch mein Leben in seiner Gesamtheit anders entwickelt. Ob es dadurch glücklicher geworden wäre, kann ich heute nicht beantworten.

# Die Wende

Am Tag meiner Rückreise nach Europa zog ich Bilanz, ließ die letzten Monate Revue passieren. Das Jahr hatte seinen Zenit überschritten, die Erschütterungen meines Lebens auch. Noch einmal durchblätterte ich die Seiten, mit denen ich vor acht Monaten diesen Text begann. Vieles hatte ich verändert, manches gestrichen, wenn ich Gefahr zu laufen drohte, im Sog der Geschehnisse die Objektivität zu verlieren. Ein kurzer Text, den ich dem Buche voranstellen wollte, hatte sich ebenfalls erübrigt. Mit Genugtuung und stiller Dankbarkeit strich ich die folgenden Zeilen:

„Als Adjo mit meinem dreijährigen Sohn in einer Winternacht das Haus verließ, konnte ihm niemand sagen, warum ich sie nicht daran hinderte, ihn mitzunehmen. Sie sind aufgebrochen, um in Afrika seine Großeltern zu besuchen, doch sie sind dort nie angekommen. Seither warte ich auf eine Nachricht und schreibe meine Geschichte, die ihm irgendwann erklären soll, warum sein und unser aller Schicksal so und nicht anders verlaufen ist. Wenn du, lieber Armand, diesen Text liest, wirst du vielleicht ein Jüngling sein und ich ein Greis. Was auch immer passieren mag, ich habe dieses Buch geschrieben, um dir zu erzählen, wer dein Vater war."

Acht Monate später wirkten diese Sätze überholt und sentimental, doch als ich sie schrieb, waren sie Ausdruck einer Verfassung, die von tiefem Pessimismus getragen war und deren Anklage sich weniger gegen einen Menschen als gegen ein Schicksal wandte, das mich erbarmungslos überrollt hatte. Am Höhepunkt meines physischen und psychischen Versagens entdeckte ich die Stelle meiner Verwundbarkeit. Es war die Bedrohung, meinen Sohn zu verlieren, vielleicht nicht für immer, aber doch für so viele Jahre, dass er, wenn er mich wiederfinden würde, einem Greis gegenüberstünde. Hätte seine Mutter die Drohung, ihn umzubenennen, um zu verhindern, dass ich ihn oder er mich jemals wiederfinden würde, wahr gemacht, dann wäre die Wahrscheinlichkeit groß gewesen, dass ich seine Rückkehr nicht mehr erlebt hätte. Für den Fall habe ich das Buch geschrieben, um ihm zu zeigen, wer sein Vater war und wie sehr ich ihn in all den Jahren vermisste.

Ich habe mit großem Zweifel diesen Text veröffentlicht. Ich konnte mir seiner Wirkung nicht sicher sein. Ist es nicht nur selbstsüchtige Wichtigtuerei, wenn jemand Anklage erhebt gegen eine Frau, die er einmal geliebt hat und die die Mutter seines Kindes ist? Ich habe mit Freunden darüber gesprochen und mir versucht vorzustellen, wie all das auf Armand wirken würde, wenn er viele Jahre später auf dieses Buch stößt. Doch ich mute ihm zu, meine Entscheidung zu verstehen. Ich weiß, dass die Zeit den Abstand schafft, der die Ereignisse relativiert. Die Rechtfertigung, meine eigenen Prinzipien gebrochen zu haben, um die untersten Schichten einer bis dahin tabuisierten Privatsphäre zu exponieren, beziehe ich aus dem besonderen Umstand, innerhalb einer Bedrohung gehandelt zu haben, die meine physischen Grenzen zu überschreiten drohte. Es ging nicht darum, einen Menschen, dessen Verhalten ich immer besser zu begreifen beginne, in den Mittelpunkt einer Anklage zu stellen, es ging mir darum, mein Leben so objektiv wie möglich darzustellen. So und nicht anders ist dieses Leben verlaufen. Obwohl jede Erzählung sich die Freiheit nimmt, auch Phantasien mit einzubeziehen, war es mir wichtig, in jenen Punkten, die als Anklage gegen einen Menschen oder gegen ganze Sippen missverstanden werden könnten, protokollarisch vorzugehen, so als wären sie von einem uniformierten Beamten emotionslos mit zwei Fingern in die Maschine gehämmert worden.

Die Erinnerungen an meine Jugend und an frühere Reisen entrissen mich immer wieder dem aktuellen Geschehen. In tieferen Schichten meines Bewusstseins führte die Wechselwirkung von Vergangenheit und Aktualität zu einem Bild, hinter dem keine andere Absicht steht als die, mein Handeln zu erklären.

Die lange Wartezeit am Flughafen in Amsterdam kam mir gelegen. Der unbequeme Flug ließ keinen Schlaf zu, sodass ich mir die Zeit mit Lesen und einem Film vertrieb, dessen Text ich nicht hören konnte, weil ich voreilig den Kopfhörer verweigert hatte, als dieser von der Stewardess angeboten wurde. Als die Nachrichten der BBC vorbei waren und die stummen Bilder eine vage Vorstellung von der Weltlage, die ich mehr erraten als erfahren habe, gaben, folgte eine Art von Eigenwerbung, die die Fluggesellschaften neuerdings zu machen pflegen. Es ging, was sollte man anderes zeigen, ums Fliegen. Raffinierte Aufnahmen ließen herrliche Landschaften vorbeiziehen, man schien dicht über das Wasser zu gleiten, geschickt einigen Felsen ausweichend, die grün überwuchert aus der Brandung ragten. Die Absicht war leicht zu durchschauen, das Fliegen sollte als etwas Schönes dargestellt werden, etwas, das uns glauben lässt, dass die Hinfälligkeit unseres Körpers überwunden werden kann, etwas, das glauben machen soll, dass die Gravitation überwindbar sei, wenn man es nur wolle. Nun setzte sich das Gleiten über arktische Eisberge fort und vom Kopfhörer meiner Nachbarin drang klirrend die Tonkulisse an mein Ohr, mit der der virtuelle Flug untermalt war. Dann erschütterte mich etwas Unerwartetes. Der Flug setzte sich über ein grün bewachsenes Tal fort, an dessen Bergrändern zwischen kahlen Felsen einige Schneefelder vorüberzogen. Es war das Tal, das ich in meinem Traum gesehen hatte, jenes Traumes Tal, über das ich schwerelos geflogen war, höher als je zuvor und von Aufwinden getrieben in nie da gewesener Leichtigkeit. H. C. Artmann hätte das eine grün-verschlüsselte Botschaft genannt. Nun wurde mir klar, dass der Traum nicht auf meinem Mist gewachsen war, sondern nur die Projektion eines

Films war, den ich auf dem Hinflug bereits gesehen hatte. Es bestätigte sich, was ich immer schon vermutete: ich habe keine Phantasie. Alles, was ich schrieb, war stets von Vorlagen abhängig, es waren Erzählungen, die sich irgendwelchen Erlebnissen entlangschlängelten, immer in sicherer Nähe zum tatsächlich Geschehenen. Allein im Traum, so wähnte ich, würden sich jene Reste von Phantasie entfalten, die mir der Beruf des Journalisten, des Archivars von Fakten und Ereignissen, noch übrig gelassen hat. Nun musste ich erkennen, dass auch diese Zone vermeintlicher Begabung nichts anderes als eine Reflexion auf Erlebtes war. Mit dieser Feststellung manifestierte sich eine Enttäuschung, die mir einmal mehr zu verstehen gab, dass ich keine wie immer gearteten Voraussetzungen für den Beruf des Romanciers in mir trage. Es bleibt also dabei: Das Schreiben dieses Textes war eine therapeutische Notwendigkeit und ein Anliegen gegenüber meinem Sohn. Es war aber auch das Bedürfnis eines Berichterstatters, all diese Geschichten zu erzählen, um andere daran zu hindern, dieselben Fehler zu machen. Doch sie werden sie machen, denn man kann seinen Geschmack und seine Vorlieben nicht nach den Kriterien der Vernunft organisieren. Wer das dennoch glaubt oder tut, dem bleibt viel Kummer erspart, aber auch das Glück, sich für kurze Zeit über die Köpfe der Masse zu erheben. Zu glauben, dass Menschen aus der Erfahrung lernen, ist demnach genauso falsch wie die Vorstellung, dass wir über einen freien Willen verfügen. Was mich betrifft, so habe ich oft eine Entscheidung, die ich nicht anders treffen konnte, im Nachhinein eine freie genannt. Warum sollte ich mit solchen Täuschungen allein sein?

Das *Ifa*-Orakel der Yoruba nimmt keine Fragen entgegen, es gibt nur Antworten. Diese Antworten bestehen aus mehr als viertausend Geschichten, in denen zahlreiche Figuren agieren. Der Fragesteller wird sich mit einer der Figuren identifizieren und an deren Schicksal sein eigenes erkennen. Er kann die Entscheidungen, die zu diesem Schicksal geführt haben, analysieren und dadurch sein eigenes in gewünschte Bahnen lenken.

Bücher enthalten auch Geschichten und können wie das *Ifa*-Orakel wirken und wie dieses hilfreich sein. Wenn der *Babalawo*, der Orakelpriester, es für richtig hält, erzählt er die Geschichte ein bisschen anders, sodass sich der Fragende mit deren Protagonisten leichter identifizieren kann. Wenn das gelingt, sind die Knoten seines Lebens zu lösen, doch eines sollte er wissen, es gibt nicht nur eine, es gibt viele Antworten. Der *Babalawo* kann auch für sich selbst das Orakel aktivieren. Im glücklichsten Falle erfährt er etwas über sich. Mir war es, als hätte ich durch diesen Text auch etwas über mich erfahren, etwas, das mir vielleicht hilft, künftig nicht jeden der gemachten Fehler zu wiederholen. Doch wie gesagt, der Mensch ändert sich nicht, er macht dieselben Fehler, im glücklichsten Fall auf eine andere Weise.

# Der Preis des Glücks

Das Jahr des Drachen war zu Ende, das der Schlange auch. Eine neue Zeit schien angebrochen zu sein, eine Zeit der Veränderungen, die alles Vergangene aus neuer Sicht erscheinen ließ. Vieles, das gestern noch als Bedrohung erschien, verblasste im Lichte einer zunehmend freundlichen Gegenwart. Schnell verschwanden die Dämonen der Angst, neue Hoffnung breitete sich aus. Im Schutze des Vergessens begrüßte ich das Jahr des Pferdes, das mich still, fast gütig an der Hand nahm, einer Belohnung gleich, und ich bildete mir ein, sie verdient zu haben.

Nach einem hitzeflimmernden Tag saß ich erschöpft unter dem Gummibaum in meinem afrikanischen Garten. Mein „Immobilienwahn" hatte seine ersten Früchte getragen, ich durfte ein Haus zur Probe bewohnen, so als hätte ich es schon gekauft, mit allen Privilegien der besitzenden Klasse. Vor mir leuchtete der Bildschirm des Laptops, er zeigte die letzten Zeilen jenes Textes, den ich vor zwei Jahren zu schreiben begann. Während ich ihn nochmals überflog, versuchte ich mir das Gesicht meines Verlegers vorzustellen, der gerade die Arbeit an einer bereits angekündigten Neuerscheinung abgeschlossen hatte, nur um zu erfahren, dass der Autor noch eine Änderung wünschte. Wer mit solchen Partnern zu tun hat, braucht sich über Langeweile nicht zu beklagen. Der Umstand, ein Verleger zu sein, verliert nie an Spannung, auch dann nicht, wenn das erste Exemplar über den Ladentisch geschoben wird. Das alles war mir klar, denn ich agierte professionell genug, um mancherlei über das Geschäft der Büchermacher zu wissen. Andererseits, das bestätigte eben dieses Wissen, kann nur ein Dilettant glauben, dass es eine Könnerschaft gibt, die derartige Überraschungen ausschließt.

Das alles wäre im Bereich des belanglosen Grübelns untergegangen, hätte es nicht mich und jenen Text betroffen, den ein kurzer Mausklick auf den Bildschirm gezaubert hatte. Zwei Jahre waren vergangen, seit ich meinen Kummer niederschrieb, zwei Jahre, deren Verlauf manche Wende nahm, fast nur zum Guten hin, das Böse hatte seine Kraft verloren. Wie ein unverdientes Geschenk fiel mir die Normalität in den Schoß, sie kam als eine Art von Glück, das in den letzten Jahren selten geworden war.

Auf dem Weg nach Afrika begleiteten mich noch die Bilder des Attentates von Erfurt, des Massakers von Djenin und die der palästinensischen Märtyrerbrigaden. Vor mir lag ein Frieden, den ich mir kaufte, eine Ruhe, die mit meiner Ignoranz in Zusammenhang stand und dem Talent zu verdrängen, was beunruhigt und Angst macht. Wegsehen als Selbstschutz und Strategie des Überlebens. Oft habe ich mich nach der moralischen Position solchen Handelns gefragt, und immer wieder fielen mir Beispiele von idealistischen Menschen ein, die an sich und der Welt scheiterten, weil sie glaubten, sie könnten anderen helfen, indem sie sich deren Last aufluden. Ein junger Tiroler starb, lange bevor Karlheinz Böhm in Äthiopien tätig wurde, ebendort unter schrecklichen Verhältnissen. Er hatte sich als Stellvertreter der Elenden zu Tode gelitten. Als es zu spät war, ehrte ihn die Stadt Innsbruck posthum.

Zur Aufopferung war ich nie fähig, meine Projekte konnten sich nur vor dem Hintergrund eines zielgerichteten Egoismus entwickeln, und wenn sie gelangen, waren sie dessen Rechtfertigung und Selbstverständnis. Nun war ich wieder unterwegs, den Tropen entgegen, die sich schon im Vorfeld glückverheißend meiner Gedanken bemächtigten.

Nur im Flugzeug überrollte mich die Realität von neuem. Der Air-France-Flug 821 von Paris nach Lomé wurde zurückgehalten, weil zwei tobende Afrikaner, denen man hinter mir eine ganze Sesselreihe reserviert hatte, eine Gefahr für die Passagiere darstellten. Sechs Polizisten, eine Psychologin und jener Sozialarbeiter, der sie schon während der Schubhaft betreut hatte, versuchten sie mit Gewalt in den Sesseln zu halten. Wie Tiere schreiend, leisteten sie der Abschiebung Widerstand, sie tobten, wie es Besessene tun, die kein Verhältnis mehr zu Schmerz und Erschöpfung haben. Das war kein Aufbegehren im herkömmlichen Sinne, kein gewalttätiger Protest, es war eine Art der Verzweiflung, die ich nur bei Afrikanern kennen gelernt hatte. Es dauerte mehr als eine Stunde, bis man die Gefesselten über eine eigens zur Hintertür gebrachte Gangway in den bereitstehenden Wagen verfrachtet hatte.

Unter den Passagieren herrschte Aufregung. Die Afrikaner fanden das Vorgehen der Polizisten in Ordnung, schließlich hatten sie sich mit gefälschten nigerianischen Pässen das Gastrecht Frankreichs erschlichen und dadurch auch die anderen in Misskredit gebracht. Eine Europäerin protestierte gegen die Sicherheitskräfte. Ich selbst war wie paralysiert, denn es war noch keine Woche her, als vor einem österreichischen Gericht der Fall Omofuma verhandelt worden war, in dessen Verlauf die Medien bis zum Überdruss das Röntgenbild des Erstickten, mit den Klebebändern, die in der Zweidimensionalität der Darstellung wie Fähnchen vom Gesicht wehten, zeigten. Das Gericht hatte die Tat der Polizisten mit einer bedingten Haftstrafe sanktioniert, de facto gingen die der Tötung Beschuldigten frei.

Unter den Passagieren war dieser Fall unbekannt, ein anderer wurde hingegen diskutiert. Es war die Geschichte einer jungen Frau, die ihre Abschiebung nicht überlebte, weil sie erstickte, als ihr Sicherheitsbeamte einen Polster ins Gesicht drückten. Ihr Tod war der Preis des Glücks, der Preis einer Illusion, die nicht aufhört, in den Köpfen der Afrikaner herumzugeistern: die Vision von einem Leben mit allen westlichen Errungenschaften, von dem viele glauben, dass man es ohne besonderes Dazutun, als ein Grundrecht, erlangen könnte.

Am selben Abend, in einem Lokal in Lomé, setzte sich der Schweizer Konsul an unseren Tisch. Das Gespräch drehte sich um dieses Erlebnis. „Es werden immer mehr, die sich so verhalten, denn sie wissen, dass sie ein Sicherheitsrisiko darstellen und daher wieder in die Auslieferungshaft zurückgebracht werden. Diese wird von den meisten einer Rückkehr vorgezogen, weil sie weiterhin auf Asyl hoffen. Sie alle haben Gründe, ihre Heimat zu verlassen; die einen werden verfolgt, die anderen fliehen vor der Armut, und einige von ihnen, die Trittbrettfahrer des Unglücks, wollen mit Prostitution oder Drogen ans große Geld gelangen." Die Worte des Diplomaten verflüchtigten sich ohne Widerrede, es war schon zu spät, als dass man sich noch weiter mit dem Unglück anderer beschäftigen wollte.

Es war im Herbst des vergangenen Jahres, als ein hoher Beamter des Innenministeriums meinen Rat suchte. Es ging um Informationen über Afrika. „Wenn ein Mann wie Omofuma behauptet, er werde vom Ogboni-Geheimbund verfolgt, dann ist seine Abschiebung nur gerechtfertigt und mit den Genfer Konventionen konform, wenn der Ogboni-Geheimbund Teil einer anerkannten Kirche oder Religionsgemeinschaft ist. Ist er hingegen eine Sekte, genießt der Verfolgte keinen Schutz. Wie sollte das ein Ministerialbeamter entscheiden? Woran sollte er sich orientieren? Meine Sorge ist es, dass man Menschen abschiebt, die unseren Schutz brauchen und ihn zu Recht beanspruchen. Manche werden in ihren Herkunftsländern erbarmungslos gequält oder getötet." So sprach der hohe Beamte, dem ich trotz meiner Erfahrungen nicht helfen konnte.


Die Feiern zum ersten Mai 2002 hatten Lomé zum Kochen gebracht. Auf Lastwagen und Pick-Ups fuhren musizierende Gruppen durch die Straßen, es war, als befände man sich am Höhepunkt einer verdienten Konjunktur. So sah es aus, wenn die Armut feierte. Dabei las ich gerade im Vorübergehen einen mit weißer Farbe auf die Kirchenwand gepinselten Spruch: „Die Armen haben keine Freunde!" Aber hier verbrüderte sich die ganze Stadt gerade zu einer kollektiven Glücksmasse. Die Not verbindet stärker als der Reichtum, erst wenn einer aus der allgemeinen Verzweiflung ausbricht, wenn es ihm gelingt sein Glück zu finden, hat er die anderen zum Feind. Aus diesem Grund hat man in Afrika die Not organisiert, und jene, die ihr entkommen, in ein System eingebunden, das die einen sozial, die anderen wiederum asozial nennen. Es ist das System der Sippenhaftung, in dem der Einzelne, wenn er es geschafft hat, die Not hinter sich zu lassen, mit allen anderen zu teilen hat. Das geht so lange, bis er wieder in die Not, aus der er kam, zurückfällt. Was dem Kollektiv als soziale Errungenschaft erscheint, bleibt für das Individuum Ausbeutung. Dieses System ist aber auch ein Korrektiv, das verhindert, dass Bäume in den Himmel wachsen und sich irgendwo – und sei er noch so bescheiden – Wohlstand entwickeln kann. Nur er könnte ein Volk Schritt für Schritt aus der Armut führen, die Not hat das noch nie geschafft.

Am Ende blieb in Lomés Straßen der Jubel zum ersten Mai, dem Tag der Arbeit, den auch jene feiern, die nicht arbeiten. „Die Gleichheit", so hörte ich den Festredner sagen, „ist nicht nur Bestandteil des Friedens, sie ist auch der Preis des Glücks."

Abends unterm Gummibaum grübelte ich über den Preis meines Glücks. Hat die Sehnsucht, die Liebe oder das Leben einen Preis? Ja, sie haben ihn. Und so hat mich das Schicksal zur Kasse gebeten: hundert durchwachte Nächte, Angst und Verzweiflung, Krankheit und beinahe der Tod. Andererseits sollte man die Bilanz erst am Ende und nicht irgendwann vorher ziehen. Ein Bankrotteur, der sich wieder hochgearbeitet hat, ein Kranker, der genesen ist, ein Verzweifelter, der wieder lacht – sie alle haben ihre Rechnungen beglichen, wie ich die meine. Zu guter Letzt: Armand besucht mich demnächst wieder, seine Mutter ist inzwischen glücklich verheiratet und hat einem weiteren Kind das Leben geschenkt. Die Wellen der Emotion haben sich geglättet, und als ich unlängst auf einer Reise meine Medikamente vergessen hatte, kehrte ich dennoch gesund nach Hause zurück.

Erminia Dell'Oro

## TEUFELSSCHLUND

Roman
Aus dem Italienischen von Andreas F. Müller und Miriam Houtermanns

*13 x 21 cm, Hardcover mit Schutzumschlag, 160 Seiten*
*ISBN 3-85218-383-9*

„Eritrea vor 50 Jahren – ein Land voller Mythen und Geheimnisse, eine im Krieg von den Engländern besetzte italienische Kolonie, gezeichnet vom Gegensatz zwischen selbstherrlichen Einwanderern und den bettelarmen Einheimischen." *(ORF)*

„Eine melancholische Erzählung mit autobiografischen Bezügen über eine Kindheit in einer nicht alltäglichen Umgebung. ... Dell'Oro erzählt sehr einfühlsam und glaubhaft, der Reiz der Erzählung entsteht durch das Spannungsfeld zwischen diesem Mädchen und dem Land, wo sie ein Fremdkörper ist." *(Alfred Ohswald, www.buchkritik.at)*

Gert Müller

## DAS GESCHENK DES TARGI UND ANDERE SAHARA-GESCHICHTEN

*13 x 21 cm, Pappband, 128 Seiten mit 30 S/W-Fotos*
*ISBN 3-85218-311-1*

## DIESSEITS DER WÜSTE

Geschichten aus den tunesischen Tagebüchern

*13 x 21 cm, Pappband, 128 Seiten mit 50 S/W-Fotos*
*ISBN 3-85218-389-8*

„Egal, ob Gert Müller das faszinierende Gewirr der Medina mit all ihren Gerüchen und Geräuschen schildert oder Begegnungen mit einzelnen Menschen beschreibt: Die Zuneigung des Autors zu Tunesien und seinen Bewohnern bleibt immer spürbar und vermittelt ein differenziertes Bild des Landes." *(Tiroler Tageszeitung)*

## WALTER GROND

## ALMASY
Roman

*13 x 21 cm, Hardcover mit Schutzumschlag, 320 Seiten*
*ISBN 3-85218-394-4*

Seit Michael Ondaatjes Roman „Der englische Patient" und dem gleichnamigen oscargekrönten Film ist der Name Almásy allgemein bekannt. Das Vorbild für die literarische Figur war ein charmanter Lebemann, Wüstenforscher und – deutscher Agent in Rommels Diensten, der seine Spionagetätigkeit in Nordafrika mit der gleichen spielerisch-ironischen Leichtigkeit zelebrierte wie seine homosexuellen Affären. Walter Grond hat sich dieser schillernden Persönlichkeit angenommen und macht den Leser erstmals mit den authentischen Fakten, Hintergründen und Zusammenhängen bekannt, die reich an Überraschungen und skurrilen Episoden sind.

„Grond geriet bei seinen Recherchen in eine rätselhafte, von inneren Konflikten beherrschte Welt zwischen Orient und Okzident – wie die Hauptfigur in seinem Buch, der Produktmanager Nicolas Lemden. Dieser läßt sich in die Geschichten verstricken und erfährt immer mehr über Almásy ... So hat Walter Grond eine hoch spannende, amüsante Biographie geschrieben, die auf keiner Seite wie ein Historienroman klingt, ja nicht einmal wie eine Biographie, sondern die das pralle Leben feiert und die Vielschichtigkeit eines faszinierenden Mannes zeigt." *(Susanne Rössler, Format)*

„Gronds Sprache ist assoziativ, gewinnt merklich durch sein Gespür für Melodie und Rhythmus ... Es entsteht ein detailliert konturiertes Gemälde vom Ägypten in Zeiten des Zweiten Weltkrieges ... Dem Autor ist sein Mut zum Pathos zugutezuhalten, den es braucht, um eine gute eine, große Geschichte zu erzählen." *(Jan Küveler, Die Welt)*

„... herrlich erzählt: historisch penibel, romantisch, transkontinental und interkulturell. Walter Gronds Erzählmethode ist äußerst sympathisch. Und sowohl die Liebhaber handfester Geschichten als auch die interlinearen Kontext-Springer kommen voll auf ihre Rechnung." *(Helmuth Schönauer, ORF Tirol)*

„Das erzählerische Geflecht gleicht mit seinem Geflirr an Motiven ornamentalen Arabesken ..." *(Oberländer Rundschau)*